新媒体背景下大学生思想政治教育研究

张　巍◎著

线装书局

图书在版编目（CIP）数据

新媒体背景下大学生思想政治教育研究 / 张巍著. -- 北京：线装书局, 2024.3
　ISBN 978-7-5120-6007-4

Ⅰ. ①新… Ⅱ. ①张… Ⅲ. ①大学生－思想政治教育－研究－中国　Ⅳ. ①G641

中国国家版本馆 CIP 数据核字(2024)第 058039 号

新媒体背景下大学生思想政治教育研究
XINMEITI BEIJINGXIA DAXUESHENG SIXIANG ZHENGZHI JIAOYU YANJIU

作　　者：	张　巍
责任编辑：	白　晨
出版发行：	线装書局
地　　址：	北京市丰台区方庄日月天地大厦 B 座 17 层（100078）
电　　话：	010-58077126（发行部）010-58076938（总编室）
网　　址：	www.zgxzsj.com
经　　销：	新华书店
印　　制：	三河市腾飞印务有限公司
开　　本：	787mm×1092mm　　1/16
印　　张：	13.75
字　　数：	310 千字
印　　次：	2025 年 1 月第 1 版第 1 次印刷
定　　价：	68.00 元

线装书局官方微信

前　言

当前，科技发展日新月异，新技术、新产品、新业态、新模式层出不穷，社会思想领域的变化也日趋活跃。当代大学生是伴随着网络新媒体发展而成长起来的年轻一代，他们生活的校园环境、身处的社会环境、面对的舆论环境，都已经发生了翻天覆地的变化，他们的思想和价值观念呈现多元、多样、多变的特点。在这样的时代背景下，大学生思想政治教育工作就显得愈加重要。

该书从课堂到课外、从校内到校外、从网下到网上、从学生到教师、从理论到实践，分别从不同角度论述了新媒体对高校的育人环境、校园生活、教育模式、学习方式的影响和改变，洋溢着时代气息，充满了理性思考。把在实际工作中的所见、所闻、所思、所想、所悟转换成文字叙述的形式，既有时代的高度，也有洞察的深度，让我们在阅读中得以对新媒体环境下大学生思想政治教育工作一窥堂奥，深受启迪。

一是拓展了工作视野和思路。该书最大的创新点就是将新媒体与大学生思想政治教育有机结合起来，以"新媒体"为媒介和手段，为思想政治教育实现"贴近实际、贴近生活、贴近大学生、贴近互联网"找到了新的切入点和突破口，极大地拓展了大学生思想政治教育的工作视野，为实现大学生思想政治教育工作创特色、求突破、上水平提供了很好的理论启迪和实践借鉴。

二是丰富了工作内容和内涵。该书跳出思维定势，将大学生思想政治教育工作从"规定动作"向新媒体领域拓展、从现实社会向虚拟社会推进，把完善网上与网下协同育人模式、构建特色鲜明的思政主题网站、发挥辅导员独特优势及主力作用、提升辅导员素质能力等纳入大学生思想政治教育的实践范畴，丰富了大学生思想政治教育的工作内涵，体现了时代性和针对性，对于进一步加强和改进大学生思想政治教育工作，具有十分重要的意义。

三是创新了工作路径和方法。思想政治教育方法是连接教育内容和教育对象的重要桥梁与纽带。该书在大学生思想政治教育工作的方法创新上，提出了许多新观点、新思路。这些教育路径契合了以新时代大学生群体的特点，具有较强的吸引力和可行性。

综观全书，其最大特点就在创新性地将新媒体与大学生思想政治教育有机融合起来，探讨新媒体环境下开展大学生思想政治教育的新机制、新航向、新平台、新实践及新主力等一系列问题。

编委会

闫学胜 张 璐 严东博
冯晓莹 陈建州 任大鹏

目 录

第一章 新媒体背景下大学生思想政治教育的意义和方法 ……………………(1)
    第一节 新媒体的概念与特点 ……………………………………………(1)
    第二节 新媒体对大学生思想政治教育产生的深刻影响 ………………(6)
    第三节 新媒体对革新大学生思想政治教育的意义 ……………………(12)
    第四节 新媒体背景下大学生思想政治教育的研究方法和创新之处 ……(14)

第二章 新媒体与大学生思想政治教育理论 …………………………………(19)
    第一节 新媒体与大学生思想政治教育的基础理论 ……………………(19)
    第二节 相关学科的理论 …………………………………………………(27)

第三章 新媒体背景下大学生思想政治教育的目标与原则 …………………(34)
    第一节 新媒体背景下大学生思想政治教育的目标 ……………………(34)
    第二节 新媒体背景下大学生思想政治教育的原则 ……………………(43)

第四章 新媒体背景下大学生思想政治教育的资源整合 ……………………(54)
    第一节 新媒体背景下大学生思想政治教育资源整合的基本依据 ……(54)
    第二节 新媒体背景下大学生思想政治教育资源整合的理论支撑 ……(59)
    第三节 新媒体背景下大学生思想政治教育资源整合的现状分析和路径选择
    ………………………………………………………………………………(64)

第五章 新媒体与大学生思想政治教育相结合的实践探索 …………………(79)
    第一节 新媒体背景下大学生网络舆情引导的依据和途径 ……………(79)
    第二节 新媒体背景下高校共青团工作模式创新 ………………………(84)
    第三节 新媒体背景下创新高校校园文化建设的原则与对策 …………(91)
    第四节 新媒体背景下开展大学生马克思主义意识形态教育的依据与要求
    ………………………………………………………………………………(95)

第六章 新媒体背景下大学生思想政治教育的改进思路 ……………………(101)
    第一节 提高教育者媒介素养教育 ………………………………………(101)
    第二节 新媒体背景下大学生思想政治教育理论课教学改革 …………(112)

　　　　第三节　新媒体背景下大学生思想政治教育平台的开拓 …………（119）
　　　　第四节　新媒体背景下大学生思想政治教育的实践路径创新 ………（126）
第七章　新媒体背景下高校辅导员的角色担当与作用发挥 ……………（131）
　　　　第一节　辅导员的角色定位与时代使命 ………………………………（131）
　　　　第二节　新媒体背景下辅导员担当大学生思想政治教育主力的必然性和重要意义 ……………………………………………………………………（132）
　　　　第三节　新媒体背景下辅导员担当大学生思想政治教育主力的独特优势 ……………………………………………………………………………（139）
　　　　第四节　新媒体背景下辅导员发挥大学生思想政治教育主力作用的原则要求和路径选择 …………………………………………………………（143）

第八章　新媒体背景下高校思想政治理论课教学 ………………………（150）
　　　　第一节　新媒体时代加强高校思想政治理论课教学的意义 …………（150）
　　　　第二节　新媒体时代"以学生为本"的教学理念 ……………………（151）
　　　　第三节　新媒体时代高校思想政治理论课教学方法创新 ……………（157）
　　　　第四节　新媒体时代思想政治理论课教学考评体系 …………………（164）

第九章　新媒体背景下高校思想政治理论课教学的优化策略 …………（171）
　　　　第一节　拓展思想政治教育的内容 ……………………………………（171）
　　　　第二节　优化思想政治理论课教学内容 ………………………………（175）
　　　　第三节　构建思想政治理论课专题化教学模式 ………………………（182）
　　　　第四节　探索"微课"的开发和应用 …………………………………（186）

第十章　手机新媒体与高校思想政治教育教学 …………………………（191）
　　　　第一节　手机新媒体的产生与发展 ……………………………………（192）
　　　　第二节　手机报——全覆盖全天候 ……………………………………（196）
　　　　第三节　手机新媒体高校思想政治教育教学的点对点范式 …………（199）
　　　　第四节　手机新媒体高校思想政治教育教学的发展预测 ……………（201）

参考文献 ……………………………………………………………………（209）

第一章 新媒体背景下大学生思想政治教育的意义和方法

第一节 新媒体的概念与特点

21世纪的人类社会，新媒体已经深深根植于社会的政治、经济、文化、社会生活等诸多方面，成为信息化浪潮中与国家前途息息相关的重要领域。放眼世界，各个国家在新媒体的发展战略上展开了激烈的竞争，不断地推动新媒体的快速发展。对于公众而言，以网络为代表的新媒体与人们的生活越来越紧密地联系在一起，极大地改变了人们的生活方式、学习方式、思维方式、交往方式、娱乐方式甚至语言习惯，影响着人们的思想意识、价值观念、道德行为。难以想象，没有手机、互联网、电子商务，生活将会怎样。新媒体时代来了。

一、新媒体的基本认识

什么是新媒体？新媒体有哪些特征？它在给人们提供极大便利的同时具有什么样的价值影响？这是我们首先要明确的几个基本问题。

（一）新媒体的概念

清华大学新闻与传播学院熊澄宇教授认为："所谓新媒体，或称数字媒体、网络媒体，是建立在计算机信息处理技术和互联网基础之上，发挥传播功能的媒介总和。它除具有报纸、电视、电台等传统媒体的功能之外，还具有交互、即时、延展和融合的新特征。

中国传媒大学宫承波教授认为，新媒体首先是一个时间性的概念。例如广播、电视相对于印刷媒体是"新媒体"，但相对于网络媒体便是"旧媒体"了。在媒介发展史上，每一次媒介技术的变革都会带来所谓的"新媒体"，特别是在知识爆炸、技术更新迅速的今天，各种新媒体不断涌现，新媒体的外延更是在不断地被拓展。其次，"新媒体"是一个技术性概念。当下的新媒体指的是依托数字技术、互联网技术、移动通信技术等新兴科技而产生的向受众提供信息服务的一系列新的工具或手段，其种类可谓丰富多彩。从传播学的视角看，新媒体可以分为新兴媒体和新型媒体。新兴媒体是新媒体的典型形态，以网络媒体、手机媒体和电视媒体为代表。它们依托全新的传播技术，以改变传播形态为主要诉求点，强调体验和互动，内容生产日趋分散化和个性化。新型媒体包括户外新媒体、楼宇电视和车载移动电视等，它是在传统媒体的基础上依托新技术衍生而来的，其传播形态并未发生根本性改变，但是信息质量获得提高，传播范围更加宽广，到达了以前无法覆盖的区域。

可见，新媒体是相对于传统媒体而言的、动态的概念。它是建立在数字技术和网络技术的基础之上，延伸出来的各种媒体形式。新媒体就是能对大众同时提供个性化内容的媒体，是传播者和接受者融会成对等的交流者而无数的交流者相互间可以同时进行个性化交流的媒体。新媒体可划分为广义的新媒体和狭义的新媒体两种。广义的新媒体包括大量的新兴媒体，指依托互联网、移动通信、数字技术等新电子信息技术而兴起的媒介形式，其既包括网络媒体，也包括传统媒体运用新技术以及和新媒体融合而产生或发展出来的新媒体形式。狭义新媒体仅指区别于传统媒体的新型传媒，主要包括被称为第四媒体的互联网和第五媒体的移动网络，这两种新媒体又可被统称为网络媒体。

二、新媒体的主要特点

新媒体基于数字、网络、移动通信等方面的技术优势不仅是集文字、图像、声音、视频于一体的"多媒体"，而且是融合广播、电视、报纸等传统媒体功能于一身的"全媒体"，具有如下主要特征。

（一）交互性

传统媒体尽管也有打电话、写信等信息互动方式，但主要还是单向传播。它集中表现为在特定的时间内由信息发布者向受众传播信息，受众被动地接受，没有信息的反馈，这种静态的传播方式使信息不具流动性。而新媒体的传播方式是双向的，具有很强的交互性。交互性是新媒体区别于以往媒体的最突出优势之一。主要体现在：信息发送者和接收者之间的信息交流是双向的，参与个体在信息交流过程中都拥有控制权。信息传播者和受众之间的互动更广泛、更直接、更快捷、更深入，受众不再是被动地接受，而是可以通过发送手机短信、发表微博、发起网络群聊等方式随时发表自己的观点看法，传播者也可以根据受众的反馈，及时调整自己的言行，真正实现在"任何时候、任何地点、对任何人"进行互动传播。如现在好多广播电台、电视节目，都非常注重与受众的互动，通过发送短信、微博等方式，让受众强烈地体会到一种参与感，使他们感受到自己的信息变得有价值，主动性和积极性也就会被空前地调动起来。

（二）即时性

传统媒体的信息从发出到反馈需要一个较长的制作周期，并定期、定时发行传播，而基于数字技术的互联网、移动通信等新媒体接收和发布信息不受时间和空间的限制，可以在任何时候、任何地点接收或发布信息，具有即时性的特征。在新媒体中，信息的发送者和接收者之间信息交流是双向的，参与个体都有控制权。而且传播者和受众的身份不再明确，传播信息和接收信息几乎可以同时完成，每个人都是传播者，每个人都是受众，无时间限制，随时可以加工发布信息。信息的传播超越了地域、时间和电脑终端设备等的限制，可以随时随地进行接收或发布信息。尤其是在突发事件的报道中，手机、微博、播客、互联网的结合，可以将"第一时间""第一现场"牢牢掌握在手里。甚至在一些突发性事件中，新媒体所拥有的信息素材和传播速度是传统媒体无法企及的。

（三）开放性

传统媒体的信息表达，需要经过"把关人"的审核，受众要获得信息必须依赖"信息采编中心"。尤其是国家之间出于文化控制的需要，对境外媒体在本国的信息传播进行限制，所以传统大众媒体所传播的大部分信息被限制在国家和地区的范围内，并未真正实现信息的全球化传播，而新媒体利用互联网和通信卫星，完全打破了时间、空间、速度上的限制，只要有相应的信息传播接收设备，在地球上的任何地方都可以接收到新媒体传播的信息。信息发布者自身可以成为互联网的"中心"，通过微博、博客、播客、维客等可以没有阻拦地将自己的文章、观点、图片、音视频发表到网上。用户可以借助标签聚合、搜索引擎等网络应用，从各类网站或信息渠道快速便捷地获取信息。P2P等信息分享技术省去了许多信息传播的中间环节，真正实现了"空间无屏障""资讯无屏障"。

新媒体的开放性还体现在它的"草根化"方面。在新媒体中，每个人都可以建立自己的空间，发布个人的观点。人人都可以是记者、编辑，所以，信息提供者数量极大增加，网上内容更加丰富，几乎凡是人类活动涉及的各方面内容，上至天文地理，下到衣食住行，各种信息资料散布在互联网络的各个角落，满足了人们学习、研究的需求，也开拓了人们的眼界，大大丰富了人们的生活。

（四）便捷性

传统媒体的报道是线性的，而新媒体的报道是网状的。用户可以在一个城市之内或者跨越世界数大洲进行相互交易，可以通过网络系统给不同地理范围、使用不同机器并且运行于不同操作系统之间的用户发送信息。网络丰富的信息内容，可以用"不可枯竭"来形容。新媒体具有强大的信息存储、快捷的检索功能，可以随时存储内容、检索信息。一台电脑只要能上网，便可以了解世界上的每个角落，检索任何方面的相关内容。

随着手机硬件技术和网络服务器技术的快速发展，两者的信息存储能力大大增强，最大限度地实现了各种传播形式的"兼容并包"。丰富的传播手段，受众多了自由选择，可以根据自己的需要、自己的喜欢选择有字无声、有声有像、图文并茂等多种形式，并且可以通过相关软件进行编辑使用，极大地方便了学习、工作和生活所用。

（五）直观性

新媒体可以融文字、音频、画面、图像为一体。一条信息可以以文本的形式存储，也可以制作成图形、声音甚至活动图像，它可以根据用户的需要将同一条信息由一种形式转向另一种形式，在传播形式上具有很强的直观性、形象性和娱乐性。

随着科学技术的不断发展和社会的日益进步，手机和网络等新媒体的功能被不断地开发拓展。手机媒体的使用，从通话、短信到彩信、彩铃，从音乐下载到游戏互动，从头条新闻到手机报纸，从多媒体图片到视频段落、手机短剧，从电话订票到手机绑定支付……同样，在互联网络上，可以通过微博、博客等发表自己的见解，阐述自己的观点；可以通过文字、信息、视频等多种形式通话、聊天；可以通过文本、多媒体播件传递各种信息；等等。各式各样的信息都可以通过新媒体进行多种方式的传送，其形式越来越具直观性、多样性。

（六）个性化

传统媒体的信息传播是"点对面"的方式，不可能为个体单独制作、出版和播放。而新媒体则提供了"点对点"的信息传播服务。在新媒体环境下，作为传播者可以用一种"信息推送技术"，根据不同的受众提供个性化的服务。信息终端在网络中都有一个固定的地址，如IP地址、邮箱地址、手机号、QQ号、微信、微博等，信息传播者可以根据地址确定一个或多个受众向其传播特定信息。另外，受众可以利用各种检索工具在各类数据库中"各取所需"，还可以自由地选择信息的接收时间、地点以及媒介的表现形式。因此，用户对信息具有同样的控制权，可以利用新媒体，根据自己的喜好、专业或需要，定制、选择、检索信息，制定个性化的服务。新媒体是能对大众同时提供个性化内容的媒体，使传播者和接收者融会成对等的交流者而无数的交流者相互间可以同时进行个性化交流的媒体。

"每个人都可以用一个私有的可信赖的传播载体,每个用户都是消息源,取消了门户的限制。"有相当多的新媒体赋予了用户尽可能展示自己的工具,如,博客、播客、微博等新的传播方式,使每一个人都成为信息的发布者,个性地表达自己的观点,传播自己关注的信息。传播内容与传播形式等完全是"我的地盘我做主"。

三、新媒体的价值影响

新媒体相较于传统媒体而言具有开放性、自由性、丰富性和个性化的特点,因此,它对个人和社会的价值影响广泛而深入。

核心价值代表了一个民族的灵魂和精神,是一个民族和国家生生不息的重要力量。新媒体可以通过高效的信息传播、舆论引导、社会监督、公益事业等方式为社会服务,承担更多的社会责任,在社会主义核心价值体系建设中发挥重要的作用。

(一)传递信息,引领社会主流价值观

新媒体时代,人们获得的很多信息直接来源于媒介,如何有效引导舆论,强化社会主流价值观,是媒体的一大责任。新媒体以其信息传播的广泛性、及时性等优势成为"意见领袖",弘扬主旋律,用正确的舆论引导社会形成主流价值观。以中国新闻网站为例,近年来,在国家和政府相关部门的关注下,中国新闻网站的新媒体建设大力加强,不断尝试使用博客、播客、电子杂志、电子报、网络社区、手机电视、微博等多种新媒体传播方式,使传媒资源优势得到进一步提高,在重大事件的传播中发挥着无可替代的主流媒体地位,显著增强了对外传播能力。

(二)反馈信息,搭建平等对话交流平台

交互性是新媒体的重要特征,在信息互动过程中,信息传播者与信息接收者之间可以进行双向交流或多向交流,缩短角色距离,实现平等对话。例如网络问政,利用互动性强、开放性高的新媒体,及时捕捉来自社会、来自基层的第一手信息,使其成为群众与政府、群众与媒介、群众与群众等群体间的交流平台,其已逐渐成为政府管理部门了解民情、会聚民智的重要渠道。

(三)及时报道,形成和谐社会风尚

新媒体的即时性特征,使其在对公益事件的报道中,通过及时、有效的诉求,激发起受众的爱国主义、民族精神、正义团结等高尚情感,进而形成社会公益事业的中坚力量。

第二节　新媒体对大学生思想政治教育产生的深刻影响

新媒体作为当代最具有革命性的科技成果之一，以一种全新的信息传播方式加速了思想政治教育的知识传播，更好地满足了思想政治教育者和受教育者之间双向互动的需要，推动着思想政治教育不断地发展完善；新媒体也使高校思想政治教育面临着严峻的挑战，新时期高校思想政治教育创新势在必行。

一、新媒体时代给高校思想政治教育带来了新机遇

（一）新媒体的开放性促进了思想政治教育资源的共享

新媒体时代各种信息层出不穷，它的超大信息量，使思想政治教育内容丰富而全面，具有更多的客观性和可选择性。同时，新媒体的即时性克服了传统媒体信息传递时效性比较差的缺点，使思想政治教育工作者可以在第一时间把信息资源通过专门的网站、网页、电子邮件等传递到网络空间，供学生浏览、学习，大大提高了教育和工作的效率。

新媒体的不断发展，使思想政治教育内容的形态从平面化走向立体化，由静态变为动态，从现实走向网络。思想政治教育工作者可以通过面对面的形式，也可以通过手机媒体、电脑网络媒体与大学生进行交流、沟通。大家都处在一个虚拟的世界中，彼此既"熟悉"又"陌生"，无论是发言者还是回答者，大家都是平等的，彼此可以建立联系并互相索取信息、传播信息，使大学生思想政治教育克服传统空洞乏味的缺点，朝着形式多样、生动活泼的方向发展。

新媒体也扩大了思想政治教育的覆盖面和影响力，使大学生通过新媒体获得广泛的社会信息的同时，接受思想政治教育信息，受到思想政治教育的影响，从而不断提高思想道德素质，大大增强思想政治教育的影响力和有效性。

（二）新媒体的灵活性创新了思想政治教育的工作手段

传统的思想政治教育过程主要是建立在课堂、书本上，教师充当教育者的角色，教育手段较多地采用摆事实、讲道理的方式，更多地局限于"照本宣科"的讲授方式，教育主体与受教育客体之间只是一种传输与被动接受的模式，使思想政治教育的空间变得狭窄。新媒体的出现改变了思想政治教育受限的尴尬局面，思想政治教育的理念和内容以新媒体为载体展现在受教育者面前，改变了传统思想政治教育受教育者只是被动地、单一地接受教育主体教育的单一模式，使一个教育者对应多个受教育对象的新模式成为可能。

在新媒体时代，手机、微博、微信、网络论坛等以其灵活、快捷等特点日益

成为一种崭新的思想政治教育工作的新的载体和手段。

对大学生的思想政治教育，不必按传统方式在规定的时间到规定的场所进行，而是可以通过移动通信网络和电脑互联网络等途径进行。较之传统的思想政治教育，新媒体作为思想政治教育的载体，对思想政治教育的知识、价值、传播手段更为灵活、丰富，网络新媒体运用多媒体方式，将声音、文字、图像、视频、数据等多种通信媒体集合为一体，给受教育者带来了全新的视觉和听觉感受，其所独有的感官刺激功能使受教育者在愉快的心情中认识和学习思想政治教育的内容，体味思想政治教育的理念，改变了传统的单一的听觉感受，使受教育者的学习积极性明显提高，学习效果更加明显，同时网络新媒体的多种展现方式能够更好地激发受教育者的想象力和求知欲，调动了受教育者的积极性和自主性，从而使思想政治教育理念能够更好地渗透受教育者的内心，通过内化的方式实现受教育者思想质的转化和飞跃。

（三）新媒体的交互性有利于改进思想政治教育的工作方式

思想政治教育信息传授应当是建立在教育者与受教育者互动基础上的思想观念与情感意识的交流过程中。但传统的思想政治教育采用较多的是单向灌输的方法，生硬地把社会要求的思想观念、道德规范传授给受教育者，忽视受教育者的需求和接受能力，使受教育者处于从属地位，抑制了受教育者接受教育的积极性、主动性和创造性。

新媒体的交互性赋予了思想政治教育平等交流的权利，提供了互动交流的便利。这种平等互动交流的方式为大学生创设了接受思想政治教育更宽松、更自由、更愉快的学习交流环境，使大学生可以自由地选择自己所要学习的内容或自己想要获取的信息，并且可以及时方便地参与信息的反馈与再创造，使自己教育自己成为常态和可能。在日常的学习和生活中，大学生可能接触不同的价值理念和价值形式，面临无法排解的困惑时，不必因不方便求教于人而独自纠结，可以通过论坛交流、辩论等多种方式展开积极主动的思想交流，在思想交流中实现自我意识的转变，从而形成更加符合社会发展要求的思想观念，在多种思想的碰撞当中树立正确的价值观念，从而能够极大地增强思想政治教育的效果。再者，新媒体以其形式多样、图文并茂、音视一体等特点，使思想政治教育更具直观性和形象性能让人有身临其境之感，从而激发学生的学习兴趣，最大限度地调动学生获取知识的主动性，极大地增强了思想政治教育工作的吸引力和感染力。

（四）新媒体的虚拟性有利于增强思想政治教育的可接受性

在思想政治教育工作中，教育者与被教育者之间的信任程度是影响和制约教育效果和教育质量的重要因素。在传统的思想政治教育关系中，教师总是处于

"我讲你听、我打你通"的居高临下的位置,这就使大学生往往不愿意向老师讲真话,师生之间缺乏有效沟通与良性互动,导致大学生思想政治教育低效。

新媒体作为一种现代化的交流平台,打破了现实世界与虚拟世界之间的界限,从根本上改变了人们的交往方式。角色虚拟使交往者保持着相对平等的心态,平等地利用论坛、QQ群、微信群等工具,自由地畅谈自己的思想、观点,对自己感兴趣的话题发表真实的建议和看法,赞成什么、反对什么,都可以在网络中表达,畅所欲言。因此,在思想感情传达上,交往者可以直抒胸臆,容易达到交往的较深层次。新媒体条件下教育者与受教育者交流也如此。借助手机短信、博客、论坛等新媒体,能够减少大学生的思想顾虑和心理负担,使其敞开心扉说实话,自由发表意见、观点。因而也带来了双方在人格、权利和地位上的平等的感觉,有利于形成一种融洽轻松的氛围,从而消除师生之间的隔阂,增强师生双方的信任程度,使思想政治教育能有良好的教育效果。

同时,在新媒体环境中,角色还可以互换。在网络中选择和吸收各种思想政治教育信息时,参与者是以受教育者的身份出现的,而在参与网络各种信息的制作、发布等网络实践活动中,将自己的思想、观点、看法及信息传播出去时参与者又成为教育者。这非常有利于教育者从中了解大学生的真实想法,从而使思想政治教育工作做到有的放矢,也有利于对相关问题进行较为深入的探讨,增强思想政治教育的实效性。

(五)新媒体技术的综合运用提高了大学生思想政治教育的时效性

检验思想政治教育是否有效以及效果的大小,其主要依据就是思想政治教育的目的和意图的实现程度。而要想取得思想政治教育的最佳效果,内化是关键。新媒体技术的综合运用,为思想政治教育的创新和促进大学生思想政治教育的内化提供了新的契机。一是网络丰富的共享信息,为开展思想政治教育提供了充足的资源。二是网络传输的快捷性和交往的隐匿性,有助于迅速、准确地了解受教育者的思想情绪和他们所关注的热点问题,从而加强了思想政治教育的针对性。三是网络主体的平等性和交往的互动性,有助于实现受教育者主动参与对话交流,有助于把教育转化为受教育者的自我教育,从而提升思想政治教育的实效性。四是网络传输的超时空性,扩大了思想政治教育的覆盖面,促进了思想政治教育的社会化。

另外,新媒体的开放性和超时空性,有助于大学生多元化观念和全球意识的养成;新媒体网络交往的自由性和平等性,有助于增强大学生的民主意识和权利意识;网络信息传输和更新的快捷性,有助于增强大学生的效率观念、竞争意识、创新意识;网络空间的匿名性,在减少外在约束机制的同时,也有助于大学生道德自主意识的提升。由此可见，综合运用新媒体技术，对于培养大学生的独立性、自主性、创造性等主体性品质，实现思想政治教育的最佳效果具有积极的促进作用。

二、新媒体时代使高校思想政治教育面临新挑战

唯物辩证法告诉我们，事物都是具有两面性的，新媒体的发展既给高校思想政治教育带来诸多发展机遇，也带来许多的挑战。在新媒体环境下，信息的自由传播、传播者的平民化、信息的虚拟化、不良信息泛滥等也会扰乱信息传播环境，造成新媒体的失范，使社会伦理问题、信息的管理与控制问题、现实世界虚拟化问题、舆论导向的偏颇问题等客观存在。如不及时解决这些问题，不但会对大学生的成长造成不利影响，而且还会给高校思想政治教育工作造成诸多负面影响。

（一）新媒体信息传播的"无屏障性"使高校思想政治教育内容受到挑战

新媒体时代的信息传播在某种程度上可以说是一种"时间无屏障""空间无屏障""资讯无屏障"状态。在互联网上，每个人既可以是信息的发出者，也可以是信息的接收者。正是由于网络传播的这种交互性，使网络上的信息良莠不齐、真假难辨。

（二）新媒体的传播特点对思想政治教育模式提出挑战

传统的高校思想政治教育主要通过面对面的方式，与学生进行沟通交流，引导、启发学生加强思想道德学习，增加爱国之情，树立理想信念和社会责任感。这种教育方式情感互动性强，有针对性，交流的效果突出。新媒体的发展改变了大学生思想政治教育的环境，对高校思想政治教育的过程、方法等提出了新的挑战。

1.新媒体的发展使高校大学生思想政治教育环境趋于复杂

在信息手段不发达的情况下，学生们能够接触到的信息载体主要是报纸、电视、广播，而且政府和学校对这些载体传递的信息内容可以进行过滤，主动权掌握在思想政治工作者手中，我们可以坚持党性原则，坚持社会效益为首而将不正确的观点、不恰当的信息去除，以保证弘扬社会主义主旋律教育。在新媒体环境下，大学生受教育的空间广泛、自由，而新媒体的开放性特征，使各种非主流声音，各种政治的、社会的谣言甚至危害国家安全的信息从网上到网下到处流传，给大学生群体造成十分消极的影响。在这种情况下，高校必须充分发挥党和政府在思想政治教育方面的领导作用，站在"培养什么人、如何培养人"这一事关社会主义事业发展的根本问题的高度，充分认识争夺互联网阵地的艰巨性和重要意

义，要采取有效措施，有针对性的、以足够的主流网络信息占领网络空间，最大限度地减少非主流信息，引导大学生树立正确的世界观、人生观、价值观、道德观，增强抵制腐蚀思想的能力，确保高校思想政治教育的实效性。

2.新媒体的发展对高校思想政治教育的过程提出新要求

通过新媒体，大学生可以接触各种各样的信息，包括各门类学科知识、时事报道、奇闻轶事、思想言论等。新媒体信息的传播跨越了时空的限制，通过传媒技术把世界各地的人们联系在了一起。各种不同意识形态、政治制度、文化背景下的思想观点混合在一起，极易导致世界观、人生观尚未完全成熟的大学生在面对新媒体中多元化的思想观念进行价值判断时，产生各种困惑。大学生在遇到社会上各种疑难问题时，急切需要得到能够令人信服的答案，解开他们思想上的种种疑问。但是，当学生日益通过新媒体表达思想状况、心理需求时，就给教育者的工作带来极大的难度。新媒体环境下，由于大多数人都通过各自的代号而非自己的真实姓名上网，教师无法知道究竟是谁在发表意见，不清楚学生正在关注什么、遇到了什么难题、思考些什么、想知道什么，因而高校思想政治教育工作就难以做到切实的从学生的心理需求出发，有针对性地解决学生实际遇到的问题，甚至有时非但达不到理想的教育效果，还会引起学生的逆反情绪，产生负面效果。虽然，当前许多高校都建立了自己的校园内部网站，开辟了思想政治教育专栏，但由于内容比较单一，形式缺乏灵活性，语言缺少生动性，缺乏对大学生实际心理需求的针对性，吸引力不强，而且对网站的管理与维护又相对滞后，网页更新速度慢，造成目前大学生对此类网站的访问量不大，效果欠佳。

3.互联网的发展使高校思想政治教育方法面临挑战

传统的思想政治教育，使用较多的是摆事实、讲道理的教育方法。思想政治教育者通过课堂宣讲、个别谈心等面对面的方式，对受教育者动之以情、晓之以理，促使其提高思想认识、解决问题。这种方式的针对性强，反馈及时，有一定的优越性。但是，在新媒体时代，思想政治教育方法面临着新情况：一方面，讲课、谈心这种必须在合适的地点、时间进行的教育方式，在新媒体环境下，学生受教育的空间广泛，比较自由，能否取得理想的教育效果？另一方面，教育的效果取决于教育者的现场发挥，教育者一般在精心准备授课的情况下，持续保持良好的授课状态也很不容易，作为受教育者在现场很容易受到老师的感染，现场教育的效果很好，若是在新媒体环境下，脱离了现场教育的环境氛围，教育的感染力如何保证？面对新媒体信息传播的互动性、个性化、多元化、多样化等特点，创新出大学生喜闻乐见的思想政治教育的方式，显得越来越紧迫。

（三）新媒体时代对高校思想政治教育工作者的权威性提出挑战

新媒体时代，大学生强烈的好奇心和对新生事物的认同感，使他们成为新媒体最早的接受者、使用推广者，而教育者却存在新媒体技术意识淡薄、网络技术水平差、缺乏接受新鲜事物的敏锐性、观念更新不够等不足之处，处于信息劣势的境地。因此，高校思想政治教育工作者对新媒体的掌握、熟悉和运用，决定了高校思想政治教育过程中对于新媒体的认识、使用和发展。

1.思想政治教育工作者信息优势地位的动摇

在传统高校思想政治教育工作当中，思想政治教育工作者既具有理论上的优势，又具有丰富的历史人文社会知识上的优势，加上多年的知识信息的累积和对传统媒介的熟悉，具有绝对的主要掌控地位。思想政治教育者不仅"掌控"着思想政治教育的内容，而且还"掌控"着思想政治教育的整个实施过程。在教育过程中，可以及时把握社会政治、经济和文化动态，并将之与思想理论教育相结合，使教育形式更加丰富，内容更加充实，同时充分展示个人的教育魅力，从而增强了思想政治教育的吸引力。

在新媒体时代，这种格局开始被打破。大学生作为新媒体使用的主力军，对各种社会现象非常敏感，他们借助新媒体可以便捷迅速地寻找和吸收自己需要的信息，完全绕过了高校思想政治教育主体这一传播思想政治教育理念的根本媒介，久而久之，高校思想政治教育工作者的教育主体和教育主导者的地位受到了"撼动"。受教育者和教育者的地位由隶属关系变成相互学习、相互促进的平等关系，从而改变了受教育者自身在传统教育中知识信息劣势的格局。这无疑对传统思想政治教育工作者的主体地位提出了严峻的挑战。

2.对思想政治教育工作者知识结构的挑战

新媒体技术的出现，对高校思想政治教育工作者的知识结构提出了挑战。新媒体打破了知识传授单向的传输模式，信息的多向性为大学生提供了较多选择空间，学生的自主学习能力得到加强，有时候甚至会出现教育者所接受的信息迟于或少于被教育者的现象。在新媒体所构建的平等的交互性的平台上，大学生的主体意识会被极大地调动起来，影响并改变着他们的认知方式和接受方式。由于获取信息的渠道更宽，接触不同观点的机会更多，使大学生不再像以前那样被动地接受教育者的灌输和安排。他们运用自己的是非观、判断力，选择自己认为正确的观点，主动获取知识的同时要求与教师平等对话。这既反映出教育的进步，同时也对教育者的知识掌握提出了更高的要求。思想政治工作者只有学会科学评估和研究互联网络对大学生思想政治工作所产生的全方位影响，不断加强网络知识和技能的学习，提高与学生网络沟通的能力，才能真正成为大学生健康成长的指导者和引路人。

3.对思想政治教育工作者的素质提出了更高的要求

在思想政治教育过程中，思想政治教育工作者的素质包括思想、政治、文化等多方面的素质。通过提高思想政治教育者的这些相关素质可以有效地提高思想政治教育工作者的人格魅力以及对受教育者的吸引力，进而使得受教育者能够心悦诚服地"追随"思想政治教育工作者的脚步，根据教育工作者传授的理念和内容形成符合社会发展的思想观念和行为方式。新媒体条件下，随着网络信息技术异乎寻常地迅猛发展，大多数思想政治教育内容和理念通过网络这个新媒介以不同的方式展现出来，极大地吸引了大学生的眼球。相比于思想政治教育工作者的谆谆教诲，大学生更喜欢通过网络了解和吸收自己所需要的知识。要通过网络引导的方式指导大学生正确探寻所需信息，高校思想政治教育工作者除了要具备政治、文化等基本素质之外，还要有基本的网络素质以及筛选信息的能力，这就给高校思想政治教育工作者的素质提出了更高的要求。建设一支具有较高思想道德素质、政治理论水平，良好的心理品质和一定的创新能力，熟悉网络且能熟练地操作多媒体的、高素质的思想政治教育工作队伍是新媒体时代下解决高校思想政治教育困境的必由之路。

第三节 新媒体对革新大学生思想政治教育的意义

新媒体已经成为教育新手段的重要组成部分，它是多种技术的结合，是用先进的方式展现教育内容，促成思想政治教育工作的全面施展，提升教育教学效果的重要手段。新媒体的应用让思想政治教育以丰富的资源信息和便捷的媒体技术达到一个高点，打破了学校、课堂的原有教育模式，在学生学习过程中能够与外界信息有效互动。这种教学形式运用现代化的手段和途径实现教育的可持续发展，极大地拓展了教学空间，丰富了课堂的教学手段和教学资源，给教育带来了生动活泼的新局面。

新媒体的发展具有网络化、个性化、数字化、全息化等典型特点，与传统教育相比，新媒体不断被广大师生接受，并积极运用到实践教学中。这对增强改进大学生思政教育提供了一个全新的发展平台。

一、新媒体的开放性为大学生思政教育提供更广阔的平台

在当今学生扩招化、多元化、个性化的时代，传统的思政教学方式存在很大的局限性。思政教育方式走入瓶颈时期。但随着新媒体的出现，思政教育途径出现了新的转机。它将数字通信技术灵活运用，集成世界各地古今中外的各类信息资源，汇聚成庞大的资源网络。学生与教师之间可以借助这种新兴方式摆脱传统

的束缚，利用新媒体的开放性，实时获取资料信息，使传授内容更加丰富多样。

二、新媒体的便捷化交互性提升了大学生的自觉学习性

一方面，从以往的教学经验来看，思政教育方式完全局限于课堂上。教师需要前期备课，致使材料单一过时，学生学起来也比较乏味，缺乏师生互动。课堂性质完全固化在施教者与被教者之间。如果能够融入这种新兴的教育方式就可以使思政教育工作达到更好的效果。教育工作者可以借助新媒体电子教学手段，将传统的教学课堂与新颖的软硬件配合。为学生提供学习参考，在培养学生学习兴趣及在突破教学障碍中发挥现代化教学技术的优势，使教学氛围更加活跃，拉动学生的学习乐趣，从而建立学生的自觉学习能力。

另一方面，可以结合新媒体网络设备与学生进行交流，增加教育中师生"教"与"学"的互动，让学生展开想象的翅膀，更好地发展学生的创新思维能力。填补传统教育形式中交流的不足，及时了解学生的最新想法，与受教者展开平等的对话去理解大学生的心理，从而使大学生思想政治工作达到一个新的高度，并增加了思政教育工作的多样性。

三、新媒体的虚拟化平等性促进了教育的实时化与师生的互信度

一直以来师生的"不对等"地位一直是老师与学生之间沟通的障碍，现在的学生大部分都是独生子女，在思想上有一定的隐蔽性，对老师一直存在抗拒心理。这使老师在教育时的效果受到制约，教学结果受到一定程度影响。如若在教育中运用新媒体将师生的身份相互掩盖，打破现实的界限也许可以消除师生之间的隔阂，提高师生之间的互信度。通过网上的匿名交流可以让学生们敞开心扉，倾诉自己心中的真实想法和困扰，老师也能更准确的"对症下药"，真正因材施教。

四、净化新媒体环境

在新媒体时代，高校以先进的技术与思维，充分发挥新媒体平台的优势，推进思政教育信息在新媒体广泛传播，达到思想政治教育信息的共享。此外，高校将新媒体技术、思维、信息资源都运用到思政教育工作中，能够净化新媒体环境，通过教育工作者对新媒体平台中的思想政治教育信息的筛选、整合、分析等，避免负能量信息对大学生的侵蚀，进而使大学生更好地运用新媒体获取信息。当前，新媒体平台作为大学生获取信息、发布信息、传播信息、共享信息的主路径，大学生在信息获取、运用中难免会遇到负能量信息。基于此，思想政治教育工作者应加强大学生信息教育能力，提升大学生甄别信息的能力。例如，加强思想政治教育信息比较以及讨论活动的开展，在新媒体平台中引领大学生认知信息，明确

负能量信息以及正能量信息的区别性，使大学生对信息具有一定的甄别能力，进而更好地运用新媒体信息资源。

五、构建思政教育新模式

新媒体时代，变革了思想政治教育的方式方法，使思想政治教育不再局限于课堂教学或者地域教育模式，实现思想政治教育的革新与创新，具体体现在几个方面。一是新媒体技术、思维及信息资源融入大学生思想政治教育中，能更新思想政治教育的观念，实现教育工作者以及学习者的思维转变，例如，转变思政教育教师与大学生教学、学习思维观念，增强教师与大学生运用新媒体的意识与能力。二是针对以往大学生思想政治教育开展模式的单一性、局限性，将新媒体融入学生思政教育中，助推思政教育依托新媒体平台，提升学生获取思政类信息能力，以丰富的信息资源达到思政教育实施有效性，促进大学生全面性发展，彰显思想政治教育开展成效，进而培养大学生核心素养。三是丰富大学生思想政治教育内容，以往思想政治教育内容的传递与教育模式过于陈旧。而将新媒体融入大学生思想政治教育中，以严谨性、权威性，提升信息质量，整合信息资源，并选择一些正能量信息内容，将这些信息内容纳入教材中以及在课堂教学层面传递，推进新媒体与传统媒体的互补，帮助大学生构建完善的思想政治教育体系，助力大学生全面性发展。

第四节　新媒体背景下大学生思想政治教育的研究方法和创新之处

一、新媒体背景下大学生思想政治教育研究方法

（一）坚持以生为本，及时更新思政教育理念

在思政教育过程中，教师应始终将学生视为设计组织各项教学活动的核心，坚持以生为本原则，以此促进思政教育有效性的显著提升。作为社会发展主体，在思政教育创新过程中，教师应对学生特点需求做出充分考虑，然后围绕新媒体进行科学、完善思政教育方案的合理构建。同时，互联网也在不同层面对思政教学提出了一些新要求，强调要在实际授课中优化现代化信息技术的灵活引用，积极探索更新颖的教学模式，同时还要在具体落实中结合具体情况给予不断完善。这样既可以更高效地传播思政基础知识，也能够基于以生为本的原则吸引更多学生全身心参与课堂教学，为学生综合素质的提升带来积极影响。

另外，在新媒体环境下，学生引用媒体的主动性、目的性也随之不断增强，

再加上多元文化的熏陶，呈现了自己独到的想法与个性，所以，在思政教育中，教师应重视教育理念的及时更新。现阶段，学生日常生活中，微信、QQ等社交网络平台的引用较为广泛。在教育引导中，教师可以通过对这些平台的充分引用适当增加与学生的互动交流。对此，一方面，要为学生提供足够的时间、空间让其自由发声；另一方面，要真正走进学生的内心世界，对其不同阶段的真实想法做出深入了解，以此促进思政教育工作平等开放性的显著提升。为此，教师可以针对不同学生的认知特点提供具有一定个性化的指导、鼓励。

（二）基于新媒体拓展完善思政教育渠道

在进入新媒体时代之后，越来越多的学校逐渐重视对互联网的灵活引用，也认识到了新媒体、网络在学生思想培养上发挥的积极作用。但不得不承认的是，网络媒体具有显著的双面性特征，各学校除了要基于其优势特点加强思政教育的创新探索之外，也要有效防范其带来的一系列负面影响。在组织思政教育过程中，各院校应重视、完善校园内部网络的合理构建，使学生从不同角度形成对网络的正确认识。另外，对很多学校都存在的理论与实践相脱节的问题，可以通过新媒体的灵活引用给予妥善解决。比如，教师在教学组织过程中，可以通过在线教学法的灵活引用进行视频案例的播放，以此全面调动、增强学生学习、参与的积极性。然后再通过在线交流方式，引导学生探究案例，以小组形式完成教师布置的实践任务，之后向教师提交实践成果。这样既可以拓展出更新颖多样的思政教育渠道，也能够实现思政理论实践的有机整合，以此将新媒体的优势特点充分发挥出来，促进学生综合素养的全面提升，也能够推动思政教育工作能够紧跟时代发展步伐。

（三）思政教育内容的创新探索

思政教育工作是育人工作，在受教育者的思想发生变化之后，思想工作内容也要随之做出恰当调整。尤其是在社会发展信息化进程不断加快的背景下，通过各种媒介，人们获取的知识信息也随之不断增加，尤其是对现代学生来讲，传统的思想教育理论知识已经无法满足学生的认知发展需求，所以，要想取得理想教育效果，就必须要对其内容做出创新探索。首先，要坚持以网上正面宣传为主的指导方针；其次，要重视网络特点的充分发挥，进一步优化思政驾驭规律、网络传播特点的有机整合，这样学生接受起来更加容易，也能够促进教学效果的显著提升。不仅要基于重要思想武装大学生头脑，还要通过学生接受起来比较容易的、具有一定时代感的文化思想感染学生。同时，还要始终坚持弘扬主旋律，善于以科学理论、正确舆论为学生的学习成长提供科学指导，通过高尚情操塑造学生人格。

（四）适当加大产教融合校企合作力度

立德树人是学校教育的一个重要目标。但若在日常教育教学中单纯地追求"立德"而忽视人才培养，那么"德"的体现也会越来越抽象。因此，各学校应结合具体情况创新招生模式，从根本上完善生源筛选，进一步优化专业技能考核，以此确保在实践教学中可以更好地落实人才培养。为了有效实现这一目标，学校应适当加大与企业的合作力度，通过校企合作的不断优化给思政教育创新带来积极的促进作用。可以基于互联网进行基础理论技能的传输，同时将其与思政教育巧妙结合在一起，从而为社会培养出更多综合型人才。这一创新措施的本质在于加强对学生日常学习生活的关心，使其能够以充分的自信心面对今后的社会实践，突破传统思政教育模式的种种局限，基于新媒体技术的灵活应用进一步优化思政知识传播，且基于校企合作也能够获得双赢的效果。

（五）重视思政教师信息素养的不断提升

在新媒体环境下，教师是思政教育与学生连接的桥梁，要优化教师的思政知识传授，促进学生综合素质的不断提升。因此，为了促进教学革新发展，就必须要重视专业师资队伍建立，以此为思政教育质量提供有力保障。在思政教育创新过程中，应定期组织相关人员参加专业、系统培训，结合实际需求进行针对性教学方案的制定与实施，以此积累更丰富的信息技术，实现对一系列技术操作方法的准确把握，从整体上提升教师的思政觉悟、素养，以此确保思政教育的积极作用可以得到充分发挥。另外，学校还要紧跟时代发展步伐，尽可能多地为学生提供学习进修的机会，实现对先进思政教育的及时、灵活掌握，从而进一步推进思政教育创新。如，某学校在思政教育创新中先针对在职思政教育人员开展系统培训，然后又从校外招聘一些专业性较强的专家，以此进行思政专业技能课程的合理设置，以此促进教师专业素养的显著提升。

（六）基于新媒体来优化思政教育方式

以往的思政教育通常都比较重视理论知识的"灌输"，大多都与学生实际相脱节，这也是一些学生对思政教育非常抵触的一个原因，导致学生与课程有很大的距离感，也难以产生浓厚兴趣。对此，在新媒体环境下，教师除了及时更新、不断丰富教育内容之外，引用的教学方式也要加强创新探索。基于新媒体技术可以构建出更新型的交互平台，为了优化思政教育效果，教师可以将课堂沟通、新型媒介有机整合，然后基于终端设备实现和学生随时随地的互动交流。对学生来讲，因为对新型媒介的引用较为广泛，所以这一教学方式也会获得学生的广泛青睐。此外，还可以通过校园思政教育微信、微博的注册，向学生定期进行教学重难点内容的推送，或者是每天分享一些社会故事，以此带领学生从不同角度加强对世界的了解，同时也能够为师生、生生提供更多互动交流的机会。

综上所述，在新时代高速发展背景下，学生的思想也在不断进步，教育若一直停留在原地，不进行突破和创新，也会在不同程度上阻碍学生前进的步伐。尤其是在新媒体不断涌现、广泛推广的背景下，为了将各类新媒体的优势、特点充分发挥，最大限度地减少新媒体给学生带来的消极影响，教师应紧跟时代发展脚步，积极探索尝试更新颖、多样化的教学策略，以此促使思政教育与新媒体的有机整合，为学生提供全方位的教育指导。

二、新媒体背景下大学生思想政治教育创新之处

（一）新媒体与传统教学相结合，打通思想政治理论课教学新渠道

作为开展学生思想政治教育主渠道的思想政治理论课，在高校教育教学中的重要性不言而喻。进入新媒体时代的高校思想政治教育工作又该如何展开呢？总的来讲，高校应当"新旧结合"，即在沿用传统课堂教学方法优势的基础上，结合新媒体手段，展开具体教学工作。可从两方面发力：一是充分利用多媒体网络技术，将思想政治理论课内容制成多媒体课件并实现多形式呈现，如点播、直播等，以此提升师生在教学过程中的互动频率。与此同时，结合文本、图像、视频等多种元素，开发具有超文本结构的多媒体控制系统，有效提升理论教学之于学生的吸引力和感染力。二是充分利用多媒体视频、广播等渠道，完成教师在课余时间的答疑解惑课题研究等工作，保证师生在课下的互动频率及质量，有效扩展思想政治教育覆盖面。

（二）以高校服务器为依托，建设强大的网络思想政治教育信息资源库

处于新媒体环境中的高校，应当积极发现并充分发挥互联网的存储与检索功能，以自身服务器为依托，建立健全思想政治教育网络信息资源库，切实增强教育效果。资源库的优势主要体现在两方面：一是学生方面，学生可从自身需求出发，在资源库中进行信息与资源的查询和利用，以此真正实现个性化教育；二是教师方面，能够利用存储在资源库中的学生信息，及时而精准地掌握学生思想动态和心理状态，开展富有科学性与针对性的教育教学工作。

（三）借力种类多元的网络交互工具，开辟多元化思想政治教育交流渠道

信息技术的高速发展以及智能手机的全面普及，成功地改变了人们的交流方式乃至联络习惯。高校应顺势而为充分利用微博、QQ等交互式网络工具，开展思

想政治教育工作。以微博为例，高校可在微博平台开辟思想政治教育阵地，通过它掌握学生的学习与生活状态，同时向学生输出重要的教育信息。

（四）利用手机媒体，创新传统思想政治教育工作方法

在传统认知观念中，手机犹如学生求知道路上的"绊脚石"，总是充当着分散学生课堂注意力的角色。进入新媒体时代，高校应主动转变观念，正确认识手机在思想政治教育工作中的积极作用。比如，高校可以建立手机短信平台，以更为便捷的短信形式，向学生传递思想政治教育信息，使党和国家的重要思想传播更加高效。此外，高校还可利用手机这一即时通信工具，以班级或院系为单位，组织师生建立微信群，实现思想政治教育内容和信息的多形式交互与传播，以更好地辅助教师课堂教学。

第二章 新媒体与大学生思想政治教育理论

本章系统探讨新媒体背景下思想政治教育的基础理论和知识借鉴。本部分注重对新媒体背景下思想政治教育的基础理论、媒介理论、马克思主义理论和哲学理论进行梳理,并分析这些理论在新媒体背景下大学生思想政治教育中的应用,得出了"新媒体对大学生及思想政治教育产生重大影响""新媒体背景下需要改进大学生思想政治教育"和"可以通过新媒体进行思想政治教育"的结论。本部分还注重对网络传播学、心理学、教育学和管理学知识的借鉴,这些理论是新媒体背景下改进大学生思想政治教育思路和教育方法的理论基础。

第一节 新媒体与大学生思想政治教育的基础理论

在新媒体背景下,人类和人类社会都发生了改变,大学生思想政治教育工作也需要创新和改进。媒介理论为使用新媒体、顺应新媒体发展进行大学生思想政治教育提供了理论指导;马克思主义理论仍然是新媒体背景下思想政治教育学的基础理论;哲学理论中的虚拟实践论和网络交往理论则指出了以新媒体为代表的虚拟空间中意识和行为的关系,是新媒体背景下思想政治教育的理论基础之一。

一、媒介理论

要研究新媒体背景下的大学生思想政治教育,就必须首先对新媒体的特点和传播特征进行充分的分析和理解,这就要运用媒介理论。

(一)从伊尼斯到麦克卢汉的媒介理论

哈罗德·亚当斯·伊尼斯是加拿大多伦多学派的鼻祖,马歇尔·麦克卢汉被誉为信息世界的"圣人"和"先驱",是20世纪公认的传播学大师。他们最初都是从不同的学科走向媒介研究，共同建立了传播学的一个学派：媒介决定论派。

1. 媒介决定性思想

新的媒介会对人类和社会都产生影响，影响人类的精神活动，影响人类生存的社会，进而对大学生思想政治教育主体、客体和介体都产生深刻影响。

2. "泛媒介论"

能够承载和传递信息的物质都是媒介，既包括报纸、广播和电视，也包括石头、教堂甚至广告、戏剧等，因为它们能够反映某些历史时期的文化和思潮；媒介是人的一切外化，涉及衣食住行、思想、科学等各个方面，一切都可以成为媒介。综合起来可以推论：媒介融入社会生活的方方面面，我们生活在被新媒介包围的环境中，无时无刻不在接收各类媒介传递的各类信息。新媒体背景下我们身边有很多传递大学生思想政治教育内容的工具，也有很多与之相反的内容在时刻被学生通过各类媒介接收着。

3. 媒介偏向论和"媒介是人的延伸"理论

传播和媒介都有偏倚，时间的偏倚与空间的偏倚。比如，纸质书籍更适合在时间上纵向传播，电报和广播更适合在空间中横向传播。因此，任何传播媒介都具有其中之一的特性或两者兼具。传播媒介的这种偏倚将导致知识的垄断，扼杀文化的创造力，最终使文明走向终结；电子媒介是人的中枢神经系统的延伸，其余一切媒介是人体个别器官的延伸。其他媒介延伸人的一部分感官，使人失去感官平衡，产生感官偏向，而中枢神经延伸的是整体的人，因为中枢神经控制人的思想和行为，电子媒介就是如此。在新媒体背景下，信息在人类社会完全共享，处于任何地方的任何个体都有可能参与信息的创造和传递过程中，新媒体延伸了人类的意识。

4. "媒介即讯息"理论

"媒介即讯息"理论指出，媒介不仅是媒介，不只是信息、知识、内容的载体，也不是消极的、静止的，它对知识、信息有重大影响，决定信息的清晰度和结构方式，并不断改变着世界。这个理论指出了媒介对信息传播的重大影响。我们可以推论：新媒体对信息传播的影响巨大，思想政治教育的内容必将受到新媒体背景的影响，继而，思想政治教育的传播效果也将受到新媒体的影响。所以，在新媒体背景下，需要对大学生思想政治教育进行研究，以求达到理想的教育效果。

（二）莱文森的媒介理论

保罗·莱文森是媒介理论家、科幻小说家，他继承和发扬了媒介理论。莱文森提出了媒介演化的"人性化趋势"理论和"补救性媒介"理论。媒介演化的

"人性化趋势"理论是：人类技术开发的历史说明技术发展的趋势是越来越像人，技术一直在模仿或复制人的感知模式和认知模式。"补救性媒介"理论是人在媒介演化过程中进行着理性选择：任何一种后继的媒介都是一种补救措施，都是对过去的某一种媒介功能的补救和补偿。换言之，人类的技术越来越完美。此外，莱文森认为人可以对技术进行理性选择，人对技术具有控制的能力。莱文森还提出了当代媒介的"三分说"（旧媒介、新媒介和新新媒介）。新新媒介指互联网上的第二代媒介，突出特点是信息发布和接收的双向性，用户被赋予了真正充分的权利，比如博客、微博、QQ、和手机等。

保罗·莱文森用媒介乐观主义、人类沙文主义、人性化趋势理论和补救性媒介理论。他绝不会鞭笞任何一种新媒介，他认为媒介的演化服从人的理性，有无穷的发展潜力，越来越人性化，越来越合理，越来越完美，人总有办法扬其长而避其短。从上述理论可以看出，媒介越来越完美，与人的融合程度越来越高，媒介越来越成为人的一部分，那么在新媒体和新新媒体的条件下，人类和人类社会必然受到媒体的巨大影响。

（三）梅罗维茨的媒介理论

约书亚·梅罗维茨是一位著名的学者，从20世纪70年代至今活跃在传播领域。梅罗维茨的理论补充了媒介对人的社会行为影响方面的不足，他认为媒介本身即是环境，他结合媒介技术决定论和社会情境与社会角色关系理论，用场景把媒介和社会行为连接起来，就媒介对社会行为的影响这一问题做了分析，指出电子媒介是通过改变社会的情境影响人们的行为方式：新媒介、新情境、新行动。

根据戈夫曼"戏剧论"的社会角色理论，特定的情境中任何个人的行为，都可归于两个大的范畴，"后台区域"或后台行为（自己人之间的一种放松状态）以及"前台区域"或舞台表演区行为。梅罗维茨提出，决定人们互动的性质的并非自然环境（场所）本身，而是信息流通的形式，不同的情境产生了不同的行为。梅罗维茨做了三个个案的研究，把电子媒介导致情境变化及其行为后果的研究具体化，得到的结论是：电子媒介使男性气质和女性气质融合，使成年和童年的界限模糊，使政治英雄和普通百姓融合。也就是说电子媒介倾向于打破隔离，融合情境，从而模糊了角色，模糊了时空距离，消解了权威。从梅罗维茨的理论，可以推论：新媒体产生新情境，进而产生人类新的行为领域和行为方式，新媒体模糊了角色，模糊了时空距离，消解了权威，对大学生行为产生很大影响，对大学生思想政治教育提出了新的挑战。大学生越来越不是被动的信息接收者，而是信息的操作者。如何应对这种挑战，是教育者必须思考的问题。

二、马克思主义理论

思想政治教育学的理论基础是马克思主义的基本理论。坚持以完整准确的马克思主义科学体系为根本指导思想,是思想政治教育学能够得以建立和健康发展的根本条件。这要求在思想政治教育工作中要始终坚持以整体性的马克思主义科学体系为指导,要始终坚持以马克思主义中国化的最新伟大成果为指导。

在新媒体背景下,各类信息对大学生思想意识的影响非常大,而且有些学生认为马克思主义理论与自身的发展联系不大,所以大学生容易对马克思主义持怀疑态度。要切实加强大学生对马克思主义科学体系和马克思主义中国化成果的认识,让学生了解马克思主义基本原理、基本特征,了解马克思主义与中国革命和发展相结合的理论成果,了解马克思主义中国化在实践中的伟大成就,让学生通过学习理论、学习历史、从实践经验中分析总结,认识到马克思主义能为我们带来安定幸福的生活。

(一)马克思主义科学体系

坚持马克思主义的本质规定性。坚持辩证唯物主义和历史唯物主义的世界观和方法论;坚持为建设社会主义和实现共产主义而奋斗;坚持为无产阶级和广大人民群众谋利益;坚持一切从实际出发,理论联系实际,实事求是,在实践中检验真理和发展真理。

坚持马克思主义基本原理,也就是要坚持马克思主义哲学、政治经济学、科学社会主义共同揭示的基本理论和基本观点。第一,马克思主义哲学揭示的基本原理。包括世界的物质统一性、实践与世界的关系、联系与发展的基本规律、社会历史运动的规律性、社会基本矛盾运动及其规律、认识活动及其规律、真理及其检验标准、马克思主义价值论和方法论等,还包括马克思主义人学特别是人的本质、人的主体性、人的交往实践和人的全面发展原理。第二,政治经济学揭示的基本原理。主要有劳动价值论、剩余价值论和所有制理论等。第三,科学社会主义揭示的基本原理。主要有关于资本主义和社会主义的历史命运理论、无产阶级专政理论和阶级斗争理论等。

坚持马克思主义基本特征。马克思主义基本特征是马克思主义的本质规定性和基本原理的外在表现,是马克思主义与其他思想体系根本区别的标志。马克思主义的基本特征是分层次的。第一层次是阶级性、实践性、科学性,这是马克思主义最根本的特征。第二层次是开放性、发展性、创新性,这是第一层次特征的必然要求和具体体现。我们需要将两个层次的特征有机统一起来。只有这样,才能在坚持马克思主义基本原理的同时,不断创新和发展马克思主义。

坚持以整体性的马克思主义为指导，就要完整准确地把握马克思主义体系以及其中国化的成果，坚持巩固马克思主义在意识形态领域的指导地位，不断丰富和发展马克思主义。

（二）中国化的马克思主义

中国共产党多年来领导中国人民进行革命、建设和改革，实现了民族独立和人民解放，确立社会主义制度并建立了比较完整的工业体系和国民经济体系，开创了中国特色社会主义道路。多年来取得了辉煌成就并积累了宝贵经验，是与形成了毛泽东思想和中国特色社会主义理论体系分不开的。中国共产党在将马克思主义与中国实际相结合的进程中实现了两次历史性飞跃，产生了马克思主义中国化的重大理论成果：毛泽东思想和中国特色社会主义。

第一次飞跃是在新民主主义革命时期形成了被实践证明了的关于在中国革命和建设的正确理论原则和经验总结——毛泽东思想。毛泽东思想是以毛泽东同志为主要代表的中国共产党人在领导中国人民进行革命和建设的历史实践中逐渐形成和发展起来的。

毛泽东思想是马克思主义中国化的第一个伟大成果。在总结旧民主主义革命和新民主主义革命的经验教训过程中，特别是总结建党初期马克思主义中国化的经验教训中，以毛泽东为首的一大批优秀共产党人，逐步找到了马克思主义的精神实质，找到了马克思主义的基本立场、观点、方法，并运用这些基本理论与方法指导党的斗争实践。在中国革命实践中成长起来的毛泽东思想，主张从实际出发，尊重客观规律。毛泽东思想的核心与精髓是实事求是，独立自主，群众路线；活的灵魂是立足矛盾的特殊性，具体地分析具体的情况，以此形成了理论联系实际、密切联系群众、批评和自我批评的优良传统作风，探索了建立农村革命根据地，开展土地革命、农村包围城市、武装夺取政权的中国民主革命道路，进而引导中国共产党人和中国人民夺取了民主革命的胜利，实现了民族的独立与人民的解放，建立了新中国。

第二次飞跃是在十一届三中全会后，科学继承马克思主义基本原理，准确把握时代特征和国际形势，正确总结了社会主义实践经验，形成了中国特色社会主义理论体系。党的十七大报告中表述为"这个理论体系，坚持和发展了马克思列宁主义、毛泽东思想，凝结了几代中国共产党人带领人民不懈探索实践的智慧和心血，是马克思主义中国化的最新成果，是党最宝贵的政治和精神财富，是全国各族人民团结奋斗的共同思想基础。""改革开放以来我们取得一切成绩和进步的根本原因归结起来就是：开辟了中国特色社会主义道路，形成了中国特色社会主义理论体系。"

中国特色社会主义理论体系是马克思主义中国化的又一个伟大成果。在中国特色社会主义理论体系开创时期，第一次提出了"建设有中国特色的社会主义"，强调物质文明和精神文明两手抓的方针，把对外开放作为基本国策，提出了社会主义初级阶段理论，提出了社会主义初级阶段的基本路线和三步走战略，阐述了社会主义本质的科学内涵，提出了三个"有利于"的评判标准，彻底解决了"姓资还是姓社"的问题；在中国特色社会主义理论体系丰富时期，深化了对社会主义市场经济、社会主义所有制和分配等一些重大理论问题的认识，在发展问题上，提出了可持续发展战略、西部大开发战略、科教兴国战略、依法治国战略、全面建设小康社会战略目标等，进一步回答了建设什么样的党、怎样建设党的问题，指出"三个代表"是我们党的立党之本、执政之基、力量之源；中国共产党代表着中国先进生产力的发展要求，代表着中国先进文化的前进方向，代表着中国最广大人民的根本利益；在中国特色社会主义理论体系发展时期，为了解决社会发展、经济结构、民主法治等一些深层次的矛盾，提出了社会主义和谐社会是经济建设、政治建设、文化建设、社会建设协调发展的社会，是人与人、人与社会、人与自然整体和谐的社会，要贯穿建设中国特色社会主义的整个历史过程。党的十六大以来提出了科学发展观：第一要义是发展，核心是以人为本，基本要求是全面协调可持续，根本方法是统筹兼顾。总之，中国特色社会主义理论体系的理论贡献体现在三个方面：回答了"什么是社会主义，怎样建设社会主义"的基本问题，深化了对社会主义建设规律的认识；回答了"建设什么样的党，怎么样建设党"的基本问题，深化了对执政规律的认识；回答了"实现了什么样的发展，怎样发展"基本问题，深化了对社会发展规律的认识。

三、哲学理论

恩格斯指出，"全部哲学，特别是近代哲学的重大基本问题是思维和存在的关系问题。"在现实生活中，思维与存在的关系具体表现为主观与客观的关系问题，它是人的全部认识活动和实践活动的根本问题。随着数字技术的发展，与现实空间相对应的虚拟空间出现了。在虚拟空间中生存的人对自身的认识、对他人的认识和对虚拟社会的认识都与现实空间不同，在虚拟空间中生存的人的实践也与在现实空间不同，而人在虚拟空间的认识与实践又不仅仅是把现实空间的认识与实践简单地复制到虚拟空间得到的。所以，在虚拟空间和现实空间同时存在的新空间里，也产生了一个重大的需要思考的哲学问题：新空间里人的认识和实践是什么关系。当代哲学家有责任对由虚拟技术引起的人类进化历程的改变做出及时反思。虚拟实践论和网络交往理论是在新媒体背景下产生的，指导虚拟空间中人们认识和实践的理论。

（一）虚拟实践论

实践是人特有的存在方式，是人为了解决自身需要与外部世界的矛盾而进行的能动地改造世界的物质活动。人以实践方式超越外部世界的限制和自己的狭隘性的过程中，技术起着极为重要的中介和动力作用。数字技术飞速发展，把人类的实践活动从现实空间扩展到虚拟空间。"虚拟实践就是随着计算机、网络和虚拟现实等现代信息技术手段的广泛应用而产生的一种新型实践形态和方式。"在计算机系统生成的虚拟世界里，人的活动构成了虚拟实践，虚拟实践不会脱离人而存在，它起始于现实空间，依赖虚拟空间的技术进行实践并终结于现实空间。

虚拟实践作为一种新的实践形式，虽然是现代科学技术特别是信息技术发展的产物，但它又是在现实实践基础上逐步发展起来的。这种发展过程可以看作是实践中介的演变过程和实践活动空间的转换过程。它是由实践主体、客体和中介构成的系统。虚拟主体不能与现实主体割裂，但虚拟主体的身份具有隐匿性。虚拟实践的客体不再是常规实践的经验对象，而是一种技术存在、关系实在，是信息数字化后再根据实践需要所得组合，也就是由虚拟技术派生和创设出来的客体对象。动态、多维、综合逼真的虚拟技术可以虚拟出以假乱真的客体世界，也可以虚拟构造出暂时还未充分显露的客体或是客体的未来状况。在虚拟实践中，客体被赋予了更多的能动性，它有着人性化的界面，可以与人对话、交流、互动，甚至可以掌握人的许多个性化的因素。虚拟实践中介是虚拟技术制造的一系列0和1字符。虚拟实践不仅促进了人类认识方式、思维方式、生存方式、价值观念的变革，而且也正在强有力地改变着人类的社会生活。虚实交融将构成未来人类生存和发展的新方式。虚拟实践提高了人的认识能力，提升了人的自由境界，丰富了人的审美经验，促成了交往方式的革命。

虚拟实践问题，归根结底是人的问题。虚拟实践既不能带来人的主体性的无代价提升，也不会造成人的主体性的根本性消解。它只有和现实实践交织融合、互相促进，才能对人类有所助益。所以说，虚实和谐是人的自由全面发展的必要条件。只有在虚拟实践和现实实践之间保持必要的张力，确立一种以"共生"为导向的关系，并以此为基础建立一种人性化的、能够展现和支撑人类未来生存方式的活动平台，人类才能通过自己的创造性活动向自由王国迈进，实现数字化时代人的自我理解、自我超越和自由全面发展。

（二）网络交往理论

网络交往是人与人之间通过网络中介而进行的社会交往实践，它是传统社会交往的创新，区别于传统社会交往，又与传统社会交往相融合，最终形成新型的融合了网络交往和传统交往的新的社会交往。

马克思曾指出,"社会——不管其形式如何——是什么呢?是人们交互活动的产物"。马克思认为,社会是通过人们的交互活动也即交往产生的。人与人的交往产生了人与人之间的关系,构成了社会。马克思的这些论断,说明他已经把人与人之间的关系与社会的建立运行完全关联了起来,并且这种关联一直是以"有血有肉的人"的生活实践——社会交往为轴心转动的,物质生产交往如此,精神生产交往也是如此。马克思主义的社会交往观从一开始就把交往定义为主体(人与人)之间的交往,而不是主体对客观物质世界的交往。考察马克思主义哲学的发展历程会发现,社会交往概念是历史唯物主义建构过程中一个基础性、结构性和总体性的理论范畴。

如今,以网络为代表的新媒体成为社会交往的新中介。这个中介的创新,引发了新的社会交往关系形式,从根本上提高劳动生产率,从而淘汰旧的、不能适应新生产力的社会形态。人从事交往实践,交往实践也创造人,创造了商品和包括人化自然在内的社会一商品关系是包括网络在内的现代社会中最基本和最普遍的交往关系。"网络交往仍然无法脱离社会交往的实践属性和物质决定性。首先,实现网络交往的中介客体——芯片、手机、发射站联网、光缆、计算机、服务器、路由器和集成到系统中的软件等,其本质都是人类对物质世界的实践创新。网络社会交往的内容,核心部分以电子商务为主体,网络内容的生产和消费,也从根本上遵循了现实世界中的经济规则——版权保护、内容付费和广告代付费机制,即便是网络小说、网络游戏等'纯精神交往''纯娱乐'交往,也必须直接或间接地建立在基于货币交换的商业实践基础上。网络交往参与主体的活动,体现出双重社会性:与真实日常世界的实践联系和与其他网络主体组成的网络社会的实践联系。同样是在实践基础上的社会交往。"

综上所述,媒介理论、马克思主义理论和哲学理论是新媒体背景下,大学生思想政治教育的基础理论。

第一,媒介理论。媒介理论为使用新媒体、顺应新媒体发展进行大学生思想政治教育提供了理论指导。从媒介理论中的媒介决定论和社会角色理论得出:在新媒体背景下,人类产生新的行为领域和行为方式。媒介对人类和人类社会的影响很大;从媒介即讯息理论可以得出:媒介对思想政治教育的内容、方法和教育效果的影响很大;从泛媒介论和媒介是人的延伸论可以得出:新媒体为思想政治教育提供了新载体,新媒体使人们可以完全参与到信息创造和传递过程中,可以通过微博等新媒体进行思想政治教育工作;从人性化趋势理论和补救性媒介理论得出:为适应新媒介的发展,需要改进思想政治教育。

第二,马克思主义理论。马克思主义理论仍然是新媒体背景下指导大学生思想政治教育工作的基本理论。

第三，哲学理论。从哲学理论的虚拟实践论得出：在新媒体背景下，思想政治教育需要改进；从哲学理论的网络交往论得出：在新媒体背景下，可以在虚拟空间进行思想政治教育。

马克思主义理论、媒介理论和哲学理论揭示了如下内容。首先，在新媒体背景下，人类思想和行为发生变化，人类社会发生了变化。新媒体对大学生思想政治教育产生了很大影响，需要改进大学生思想政治教育。其次，新媒体背景下的大学生思想政治教育在虚拟空间中具有可行性。最后，新媒体为思想政治教育提供了新环境、新载体和新手段。

第二节 相关学科的理论

从多学科视角，借鉴网络传播学、心理学、教育学和管理学知识。这些理论是新媒体背景下改进大学生思想政治教育思路和教育方法的理论基础。

一、网络传播学理论

从传播学角度，一般人们主要关注传播者、传播内容、传播媒介、受众和传播效果。如果把新媒体作为一种传播方式，其理论也主要表现在这五个方面。

（一）关于传播者的研究

"把关人"理论认为，信息按照某一个渠道流动，而把关人把守着信息流通渠道的关口。根据把关人的选择，某些信息得以继续流通，某些信息被把关人终止流通。在新媒体背景下，传播者和受众的区别不明显，每个人都是受众，每个人都是传播者，都可以成为把关人，由此也决定了网络传播的任意性和多样性。在新媒体背景下，从事大学生思想政治教育的一线教育者在日常思想政治教育工作中很难充当把关人的角色，因为关卡太多，无从把守。如果把关人存在的话，只能在门户网站出现，或者校园网站和校园网络论坛的管理中可以体现把关人的作用。但"把关人"终究是在用"堵"的方式工作，这对于迅猛发展的新媒体技术来说无疑显得十分无力。要想喝到河流中纯净的水，不能用网子把河流中的泥沙淘掉，而是要想办法使喝水的人自身懂得在喝水之前要过滤掉泥沙。

（二）关于传播内容的研究

新媒体背景下的传播内容存在着多样性，因为传播者可以随时向受众传递自己感兴趣的信息，而每个人都是传播者，人与人差别很大，所以传播内容差别也很大，传播者无法控制受众。不过，传播学经典的"议程设置"理论认为，传播者往往不能决定人们对某一事件或意见的具体看法，但可以通过提供给信息和安排相关的议题有效地左右人们的关注点及他们关注和谈论的先后顺序,从而影响他们对某一事件的看法和评论,这也是很多网络社区和网络论坛的群主常能起到引导作用的原因,对思想政治教育者有一定启发性。思想政治教育者可以合理利用"议程设置"理论,这就起到引导受众注意力的功能,使需要学生关注的信息被学生关注得更多。

(三) 关于传播媒介的研究

新媒体被称为人类传播历史上最强大的媒介。它拥有最先进的传播手段、最丰富的传播内容、最庞大的受众、最快的传播效率和最优的传播质量。关于媒介的研究已经在上文有详细论述,不再赘述。新媒体使思想政治教育的内容可以更加形象、丰富,可以在教育中让受教育者身临其境,教育就更具有亲和力和感染力。

(四) 关于受众的研究

在传统的传播中,受众是完全被动的个体,但在新媒体背景下,受众不仅具有被动性,更具有主动性,可以成为传播者。在新媒体时代的早期,受众也不具有完全的主动性。但在莱文森提出的"新新媒介"中,受众拥有了很大的主动性,尤其是微博,将受众的主动性发挥到极致,每个受众可以随时制造新闻、发布新闻,可以按照个人的喜好传递信息。思想政治教育者可以利用微博等新媒体更多地与受教育者互相走进,互相了解,互相信任,这对我们思想政治教育的开展无疑有决定性的意义。

(五) 关于传播效果的研究

在新媒体背景下,传播者和受众传递信息的方法更加多样,不受到时空的约束,内容更加丰富,可以在很短的时间内把信息从传播者准确无误地传递到受众,传播效果很好。对于大学生思想政治教育来说,传播效果好意味着一些积极正面的信息传播到学生的同时,一些消极负面的信息也会传播到学生,各种信息都能够畅通无阻地影响学生。新媒体传播的巨大功能提醒思想政治教育者不仅要"把关",更关键的是要采取措施提高学生本身判断能力、分辨能力和防腐拒变的能力。

二、心理学理论

人的思想品德由心理、思想和行为三个子系统构成,人的心理是思想品德的基础,任何思想品德都是在一定的心理因素基础上形成和发展的,人的任何行为活动也总是与其心理密切相关,所以任何条件下,大学生思想政治教育研究必然要借鉴心理学的知识,新媒体背景也毫不例外,可见心理学知识对于大学生思想政治教育的重要性。

（一）接受心理

思想政治教育接受心理，是发生在思想政治教育接受活动中的心理现象，是接受主体在环境作用的影响下，在自身需要的驱动下，对思想政治教育接受客体进行反映、选择、理解、解释、整合、内化及外化等活动中的各种心理现象的总称。只有接受者自觉自愿地认同和内化，思想政治教育才能收到良好效果。大学生思想政治教育的教育者在进行教育时一定要考虑大学生的接受心理。

大学生对所获取的所有信息首先是进行有选择性的关注。心理学理论告诉我们，个人的主观选择和外界刺激的特点影响了主体的关注度。所以，我们在选择教育方法时，除了考虑学生本身的兴趣、情感和需求等，还需要考虑外界刺激的强度。信息受到关注后，会"被分析评论后遗忘"或者"被分析评论后接受"。在新媒体背景下，大学生能够接触的信息量非常大，可以引导学生综合比较大量各类的信息后，粗中选精，从中选择自己最认可的、最有意义、最需要的信息接受。在新媒体背景下，思想政治教育的信息如想成为最后被学生接受的信息，就必须要在可信度、感染力、说服力和需求度上下功夫，否则只能成为被强制关注后被忽略、被遗忘的信息。

思想政治教育接受心理的类型有逆反心理、漫不经心心理、从众心理、认同心理和执着心理，而价值观是影响思想政治教育接受心理类型的主要因素。因此，"接受主体在对接受信息的整合环节上，价值观同思维方式和知识经验一起形成思维定式，规定着接受域，影响着接受主体对思想政治教育接受的程度，推动或抑制接受主体对思想政治教育信息的接受。接受主体之所以会对思想政治教育产生逆反心理和漫不经心心理，有来自接受主体成长心理的反叛，也有来自接受主体生活经验和自发信念的抗拒，还有来自接受主体利益倾向的抗拒，更与接受主体多元的价值观紧密相连。"可见价值观的培养对于一个大学生来说非常重要，这直接影响了思想政治教育的接受心理，影响了思想政治教育的效果。而价值观的培养不是一朝一夕能完成的，而是伴随一个学生的成长不断积累而慢慢形成的。所以从学生青少年时代开始，家庭和学校就要注重引导，高校中除了思想政治教育的工作者外，学生家庭也对大学生的价值观教育起着不可忽视的作用。

（二）态度理论

态度是个人对某一对象较为稳定的评价和行为倾向，由认识因素、情感因素和行动因素构成。在一般情况下三者是统一的，但在某种特殊情况下，也会出现脱节现象，引起心理矛盾。其中情感对态度的形成起着重要作用，情感因素在态度的三个因素中占重要地位，往往起决定性作用。

第一,态度的转变受到教育者、受教育者和环境三大要素的影响。教育者的人格因素、专业水平、表达能力和仪表都会对态度转变产生影响。受教育者的自尊心强度、权威主义倾向的强度、想象力丰富性、智力水平和当前需要会对态度转变产生影响。态度的转变除了受到教育者和受教育者的影响外还受到环境的影响,比如社会思潮、社会舆论、社会风气、多数人的行为等。我们得到的启示是,教育者本身要提高自身素质,要关注新媒体给受教育者带来的影响,要关注舆论动态,掌握引导舆论的方法。

第二,态度转变的相关理论有强化理论和需要理论。态度改变是强化学习的一个函数,需重复加强学习、反复灌输。如出现逆反心理也要强化学习,但要改变策略。我们得到的启示是教育者需要反复宣讲自己的观点,促使受教育者强化学习。教育者要努力提高自身威信和专业水平。在宣讲内容和方法上要新颖。要求受教育者态度转变时,不要幅度太大,要按阶段操作。需求理论第一层次是生理需要,衣食住行;第二层次是安全需要,包括人身安全、劳动安全、职业安全和财产安全等;第三层次是社交需要,也称归属和爱的需要,包括友谊、情感和归属等;第四层次是尊重的需要,包括得到荣誉、受人尊敬等;第五层次是自我实现需要,包括工作胜任感、成就感。社会心理学告诉我们,人们的心理动因总是由社会需求决定的。从内容上看,思想政治教育可以不同程度地满足人类理论需要、政治需要、思想需要和道德需要,关键是教育者要能及时了解受教育者的上述需要并满足上述需要。在大学生思想活动的恰当时机,思想政治教育者如果能满足人的某些方面的需要则转变态度就比较容易,反之比较难。

三、教育学理论

(一) 建构主义学习理论

教育学中的建构主义学习理论认为,学习不是由教师把知识简单地传递给学生,学习是一个由学生在一定情境下,借助其他人的帮助,利用学习资料,自己建构知识的过程。学生不是简单被动地接收信息,而是主动地建构知识的意义,这种建构是无法由他人代替的。这是因为每个人的经验世界是用自己的头脑创建的,由于经验以及对经验的信念不同,人们对外部世界的理解便也迥异。

建构主义则强调学习的主动性、社会性和情境性。其中主动性就是学习者的态度,社会性是指学习者与人协作交流,借助他人帮助的过程,情境性指利用各种工具和资源达到学习目标。根据建构主义理论,思想政治教育者需要调动学生自我教育的主动性,加强朋辈辅导的力度,设立各类学习情境,增加教育资源的说服力、感染力和亲和力,使学生可以在教育者的引导下自主地获取思想政治教育内容，最终达到受教育的目的。

（二）人本主义学习理论

人本主义学习理论是建立在人本主义心理学的基础之上的。人本主义的学习理论从全人教育的视角阐释了学习者的成长历程，注重启发学习者的经验和创造潜能，引导其结合认知和经验，肯定自我，进而自我实现。人本主义学习理论重点研究如何为学习者创造一个良好的环境，让其从自己的角度感知世界，发展出对世界的理解，达到自我实现的最高境界。人本主义心理学代表人物罗杰斯认为，人类天生具有学习的潜质，这种潜质可以在合适的条件下释放出来。当学习内容与自身需要相关时，学习积极性最容易激发；在具有心理安全感的环境下可以更好地学习。教师的任务不是教学生知识，也不是教学生如何学习知识，而是要为学生提供学习的手段，至于应当如何学习则应当由学生自己决定。教师的角色应当是学生学习的"促进者"。

在新媒体背景下，大学生思想政治教育者要承认学生的主体地位，从学生的心理需要出发，提倡合作学习和有意义学习等。提倡学生之间的朋辈教育和互助学习，发挥学生骨干的智慧和力量，在学生群体中形成健康向上的风气，营造有利于开展思想政治教育的和谐、民主的环境。

（三）网络教育的参与理论

网络教育中的参与理论是一种针对基于技术的学习环境而提出的一种学习理论。该理论的前提是为了使有效学习发生，学习者必须积极参与到课程活动中去。参与理论的核心思想是：创建协作小组，让学习者以小组为单位，相互协作完成真实的有意义的项目。这一核心思想中包含有三大基本原则：相互协作原则、项目导向原则和真实性原则。同样，参与理论的重点就是"主动参与"和"协作讨论"，这与网络教育的定义所提出的一样。

在新媒体背景下的思想政治教育中，新媒体同样既是工具、资源又是环境，教育方式同样是运用新媒体资源，在教师指导下对学生进行教育。按照网络教育的定义和网络教育的参与理论，我们可以推论：新媒体背景下大学生思想政治教育也要把着眼点放在促进学生自主学习、加强师生交流研讨和加强学生间协作上，而不是简单地利用新媒体谈心、发通知、对学生说教。要时刻把促进学生自我教育放在工作的首位，自我教育的经常性、深刻性和对症性往往远胜过他人教育；要多与学生沟通，这样才能了解学生，才能更好地引导学生；要在学生中形成团结互助的氛围，良好的班级环境会促使学生更健全地成长。

四、管理学理论

管理学是一门科学,是以各种管理工作普遍适用的原理和方法为研究对象的一门学科。思想政治教育是带有管理性质的一项工作,为了使工作更加科学化,必然需要借鉴管理学的理论和方法。

(一)人性假设理论

人性假设理论是管理学的理论基础,基于对不同的人进行管理的研究才形成了不同的管理理论和方法,有"经济人"假设、"社会人"假设、"自我实现人"假设和"复杂人"假设。

在大学生思想政治教育中,第一,教育者要以关注受教育者的物质需求为实践起点进行思想政治教育;第二,在新媒体背景下,学生个性强,同学之间差别较大,必须要有针对性地根据学生特点因材施教;第三,对每一个学生的教育方法不能一成不变,要根据他的年龄、知识水平以及所处环境的改变而适当改变教育方法。

(二)柔性管理

柔性管理从本质上说是一种对"稳定和变化"进行管理的新方略,也就是说从表面混沌的现象中,找出事物发展和演化的自然秩序,进而预见变化并自动应付变化,简单说就是"以人为本"的管理。在对人的管理中必须坚持"以人为本"。管理学告诉我们,对人的管理和对物的管理不同,如果说对物的管理是"优化",那么对人的管理就是"博弈"。博弈是一种双向优化,博弈结果由双方共同决定。只有充分重视"人"、研究"人"、鼓励"人"、感染"人",才能在博弈中胜出。

在思想政治教育中采用"柔性管理"的方法,就是要采取教育、激励、引导、暗示等柔性工作方式,主要不是依靠灌输式教育和强硬性命令,而是从内心深处激发每个学生的内在潜力,充分调动学生自身的积极性和创造性,使他们能够自我教育、管理和自我约束。在新媒体背景下,大学生能得到的信息很多,很容易找到与教育者灌输的观点不同甚至大相径庭的其他观点,但是他们又无法分辨这些观点,于是对教育者产生不信任,导致教育失败。如果教育者采取柔性的方法,引导他们自己领悟教育者的观点,他们一定对通过自己思考分析得出的观点深信不疑,教育就会收到良好的效果。

(三)激励理论

激励理论是用于处理需要、动机、目标和行为四者之间关系的核心理论。人的动机由需要产生,目标来源于需要,行为来自根据需要确立了的目标。激励则作用于人的内心活动，激发、驱动和强化人的行为。其中最具代表性的"期望理论"认为，"只有当人们预期到某一行为能给人带来有吸引力的结果时，个人才会采取特定行动"。一个目标对人的激励程度受目标效价和期望值两个因素影响，也就是说当实现该目标对人来说很有价值并且人认为实现该目标的可能性很大的时候，他会付出最大的努力采取行动，去争取实现。

在思想政治教育中，教育者可以根据期望理论帮助学生确立他们各自的目标。由于学生需要不同，动机和目标就不同，所以需要根据每个学生的具体情况确定对他们有价值的而且他们认为能够达到的目标。这个目标可能不是一次性或短时间内可确立的，可能需要一段时间的摸索才能找到合适的目标，也可能确立了目标后还需要调整目标，以达到目标和期望值的最佳契合，指导行动。但这并不是一个容易的过程，需要教育者对学生的不断了解、关注及适时积极引导，对思想政治教育者提出了很高的要求。

（四）绩效管理

"所谓绩效管理，是指各级管理者和员工为了达到组织目标共同参与的绩效计划制订、绩效辅导沟通、绩效考核评价、绩效结果应用、绩效目标提升的持续循环过程，绩效管理目的是持续提升个人、部门和组织的绩效。绩效管理的过程通常被看作一个循环，这个循环分为四个环节：绩效计划、绩效辅导、绩效考核与绩效反馈。"

在思想政治教育中，可以借鉴绩效管理的方法，重在反馈和纠正。我们要设立指标来评价我们的工作，并反思和纠正工作上的不足。在新媒体背景下，网络载体的教育效果需要及时评估。当评估到红色网站的吸引力下降时，我们就需要找到原因，及时改进，或者采用更合适的载体进行教育。

以上各个领域的知识揭示了以下内容：第一，从教育内容看，在新媒体背景下，大学生的价值观教育仍然要放在重要地位，大学生思想政治教育要从大学生的需求出发来进行；第二，从教育方法看，在新媒体背景下，大学生思想政治教育要使用网络传播学的相关理论和知识，采取适应新媒体时代的工作技巧；第三，从大学生角度看，在新媒体背景下，大学生思想政治教育要注重激发学生的积极性，让他们进行自主教育，让朋辈之间产生影响；第四，从教育者本身看，在新媒体背景下，教育者要注重个人态度、能力和情感的作用。当新媒体使大学生思想政治教育的教育内容和教育环境产生变化时，教育方法也一定会相应地发生变化。

第三章 新媒体背景下大学生思想政治教育的目标与原则

第一节 新媒体背景下大学生思想政治教育的目标

党的思想政治教育的根本目的是为无产阶级解放事业服务，它在不同时期表现为不同的培养目标，而对培养目标的规定又展开为具体的目标模式。在革命战争年代，思想政治教育的目标是培养革命者，其具体模式以毛泽东为陕北公学的题词为代表；中华人民共和国成立后，思想政治教育的目标是培养无产阶级革命事业的接班人和社会主义事业建设者，其具体模式以毛泽东关于"两有"的表述为代表；在新时期，思想政治教育的目标是培养社会主义事业建设者和接班人，目标模式是邓小平提出的"四有"新人。这一目标模式的成熟形态具有全面性、重点性、层次性和总体性特点。江泽民在新形势下丰富发展了这一目标模式。

一、思想政治教育目的与教育目标的区别和关系

目的通常是指行为主体根据自身的需要，借助意识、观念的中介作用，预先设想的行为目标和结果。作为观念形态，目的反映了人对客观事物的实践关系。人的实践活动以目的为依据，目的贯穿实践过程的始终。它是人们希望获得的最终结果，这个结果是整体性的，具有高度的概括性和抽象性。目标是个人、部门或整个组织所期望的成果，是目的和使命的具体化表现，是在一定时期内所追求的最终成果和希望的未来状况。任务是目标的具体化。任务作为具体的实践要求，回答了在某一时期、某一阶段人们应该做些什么事情。

在马克思主义人学视野中，思想政治教育的本原目的是促进人在社会中的生存和发展，思想政治教育的最高目的是促进人的自由全面发展，我国思想政治教育的现实目的是促进和谐的社会主体的生成。思想政治教育的目的，是指通过思

想政治教育活动，在受教育者的思想和行为方面所期望达到的结果。换言之，思想政治教育的目的是人们根据一定的主客观条件对受教育者思想品德方面质量的一种期望和规定。思想政治教育目的是开展各项思想政治教育活动的依据和动力。思想政治教育的目的的实现是长期的、复杂的、艰巨的，可区分为若干阶段的过程。

思想政治教育的目标是指思想政治教育者通过思想政治教育活动，期望思想政治教育对象的思想品德、政治素养、心理素质和行为习惯等方面所能达到的境界或预期结果。思想政治教育的目标不是头脑臆造的结果，它深深地植根于社会土壤之中。它取决于社会发展状况和需要，取决于现实的人全面发展提升自身的需要。以上可以看出，思想政治教育的目标是一个过程，是一个教育主体实现其目的的过程，这一过程体现的就是某一群体的阶段性教育结果和状态。

关于思想政治教育的目的与思想政治教育的目标的关系，可以总结为一句话：思想政治教育目标是实现思想政治教育目的的具体途径，思想政治的目标以思想政治教育的目的为依据。

高校思想政治教育的目标，是指高校根据社会发展的需要和大学生成才的要求，通过思想政治教育使大学生的政治、思想、道德、心理、审美、法纪等素质在一定时期内达到预期效果。它是高校思想政治教育的出发点和归宿，是思想政治教育的首要核心问题，制约着思想政治教育的整个过程。正确的目标定位，不仅为有效实施思想政治教育明确了方向评估的依据，也为广大青年学生成才明确了可行性导向，在树立和落实科学发展观，全面构建社会主义和谐社会的时代背景下，进一步明确高校思想政治教育的目标定位，对培养合格的社会主义事业建设者和接班人，推进两个文明建设，乃至把建设中国特色社会主义事业全面推向新时代具有重要意义。

二、新媒体时代高校思想政治教育目标应坚持的原则

"思想政治教育在各级各类学校都要摆在重要位置。任何时候都不能放松和削弱，思想政治素质是最重要的素质。不断增强学生和群众的爱国主义、集体主义、社会主义思想，是素质教育的灵魂"。

（一）高校思想政治教育目标应遵循社会进步和个人发展辩证统一的原则

思想政治教育在各级各类学校都要摆在重要地位，任何时候都不能放松和削弱。思想政治素质是最重要的素质。不断增强学生和群众的爱国主义、集体主义、社会主义思想，是素质教育的灵魂。

社会发展向人提供物质的、精神的发展条件，决定着人的发展；个人的发展依赖社会发展，社会发展促进个人的发展。个人发展对社会发展具有促进作用，人本身的发展既是衡量社会进步的内在尺度，也是推动社会前进的内在动力。二者是一个双向同步的统一运动过程，统一的基础是社会发展。社会进步和个人发展应该达到高度的一致性。基于这种高度的认识，高校思想政治教育的目标定位，应该同时满足社会发展和个人发展，达到社会性和个人性的统一。

无论社会还是人，都必须求发展，把发展放在首要位置，这是无一例外的。社会发展与人的发展是不可分割的。任何社会的发展都以经济发展为基础，但社会发展不仅仅是追求经济的增长，其根本目的应是追求人的发展，实现人的全面发展。人的全面而自由的发展是理想性、现实性和革命性的统一，它像一座灯塔，指引着社会发展和人的发展的道路与方向，它不但是一种理想目标，而且是一个现实的历史过程，是一个要经历诸多艰难曲折和革命性变革逐步实现理想目标的现实发展过程。中国现在已经进入了共产主义社会的低级阶段——社会主义社会，而且在现阶段，中国社会的发展采取的主要对策是大力发展社会主义市场经济，这为人的发展开辟了广阔的前景。因此，要抓住机遇，更要自觉地创造条件，培育和塑造人应具有的素质与品质，逐步向未来共产主义社会人的全面而自由的发展迈进。个人发展与社会发展之间客观地存在着辩证统一性，这种辩证统一性是高校思想政治教育所遵循的。高校思想政治教育目标的制定应遵循从个人需要出发，又应从社会需要出发，只有这样才能既促进个体发展又促进社会发展，使个人发展与社会发展之间形成一个良性循环。否则，单从个人发展出发或单从社会发展出发，都只能适得其反。

为保证其方向的科学性和正确性，满足社会发展进步的需要，高校的思想政治教育的目标定位要适应并服从于社会主义物质文明和精神文明发展的要求。要想做到科学性和正确性，必须理解"内化"与"外化"。"内化"与"外化"是大学生思想品德形成过程中的两个阶段，这两个阶段互相交叉，互相转化。在这两个阶段，"内化"起着重要作用。大学生在接受思想政治教育后，提高了道德自觉性，从而将外在的思想观念、道德范、政治理念内化为自己的行为准则和道德良心，指导自己的活动行为，并形成自我监督的良性机制，最后完成个体整体素质的提升。在整个大学生思想政治教育活动中，思想政治教育内化占据着重要的地位。因为我们进行思想政治教育，其目的就是要使社会所要求的思想观念、政治观点和道德规范转化为大学生自己的思想意识，并用以指导自己的行为活动，而这个过程正是内化活动过程。大学生思想政治品德的养成要求把社会习俗逐渐"内化"为大学生的思想观点、理想信念，然后把这种内在素质"外化"为行为习惯的过程。在这种由"内"而"外"的过程中，大学生的思想政治素养得以提升。

"内化"和"外化"的过程必须是以大学生个性心理特征和成长规律以及心理状况为前提的，通过这种前提性的保障，进而达到社会进步的需要和个人发展的需要的辩证统一。只有这样才能保证高校思想政治教育的科学性，达到高效思想政治教育的目标。

（二）高校思想政治教育目标应遵循继承与借鉴有机结合的原则

一方面，实现高校思想政治教育目标需要遵循继承与借鉴相结合的原则，应继承发扬高校在历史上形成的优良学习传统、马克思主义的学风和富有成效的学习制度，借鉴国内外学习型组织建设方面具有普遍意义的规律性认识，吸取近年来各个高校在进行思想政治教育工作建设实践中积累的好做法、好经验；另一方面，要坚持解放思想、实事求是、与时俱进的工作思路，依据高校在新的历史时期、新的环境条件下学习目的、内容和组织形式的发展变化，不断有所发现、有所创新、有所突破。

横向借鉴，纵向继承。我党的一项重要的政治传统和政治优势，就是长期坚持不懈地开展思想政治教育。多年来，我们一方面不断实践思想政治教育的内容，一方面不断积累经验，如正面灌输、实事求是、以身作则等，对于这些经验，我们不但不能放弃，而且要进一步继承和发扬，发挥它们在思想政治教育过程中的积极作用。思想政治教育并不是哪一个阶级的特殊行为和专利，而是一项普遍的社会实践活动，不仅我国需要，世界各国都需要。新媒体背景下高校思想政治教育工作表现出隐蔽性强的特点，基于这种认识，我们应该积极横向地借鉴不同高校甚至国外高校进行思想政治教育工作的经验，并以此为依据丰富我们的工作思路。继承中孕育着发展，借鉴中包容着提升，高校思想政治教育在我国已经发展了多年，这期间累积了丰富的思想政治教育工作经验，新媒体时代应该发扬"扬弃"精神，对传统经验进行批判继承。

（三）高校思想政治教育目标应遵循教育与管理相一致的原则

教育与管理是反映思想政治教育与其重要性平行的系统管理之间相互关系的范畴。思想政治教育是思想政治教育者对受教育者施加有组织、有计划、有目的的思想政治影响的实践活动，它主要靠说服教育，启发人们的自觉认知。管理是组织运用经济、行政、纪律、法规等手段规范人们的行为，以维护正常的生活秩序的实践活动。它主要靠规范约束，带有强制性。管理与思想政治教育是两种不同的活动，二者性质不同，功能有异，并且二者之间有着密切联系。只有二者实现有机结合，才能显示思想政治工作的强大威力，保证各项工作顺利进行。

当前的新媒体时代，随着网络技术的迅猛发展，各种新问题、新情况、新矛盾日渐显露，迫切需要强有力的思想教育做先导，更需要科学有效的管理措施做保障，这种保障和需要在高校领域更为突出。因此高校思想政治教育目标的制定一定要把握教育与管理的一致性。具体指：一方面高校要把思想教育贯穿于各项规章制度和教育教学的落实过程之中，另一方面高校要使思想教育领先于各种错误思潮，此外要把思想教育渗透到严格的学生管理之中。只有这样才能为高校思想政治教育工作提供精神动力和智力支持，同时也能顺利保障高校各项事业的顺利进行。

（四）高校思想政治教育目标应遵循针对性与实效性有机结合的原则

新媒体环境下加强思想政治教育要强化思想政治教育的针对性，切忌教条僵化和形式主义，增强实效性，做到有的放矢，坚持针对性与实效性相结合的原则。为适应新媒体环境下高校思想政治教育工作的要求，高校思想政治教育应着眼于为提高大学生思想政治能力服务，努力把提高大学生思想政治水平作为抓教育的出发点、落脚点。在制订高校思想政治教育计划时，要把思想政治教育放到高校全面建设的大局中考量，把对上负责和对下负责统一起来，吃透上情，摸准下情，形成自己的教育特色。这种针对性体现在高校思想政治教育方针的针对性、高校思想政治教育内容选择的针对性、高校思想政治教育形式的针对性以及高校思想政治教育整体效能的针对性等方面。

在新媒体背景下，借助网络技术的发展，大学生思想政治教育工作变得繁杂无序，这对思想政治教育的方式和手段都提出了近乎严苛的要求，照本宣科、不注意理论联系实际的教学方法是不会有实际效果的，因此要求高校思想政治教育工作的方法和手段应该做到与时俱进。在这一过程中，高校要针对新媒体环境条件下学生自主性和主体意识增强的特点，利用多平台、多载体、多方位，全方面实现高校思想政治教育的实效性，切实提高大学生的思想政治水平。

（五）高校思想政治教育目标应遵循思想政治教育与专业知识教育相结合的原则

在"教育性教学"这一原则中指出：德育过程应该贯穿于教育过程之中。在新媒体环境下，高校思想政治教育应该注重"两结合"：一是注重将思想政治教育和专业教育相结合，发挥思想政治教育的辅助作用；二是注重专业知识和思想政治教育知识交叉教学。思想政治教育课是进行大学生思想政治教育的主要途径，其实高校思想政治教育的潜在平台很多，其中专业知识教学就是一处最大的潜在平台，借助这一平台，可以在高校思想政治教育课程之外的专业课程教学中，挖掘专业课程的德育意义，渗透思想政治教育的内容，这是当代各国思想政治教育的普遍做法。

专业课的学习都要对三个问题做出回答：一是它所涉及的社会和经济问题是什么，二是这个领域的传统和历史是什么，三是要面对哪些伦理和道德问题。通过这种专业教育，更有利于高校思想政治教育目标的实现。有关这三个问题的回答可以直接或者间接地激发学生关心和思考与专业有关的社会理论问题，通过这种主动的探索积极地接受社会的价值观念。

（六）高校思想政治教育目标应遵循发展性原则

发展是事物从出生开始的一个进步变化的过程，是事物的不断更新，是指一种连续不断的变化过程。既有量的变化，又有质的变化；有正向的变化，也有负向变化。发展性具体指的是主张学生在动态学习环境下，形成动态思维结构，达到情感能力的协调发展。这种发展是在开放思维条件下，全时空发展的学习方式。制定高校思想政治教育目标时，要充分考虑发展性。这种发展性表现在两个方面，一方面要求教育目标应具有长期性；另一方面要求教育目标的制定应站在学生发展的角度，考虑大学生的发展性。著名的教育专家斯塔佛尔姆的"发展性"指的是倡导"四多四少"，即"多一点赏识，少一点苛求；多一点表扬，少一点批评；多一点肯定，少一点否定；多一点信任，少一点怀疑"。

三、新媒体时代高校思想政治教育内容体系构建的目标要求

随着社会经济结构已经和即将发生的深刻变化，特别是新媒体时代的来临，新情况新问题层出不穷，社会利益关系更为复杂。在社会主义现代化建设的进程中，我国各类高校培养的大量高素质人才为此做出了巨大的贡献。随着新媒体时代的来临和高等教育大众化时代的来临，更多的学子有机会接受高等教育，但是要将这些青年培养成建设和谐社会的中坚力量，对高校思想政治教育的目标定位进行与时俱进的调整就势在必行。明确的目标定位，一方面为进行思想政治教育提供了可靠的方向依据，另一方面也为广大青年学生的成才提供了可行性的导向。在新媒体时代背景下，进一步把握和明确高校思想政治教育的目标定位，有利于我国社会主义现代化建设，有利于培养合格的社会主义事业建设者和接班人。

（一）高校思想政治教育目标制定应该贴近实际、贴近生活、贴近学生

要"着力提高教育质量"。提高质量是思想政治理论课发展最核心最紧迫的任务，贴近实际、贴近生活、贴近学生，是提高教学质量的内在诉求和重要突破口。把握"三贴近"的统一性原则、科学性原则与引导性原则，在教学理念和模式、教学方法和手段、学习方式和评价等方面贯彻"三贴近"，能够全面提高思想政治理论课的教学质量。

贴近实际、贴近生活、贴近学生，既是党在思想政治工作方面长期实践的经验总结，也是党的传家宝。高等学校作为培养人才的摇篮，要解决好培养什么人、如何培养人这个根本问题，必须始终不渝地全面贯彻党的教育方针，用"三贴近"思想方法加强高校学生思想政治教育工作，提高针对性，增强实效性，关键问题是使大学生思想政治教育工作真正做到贴近实际、贴近生活、贴近学生。

在高校进行思想政治教育的实际工作中，应以大学生的责任感和责任意识为突破口，坚持以人为本，坚持思想政治教育引导的先进性和广泛性的统一，贴近实际、贴近生活、贴近学生，努力在提高思想政治教育的针对性、实效性、吸引力、感染力上下功夫，培养德智体全面发展的社会主义事业合格建设者和可靠接班人。同时还应该注意教育过程的科学性，"三贴近"具有管长远、管方向之效，所以必须围绕学生的思想去解扣子，区分不同大学生不同的心理个性特点，防止上下一般粗。还要强调引导性，高校思想政治教育工作者在教育过程中，应该注意正能量的传递，在与大学生进行交流、对话过程中对大学生进行潜移默化的引导和思想的规范。高校思想政治教育一定要在经常性思想教育的基础上，把握"三贴近"的原则。把解决大学生现实思想问题作为出发点和落脚点。

（二）高校思想政治教育目标应细化

政治教育规模与学生思想发展有着直接关系，往往规模越高、集中程度越大、力度越大，烙印就越深。一是教育的每个环节都要抓住。比如课堂教育，就应该好好地抓一下思想调查，引导思想政治理论课教师学会把学生思想摸透摸准，防止闭门造车；备课要备出质量，要广泛查阅资料，精心准备，必要时进行试讲；讨论要认真组织，把课堂内容消化好，防止简单议论，防止离题千里；补课要真正补起来，不能简单地补补笔记了事等。每个环节还要有具体的做法和要求。把这些基本环节抓好了，课堂教育不会没有效果。二是注意培养思想政治教育的小骨干队伍。把这些小队伍抓好了，就能在教育中起到很好的补充、桥梁、引路、放大、消化作用。三是做好条块和一人一事的工作。现在的学生，不同层次的人有着不同的特点，不同条块的人也有着不同的想法，所以教育者既要注意层次性，也要注意条块性，把不同类型人员的工作都做好。共性的问题解决了，个性的问题也不能放过。一人一事的问题往往具有典型性，影响比较大，所以教育者仍然要把谈心、一帮一等行之有效的方法抓住，使解决问题成为覆盖全体学生的共同目标和要求。

（三）高校思想政治教育目标定位应以培养大学生能力为先

高校思想政治教育的目标之一，就是培养大学生具备社会主义事业建设者和接班人所必需的思想道德素质，这内在地蕴含了对大学生各方面能力的要求。将大学生能力培养作为高校思想政治教育的重要目标，对大学生个人的发展和社会的进步具有重要意义。大学生能力包括道德能力、思想能力、独立生活能力、人际交往能力、应变能力等多个方面，如何培养大学生的实际能力，不仅仅是大学生专业课程的目标和任务，同时也是大学生思想政治教育的功能，应该在高校思想政治教育目标中有所体现。单纯地从智育的角度培养大学生的能力，促进大学生发展，只注重知识的呈现和讲授，那么大学生思想政治教育就会丧失它应有的受关注度和被接受度。大学生思想政治教育研究其实质就是大学生实际能力的教育。

进行大学生实际能力的培养，应该从多方面入手。一方面，从大学生思想政治教育的内容和方法入手。创新思想政治教育的内容，不断将思想政治教育的内容与实际结合，与社会结合，同时开拓思想政治教育的方法，多元化的方法有利于思想政治教育的多元进行，使大学生思想政治教育切切实实地被学生接受进而内化，产生认同感，养成良好的能力习惯。另一方面，注重思想政治教育的教学内容和实践的结合。在实际教学过程中，一是可以开展理论交流，二是可以围绕理论主题相关的内容开展系列主题教育实践活动，培养大学生"走进来、走出去"的学习习惯，让大学生在实际的操作中饱尝思想政治教育带来的乐果，间接地提升和强化大学生良好道德行为和责任意识。

高校思想政治教育过程中要培养解决的是知识和能力的转化问题。能力和知识的作用是相互的。高校在进行思想政治教育的过程中，一定要注意思想政治教育的知识性与能力性的相互交流、沟通以及转化。学校培养就是要把学生学到的知识转化为能力，特别是转化为学生适应社会生存与发展的职业化技能。高校课堂是学生学习知识的殿堂，但知识不等于素质，素质不等于能力。知识的建构有助于能力的形成，反之，以能力作为基础知识的学习也将更加有利。因此，基于以知识为基础，善于将知识进行积极转化的思想政治教育在高校中应该发挥重要作用。

（四）高校思想政治教育目标设定应彰显感染力，提高吸引力、增强针对性

思想政治教育的过程，是教育者对受教育者的思想状态进行转化的过程，也是教育内容发挥作用的过程。因此高校思想政治教育目标的设定应该彰显教育内容的感染力，提高教育内容的吸引力、增强教育内容的针对性。

高校思想政治教育要想融入生活，就是要在生活的正常运行中，引导人们认识生命的价值，唤醒信念的生命，恢复思想的生命力，使每一个人在对事物、对生活的态度中积极地表现出他的世界观、价值观以及政治立场。以重大事件活动

和庆典为契机加强和改进大学生思想政治教育工作，以彰显教育内容的感染力。北京大学提出的大学生思想政治教育"精致化"目标，要求根据每一个学生的特点，深入细致地开展工作。"精致化"的核心思想是"以人为本"，在教育过程中结合了"科学管理"和"人本管理"的优势，对于提升学生素质、促进全面发展大有裨益，有利于形成"人人成才"的良好局面。另外，"精致化"以实现每个受教育者"自由而全面的发展"为根本目标，在教育实践中倡导"因材施教"，注重发挥学生个人的主体性和主动性，有利于培养高素质创新型人才。

通过这种目标限定彰显了教育内容的感染力，提高了教育内容的吸引力，增强了教育内容的针对性。思想政治教育工作者在开展教育活动过程中，注意将大学生的个人体验融入教育的过程中，注重考量大学生的情感态度。

所谓针对性就是必须有的放矢地开展思想政治教育，包括问题的针对性和方案的针对性。问题的针对性要求我们对于受教育者的思想品德现状有充分的了解，知道他们存在哪些问题。而了解受教育者的思想品德状况既需要知道他们现在的思想观念、心理特点、行为习惯是什么，又要知道有哪些因素促成他形成现在的思想品德。这些因素包括宏观因素（经济环境、政治环境、文化环境、大众传媒环境）和微观因素（家庭环境、学校环境、社区环境、同辈群体环境）。方案的针对性是指制定的思想政治教育方案要有针对性，包括具体的目的、可行的步骤、恰当的方法等，只有这样才能够使思想政治教育获得良好的效果。在新形势下，大学生心理层面、思想认识都发生了深刻的变化。因此高校思想政治教育目标设定应该更具有针对性和有效性，以使大学生具有坚定正确的政治方向和健康向上的价值观。

要做好大学生思想政治教育就不能不承认大学生思想政治素质的差异，并且按照这种差异给予区别对待，根据其不同思想特点选取不同的教育内容。首先，要对大学生阶层进行分层。大学生中有先进分子，他们大多数是党员、学生干部等。大学生中也有中间分子，他们大多数缺乏政治工作的积极性。大学生中也有落后分子。在进行思想政治教育的过程中，对于大学生中间的先进分子，加大马克思主义理论教育，巩固他们有关马克思主义的理想和信念。对于数量较多的中间分子而言，应该利用共同理想、爱国主义等教育内容，逐渐引导他们认识与理解马克思主义、走向马克思主义，加强社会主义价值观教育，笃定他们对共产主义的深刻认识。其次，要注意顺序性。思想政治教育的开展无论是从低年级到高年级，从本专科学生到研究生，都要注重顺序性。由于不同年龄层次的大学生的道德发展水平存在差异，其个性心理特征也着实不同，所以在进行教育的过程中，一定要注意顺序性。大学生思想政治教育工作者应对不同年级和不同身心发展阶段的学生，设计有区别、有重点、有连续的思想政治教育内容体系，有针对性地开展相应的教育内容活动。

第二节　新媒体背景下大学生思想政治教育的原则

中共中央、国务院颁发的《关于进一步加强和改进大学生思想政治教育的意见》中，明确提出了加强和改进大学生思想政治教育"六结合"的原则，一是坚持教书与育人相结合，二是坚持教育与自我教育相结合，三是坚持解决思想问题与解决实际问题相结合，四是坚持政治理论教育与社会实践相结合，五是坚持继承优良传统与改进创新相结合，六是坚持教育与管理相结合。在新媒体背景下，在深刻理解和全面掌握这些基本原则的基础上，我们应该做到与时俱进，积极拓展思想政治教育新平台，开拓思想政治教育的新思路，不断进行高校的思想政治教育创新，在加强和改进大学生思想政治教育的工作实践中，认真做好"六结合"这篇大文章，促进高校大学生思想政治教育工作健康发展。

关于思想政治教育的原则，有人认为，知识经济条件下的思想政治教育应坚持若干原则，如"生命线"地位的原则、讲政治的原则、以人为本的原则、知识优势的原则、教育手段现代化的原则、创新的原则。有人将学术界关于思想政治教育原则的几种代表性观点总结为：理论与实际结合的原则、民主原则、思想政治教育与物质利益相结合的原则、思想政治教育与各种规范相结合的原则、表扬与批评相结合并以表扬为主的原则、身教与言教相结合的原则、身教重于言教的原则、解决思想问题与解决实际困难相结合的原则、方向性原则、疏导原则、教育与自我教育相结合的原则、层次性原则。还有人认为，灌输是思想政治教育的原则；把灌输理解为原则，可以在坚持方向性和必要性的前提下，更好地启发思想政治教育者在思想政治教育实践中对灌输的具体内容、方法、手段、形式等的思考和研究，有利于实施科学灌输。

所谓思想政治教育的原则，是指人们在思想政治教育过程中必须遵循的基本准则，它是思想政治教育客观规律的正确反映，是教育实践经验的科学总结，是教育者在教育活动中正确处理各种关系，确定教育内容，选择教育方法，增强教育效果，实现教育目的的准则。

一、区别思想政治教育的原则与规律、原理以及方法

准确地把握思想政治教育的原则需要做到三个区分：一是区分思想政治教育原则与思想政治规律；二是要区分思想政治教育的原则与思想政治的原理；三是区分思想政治教育的原则与思想政治教育的方法。做好这三项区分就可以在基础上对思想政治教育的原则有一个清晰的把握。

(一) 思想政治教育的原则与规律

思想政治工作的规律是思想政治工作过程中各种要素、各工作环节和现象间内在的、本质的联系。思想政治工作的原则是人们在实施思想政治教育过程中必须遵循的一些准则。规律与原则的关系，是决定与被决定的关系，是客观与主观的关系。从理论上深入探讨它们之间的关系，对于我们尊重客观规律，科学地制定原则，提高思想政治工作的有效性，有极其重要的现实意义。

思想政治教育过程有其自身固有的规律，其规律也就是思想政治教育过程中诸要素之间的本质联系及其矛盾运动的必然趋势，具有客观性。思想政治教育过程的基本规律是指思想政治教育的主要因素之间最本质的联系及其矛盾运动的必然趋势。关于这一规律的定义，思想政治教育学界也是各执一词，不过个性当中总会有共性，根据不同学派的理论，对"规律"定义进行整合，本书试作如下表述：思想政治教育的规律指的就是，思想政治教育工作者根据特定社会和特定发展的要求，参考受教育者个体发展特点和要求以及品德状况，结合一定的方法和一定的手段，以社会要求的思想品德规范影响受教育者，试图不断解决其思想品德水平与社会品德规范要求之间的矛盾，使受教育个体思想品德朝着社会要求的方向发展并得到不断提高。由于思想政治教育过程的规律具有客观性，它不以人的意志为转移，不管人们是否意识到它，它都在起作用，自觉地按规律组织和实施思想政治教育，因此，在实施思想政治教育的过程中一定要注意避免主观性和随意性。

思想政治教育的规律与原则的关系，可以总结为决定与被决定的关系、客观与主观的关系。思想政治教育原则的制定必须以思想政治教育规律为依据，思想政治教育原则是思想政治教育规律在教育中的反映。思想政治教育规律是不以人的意志为转移的，人们只能发现、掌握和利用它，而不能任意制造、改变或废除它；而思想政治教育原则是第二性的，思想政治教育原则是对思想政治教育客观规律的主观认识的成果，是对思想政治教育规律的能动反映，它反映了思想政治教育客观规律的必然要求，是人们根据需要制定的教学活动的基本准则，它与科学发展水平、人们的认识能力密切相关。人们的认识、对经验的概括程度、时代要求等不一样，思想政治教育原则也就不同。

(二) 思想政治教育的原理与原则

原理为一抽象的客体，反映在某个（或某些）现象或机制的运作中普遍存在的基本规律，存在着一个适用范围，超出其适用范围，原理可能会发生根本变化。原则是人类使用这些普遍存在规律的一般化预测或解释。思想政治教育的原理更接近思想政治教育的内容，它是抽象化和概括化的思想政治教育内容和原则。思想政治教育的原则是受思想政治教育的原理指导的，实际上它是思想政治教育理论在教育实践过程中的具体化。

当然思想政治教育理论中的很多内容，对于实际教育过程而言，可以理解为应当坚持的原则。例如，关于灌输的原理、疏导原则等，这种抽象化的思想政治教育原则其实就是思想政治的教育原理，并且后者是前者在实际教育过程中的贯彻和具体化。

（三）思想政治教育的原则与方法

方法就是人们在认识世界和改造世界的过程中，为达到预期目的所采用的手段或方式。所谓思想政治教育的方法就是教育者对受教育者在思想政治教育过程中所采用的思想方法和工作方法，或者说，是教育者为了达到一定的目的对受教育者采用的手段和方法。有人指出，思想政治教育的方法，就是教育者为了把社会意识形态转化为被教育者个体的经验、品质、评价和行为习惯而采用的方式和手段。思想政治教育方法的制定应该也必须以思想政治教育的原则为指导，思想政治教育的原则也应该与思想政治教育的方法相结合。在某种程度上，思想政治教育的原则与方法具有相通性，一定程度上可以将思想政治的方法作为原则；在某种程度上，又不能将方法视为原则。这就要求我们在进行思想政治教育的过程中把握受教育者个体心理特点的同时，还应该关注周围环境的变化，只有那些在思想政治教育实践中使用频率高，且有效性比较突出的思想政治教育方法才可以从原则的教育去把握，从而上升到原则层面。

思想政治教育的方法与思想政治教育的原则之间存在辩证统一关系。一方面，两者之间存在区别。它们概念不同，并在思想政治教育大系统中分别属于不同的部分与层次，具有不同的功能和结构。另一方面，两者之间又存在同构和耦合的关系。首先，它们之间存在一定的同构性；其次，思想政治教育每一种结构都具有对其对象进行思想政治教育的特定原则和方法。此外，思想政治教育原则还反映着思想政治教育的方法。

思想政治教育中应该理顺各种关系，协调教育因素，从而形成教育合力，增强教育效果的一些做法。

二、新媒体时代高校思想政治教育应遵循的原则

在新媒体环境下，随着网络技术的迅猛发展，涌现出来的新任务、新问题也在不断变化，在这种情况下，思想政治教育的原则也增添了新内容。思想政治教育原则，是对教育内容和形式一般性质的体现，是对教育方法的总结。新媒体时代，实效性、正面教育等这些传统的思想政治教育的原则仍然发挥着作用，对思

想政治教育工作仍然有用。但是，为了适应新媒体要求，应该不断发展其原则，适应形势要求。新媒体环境下思想政治教育的原则有针对思想政治教育内容的，有针对思想政治教育方法的，有针对思想政治教育的教育者和受教育者关系的，有针对教育者态度的，不同方面的原则存在某种共性。本节从新媒体和思想政治教育的关系以及新媒体给思想政治教育带来的诸多挑战和变化出发，总结出了新媒体时代高校进行思想政治教育的一般性原则。

（一）民主平等原则

民主平等原则，从定义上看，既有抽象含义，又有具体含义；从本质上看，既表现为具体贯彻方法，又体现其内在发展趋势。

民主平等原则，是自由对话的基础，是新媒体环境下思想政治教育自身特征以及自身适应时代发展的要求。新媒体时代，作为教育对象的大学生，他们的自我表达、自我思考以及自我意识已经渐趋成熟，逐渐对自己以及自己和周围的关系有了独立的认识和评价，盲从性减弱，主体性增强。借助网络等多媒体手段，可以更好地阐明自我观点。因此，在教育过程中应该十分重视教育者与受教育者的平等关系和民主精神。教育者在教学过程中要树立教育民主化的观念，以平等信任的态度深入学生，在与学生和谐相处中使学生畅所欲言，袒露心声，自觉接受教育。当然还要努力创造民主条件和民主环境，疏通广开言路的各种渠道，双方协作共创健康自由的民主氛围。教育者只有降低自己的"身段"俯下身子，怀着"虚怀若谷"的心态，将思想教育的内容下载到与受教育者平等交流对话的平台上，才会收到预期的甚至超出预期的思想政治教育的效果。此外，高校还要注意加强宣传教育和思想引导，帮助学生消除思想顾虑和认识误区，摆脱思想束缚，学会正确行使和维护自己的民主权利，提高自我教育的能力。

（二）正面教育原则

正面教育的原则具体就是坚持循循善诱，以理服人，注意运用正面形象、先进典型和正面道理教育学生，鼓励学生发扬长处，克服缺点，积极向上。培养健康的集体舆论观，促使学生自己教育自己。正面教育这一原则符合高校大学生思想品德的形成和发展规律，这一原则是根据我国社会主义思想政治教育的目的、我国道德教育的性质以及思想品德形成和发展的规律提出来的。所以，高校在进行思想政治教育的过程中一定要注意正面引导，说服教育，启发自觉，调动受教育者的积极性。

正面教育原则对思想政治教育者提出了四方面的要求：第一，积极发挥榜样的作用。通过树立典型，发挥"榜样"作用，进行正能量的传播，从正面引导大学生模范做人，开拓进取。第二，思想政治教育者要善于摆事实，讲道理，通过事实和道理开拓大学生的思想政治学习的思路，启发大学生的思想政治自觉性，促进大学生道德、思想、政治水平的提升。第三，发挥大学生的主动性和积极性，通过正面引导和奖励，达到长善救失，尽量避免以惩罚的方式进行教育，动不动就批评处罚、一棒子打死是正面教育原则的大忌。第四，思想政治教育者还要懂得利用网络平台的优势，通过运用不同的多媒体形式，向大学生传递正能量。教育者可以借助网络短片等形式进行正面引导，从而对大学生思想政治教育达到潜移默化的效果。在新媒体环境下，正面教育原则仍然是思想政治教育的重要原则，只有遵循这一原则，高校思想政治教育才能顺利进行，如若不遵循这一原则，思想政治教育抑或得到与其预期目标相反的结果。

新媒体思想政治教育要贯彻正面教育原则，首先要丰富新媒体环境下正面教育资源，拓宽新媒体环境下思想政治教育的平台和途径；其次要主动抢占新媒体环境下思想政治教育领地，在网络环境下，高校可以通过建立思想政治专题网站、思想政治教育论坛等形式，拓宽思想政治教育领地，达成思想政治教育目的，促进大学生的成长和成才。

（三）稳定性原则

政治思想教育的稳定性针对的就是思想政治教育内容及其形式、方法和手段。思想政治教育的内容及其形式、方法和手段极为丰富，是代表统治阶级根本利益与体现统治阶级基本意志的。稳定的思想政治教育内容及其形式、方法和手段成为其进行稳定统治的重要基础。

社会主义意识形态和马克思主义基本理论是这一阶段思想政治教育的基本内容、形式、方法和手段，应该保持其固有的稳定性。在一个相当长的时期内，我国高校思想政治教育基本的内容及其形式、方法和手段是不变的，为高校大学生提供德育支持、促进大学生成长成才和为社会主义现代化建设培养人才的使命也是不变的，而思想政治教育的指导思想和核心内容则是永恒的教育主题。当然，思想政治教育的这种稳定性是一种相对的稳定性，根据马克思主义哲学观点，运动和发展是绝对的，静止是相对的，因此基于该内容及其形式、方法和手段的高校思想政治教育的稳定性是随着时代的变化而发生变化的，其稳定性具有时代性，体现了时代的特征。在新媒体时代背景下，各种条件纷繁复杂，同时大学生思想情况也千差万别，思想政治教育的内容及其形式、方法、手段只有随机应变，才能适应各种千变万化的客观实际。随机应变性也是思想政治教育内容及其形式、方法和手段的内在属性，这就要求高校教育者在保持教育内容及其形式、方法、手段相对稳定的同时，灵活机动地根据大学生的现实思想问题、针对具体的人和事调整、补充和选择教育内容及其形式、方法和手段，使所授内容及其形式、方法和手段与大学生的具体思想实际相吻合。

在新媒体环境下，高校思想政治教育内容及其形式、方法和手段坚持稳定性原则，这会使思想政治教育的有效性大大增加，从而增强高校思想政治工作的说服力，进而增强思想政治教育的权威性。相反，面对不稳定的思想政治教育内容、形式、方法和手段，教育者和受教育者产生思想上的混乱，进而影响高校思想政治教育的有效性。在新媒体环境下，大学生可以通过新媒体听到不同声音，这样就会使大学生对思想教育产生怀疑，使思想政治教育工作变得更加复杂。因此，在新媒体时代，应该坚持以社会主义意识形态和马克思主义指导地位为主体的思想政治教育内容以及形式、手段、方法的稳定性，这是高校思想政治教育工作的重要原则。

（四）针对性原则

针对性是高校思想政治教育的普适性原则。大学生随着年龄的增长，接触外界事物的范围不断扩大，社会交往能力不断增强，遇到的困难和问题也日益增多，并开始对事物的产生、发展和变化有了自己的看法，对外界的需要和需求也逐渐切合实际。此时其个性化思想和心理特点主要体现在以下五个方面：一是世界观逐步形成，但政治理论基础薄弱；二是思想较为活跃，但政治上还不够成熟；三是自尊心和荣誉感较强，但自我意识较为浓厚；四是知识上日趋多元化，但缺乏感性知识和经验；五是要求个性独立，但心理较为脆弱。针对性原则要求思想政治工作者从个体出发，兼顾影响其思想品德形成的诸方面的实际情况，有针对性地根据个体心理发展特点进行制定。个体的个性心理特点包括个体的思想、心理、个性等诸多方面，所以，针对性原则应该摸准高校大学生的思想脉搏，抓住高校大学生的个性特征，了解主客观因素，而后有的放矢、有针对性地进行说服指导等方面的教育工作。

新媒体时代，要做到思想政治教育的针对性就要求高校在进行思想政治教育过程中做到以下几个方面。一是要热爱学生。热爱学生是教育的根本也是思想政治教育的根本。二是要尊重、理解学生，保护其自尊心。自尊心，是一种建立在自我评价的基础上，要求社会和集体承认自己的人格和能力的思想感情，作为高校思想政治工作者要善于聆听每个学生的心声，尊重他们的人格，保护他们的自尊心，这是使学生不断进步的关键。三是要善于利用表扬和鼓励。表扬和鼓励是促进大学生发挥潜能，增强学习积极性的优良手段，思想政治教育工作者应该利用好表扬和鼓励的方法，增进学生思想政治教育学习的积极性。四是要讲求批评的艺术。人无完人，更何况是处在思维发展高原期的大学生，他们出现错误是在所难免的，高校思想政治教育工作者在实际的教学过程中应该将这种"错误"最小化，采取含蓄的、间接的表达方式，让大学生认识到自己的错误，达到"润物细无声"的效果。五是要坚持以正面教育为主。我们要认识到强调"正面教育为主"不等于一团和气的好人主义，更不等于多年来盛行的庸俗关系学。因此，要开展批评与自我批评，必须在坚持正面教育为主的同时，坚决破除那种一团和气的好人主义，尤其要坚决摒弃庸俗关系学。大学生的自尊心、进取心都比较强，思想政治工作者在青年学生思想出现问题时，不能采取否定一切的态度，而要善于发现他们身上的长处，做到扬长避短，坚持正面教育。因此，针对新时期、新环境、新特点、新情况、新对象，采取新手段、新途径、新办法，是当前思想政治教育针对性原则的必然要求。思想政治教育只有遵循针对性原则，才能体现它的规律性和科学性，进而增强它的实效性。

（五）主体性原则

主体性原则是人对世界（包括对自身）的实践改造原则，是从人的内在尺度出发把握物的尺度的原则，是强调人的发展和人的主体地位对改造世界所具意义的原则。在高校思想政治教育过程中，作为思想政治教育的主体，应该将受教育者视为实现教育目的的主体，受教育者的地位应该得到充分的尊重，只有这样才能促进思想教育的有效开展。思想政治教育主体性原则是思想政治教育客观规律的要求，是高校发展的必然趋势。坚持思想政治教育的主体性原则，特别是在新媒体时代，一定要充分发挥教育者的主体性，尊重和调动受教育者的主体性。联合国教科文组织在《学会生存》中指出："教育正在越出历史悠久的传统教育所规定的界限。它正逐渐在时间上和空间上扩展到它的真正领域'整个人的各个方面'，在这一领域内，教学活动便让位于学习活动。虽然一个人正在不断地受教育，但他越来越不成为对象，而越来越成为主体了。"在新媒体背景下，随着各方面权利的扩张，在高校思想政治教育过程中应该尊重学生的自我发展和主动参与，只有这样，才能创造性地发挥大学生思想政治教育的积极性，才能主动地促使他们去发现问题、探索问题和解决问题，充分体现学习者的选择性、主动性、创造性和想象力。在新媒体环境下，高校思想政治教育工作者应该更新思想政治教育观念，树立大学生是高校思想政治教育主体的观念，不断明确大学生在高校思想政治教育过程中的主体地位，把长期以来受忽略的学生作为主体，切实尊重学生的主体地位。

确立思想政治教育主体性原则的必要性体现在以下几个方面：一是高校思想政治教育坚持主体性原则是思想政治教育内容以及教育规律的客观要求，思想政治教育原则反映了思想政治教育的内容和规律的必然要求，是对思想政治教育客观规律主观认识的成果。二是思想政治教育坚持主体性原则是人类社会发展的必然要求，是高校发展与进步的必然要求。三是思想政治教育坚持主体性原则是对思想政治教育实践经验的总结，思想政治教育改革和创新的推进及其效果的检验，都要充分发挥教育者和受教育者的主观能动性，使教育者和受教育者都成为教育活动的主人，激活与激发他们的热情和活力，使教育活动真正成为一种双向活动，从而提高思想政治教育的实效。

在新媒体环境下，高校坚持思想政治教育的主体性原则的具体要求体现在以下几个方面：一是充分发挥教育者的主体性。教育者应该具有强烈的责任感和事业心，同时还要根据不同层次的受教育者进行相应的思想政治教育。高校思想政治教育在不同的阶段应采取不同措施，例如大一采取新生入学教育，大二采取通识教育，大三采取专业教育，大四采取职业教育。教育者还应该根据不同的教育内容采取不同的教育手段和方法。二是充分尊重和调动受教育者的主体性，在新媒体背景下，高校应该积极调整传统的思想政治教育目标模式，重视高校思想政治教育者与受教育者之间的关系，主次分明，有的放矢，把培养受教育者的主体地位纳入高校思想政治教育的目标体系中。同时，改变教育者与受教育者之间传统的交流地位，应该对等地交流和对话，变传统的单向教育模式为互动交流模式。使教育者与受教育者公平、公开、平等交流，实现"主体客体化"与"客体主体化"，消除教育者和受教育者之间的隔阂与距离，达到实现高校思想政治教育真正育人的目的。在这个过程中，更要唤起和提高受教育者的自我意识，发挥受教育者的积极性和主动性，促进受教育者进行自我教育、自我提高。

坚持思想政治教育的主体性原则，做到两个结合：一是实现教育者和受教育者的有效结合，两者之间一定要分清主次，重点突出，积极发挥受教育者的主体意识，激发受教育者的自我教育能力。二是实现高校的教育内容和措施与受教育者的特点相结合。高校思想政治教育的最终目的就是改善大学生思想政治现状，因此，注重高校思想政治教育的主体性就是要实现受教育者与教育内容和措施的有效结合。

（六）实效性原则

在新媒体环境下，实效性原则是高校思想政治教育的立足点，也是有效落实思想政治教育内容的重要保障。思想政治教育实效性原则，是指高校在思想政治教育过程中，教育的客体在多大程度上满足教育主体的要求或思想政治教育在实践中形成的价值等。高校思想政治教育实效性评价是根据高校思想政治教育目标要求和大学生身心发展规律，运用科学的评价技术和手段，对思想政治教育效果进行测量、分析、比较，并给予价值判断的过程。

社会转型期大学生社会心态的变化，对高校思想政治教育教学的实效性产生了较大的影响。由于新媒体的虚拟性特征，对高校思想政治教育工作讲求实效性增加了一定难度，这种难度不仅仅表现在内容上，更多的是一种适应的难度，因此，新媒体环境下思想政治教育贯彻实效性原则显得更为必要和重要。在开展高校思想政治工作中，一定要紧紧围绕"实效性"开展，思想政治教育的内容、方法在实际操作过程中都必须遵循实效性。"台上讲得头头是道，台下听得没有味道"，这是高校思想政治教育工作无效性的体现，既浪费了教育资源，又使高校思想政治教育的权威受到挑战。实效性原则的体现是以具有实质意义的结果体现出来的，"表面文章""华而不实"本身就不是实效性原则的特色，它反对的是教条主义、形式主义的假大空现象。它强调的是高校思想政治教育内容的有效落实，强调的是高校思想政治教育措施的有效贯彻。思想政治教育的实效性讲求四个方面：内容的真实性、途径措施的高效性、实施环节过程的规范性、监督管理的科学性。因此，思想政治教育工作一定要从实际出发，根据新媒体时代的实际，针对出现的新情况、发现的新问题，制定适合时代特点和符合高校实际的新内容，采取新方法，有效地进行高校思想政治教育工作。

实效是高校思想政治教育的标尺，是高校思想政治教育的试金石，是高校思想政治教育的落脚点。要保证思想政治教育的实效性，必须注意科学性，按思想政治教育的规律办事。其一，深化高校思想政治教育教学改革，培育大学生和谐的社会心态；其二，突出教学重点，注重发挥思想政治教育的课堂教学的主渠道作用，落实思想政治教育内容，加强教学内容的针对性；其三，改进教学方法和手段，提高思想政治教育教学的实效性，要探索多样化的教学方法和手段，使思想政治教育取得良好实效；其四，改革考核方式，建立起"以学生为核心"的人性化考评体系，多角度、多方位地反映学生的思想状况及其价值观，从而真正提高教学的实效性。只有科学化、制度化，思想政治教育工作才能在良好的环境中贯彻各项原则，收到实际效果。

（七）创新原则

要逐步建立起社会主义核心价值体系。这一价值体系包括马克思主义指导思想、中国特色社会主义共同理想、以爱国主义为核心的民族精神、以改革创新为核心的时代精神、社会主义荣辱观五大要素。高校思想政治教育工作也必须遵循创新原则，这一原则不仅针对高校的决策者，更重要的是针对高校的思想政治教育者以及教育者采取的教育方法而言。高校思想政治教育创新是思想政治教育者借助调动构成思想政治教育活动的其他要素的作用，使其进入激活状态，并最大限度地发挥各自效能，服务于思想政治教育目的的手段，因此它又是思想政治教育其他要素由准备状态转化为实际状态的中介，在思想政治教育其他要素功能的发挥中具有关键意义。

　　创新这一原则要求高校思想政治教育者转变教育思维方式。思维方式作为人们思维活动过程中所运用的工具是人们在认识和把握对象的整个思维过程中所运用的工具。在新媒体背景下，陈旧、落后、传统的思维方式，有碍于教育者准确地理解和把握高校思想政治教育的目的和任务，有碍于教育者恰当地选择和运用教育内容，有碍于教育者正确地认识和对待教育对象，有碍于教育者形成创新的意识、产生创新的冲动、设计创新的内容。所以，在进行思想政治教育过程中，教育者只有采取创新的思维方式，才能提高科学性认识，才能正确认识和把握思想政治教育方法的内在本质，从而正确运用思想政治教育方法服务大学生成长成才，服务高校发展。

　　创新这一原则还要求高校思想政治教育者深化原有的方法，使其具有现代功能。思想政治教育方法在继承和批判吸收传统教育方法的同时，应该不断地以其为基础，不断深化传统教育方法的内涵。"党的思想政治教育方法，主要是教育的方针、原则方法和一般方法，是以马克思主义为指导，在实践中总结概括出来的，并经过长期教育实践的检验，证明它是科学的，我们应该在实践中对它进行吸收和深化。"

　　创新的原则还要求充分利用新媒体手段。新媒体以迅猛的速度改变着人们的思维方式、生活习惯、价值观念，在这种环境中成长、生活的青年学子，其思想的复杂性状态和不稳定程度比以往任何时候都突出。随着新媒体时代的发展，借助网络技术的进步，思想政治教育方法要充分利用网络推动思想政治教育方法科学化、现代化、最优化。本着创新原则，高校应该积极创建思想政治教育的网络平台，营造"红色网络文化"氛围，采取传输、引导、监控等方式，占领网络思想意识阵地，积极探索实现校园网与思想政治教育相结合的途径，充分利用网络技术优势加强和改进思想政治教育工作。这个过程中一定要注意三种结合：一是把主动性和互动性相结合。新媒体技术的发展使互动性增强，这种互动性使高校思想政治教育的教育者和受教育者的交流增加，在互动过程中，争取主动，积极引导，以主流信息做正面宣导，让学生在教师的引导下接受信息，并学会鉴别信息的技能，提高筛选信息的水平，同时接受良好的思想政治教育。在这种互动的背后，更多的是信息传播的效率。作为思想政治教育工作者，必须牢记自己教育者的职责，不能被网络的虚拟以及所谓的"平等"掩盖了现实思想政治教育者的身份和主动角色，否则会陷入"一事无成"的境地。二是注重高校思想政治教育与综合素质教育的结合。单纯的思想政治教育资源一般不能满足和吸引学生接受教育，可以借助网络把体现综合素质教育的一些版块，如学术论坛、风采展示等有机地融入思想政治教育，这样可以使思想政治教育的内容既丰富又趣味化，这也是对高校思想政治教育工作的一种创新之处。三是贯通"上下",网上教育与网下教育的结合。新媒体环境下,网络已成为思想政治教育的重要载体。但是大多数传统的教育方法仍然没有过时,因此,思想政治教育的任务单靠网上的教育并不能更好地完成。由于网络教育较之传统教育存在先天不足,网络手段往往不能完成传统教育的诸多方面功能,因此,高校的大量思想政治工作仍然要在网下进行。在新媒体背景下,网上的思想政治教育拓宽了教育的方式和方法,丰富了高校思想政治教育的内容,开辟了思想政治教育的领域。因此,面对新媒体,我们应该积极创新方法与途径,实现高校思想政治教育的新发展。

实践证明,新媒体时代高校思想政治教育的原则得到了丰富与充实。借助新媒体,高校思想政治教育的信息资源得以及时有效地对大学生施加影响,这极为有效地拓展了思想政治教育的途径。当然对于思想政治教育的核心问题、本质问题,仍然需要我们根据新时期的原则进行施教,仍然离不开面对面的教育行为。总之,新媒体背景下的思想政治教育,在开辟了新途径新领域的同时,也提出了新课题和新要求,要顺利地完成这一课题和要求,就必须遵循新媒体环境下思想政治教育的基本原则,否则,新媒体时代的思想政治教育就难以收到实效。

第四章 新媒体背景下大学生思想政治教育的资源整合

"整合"的主要含义是指通过整顿、协调重新组合。思想政治教育资源整合是指把纳入思想政治教育活动并有利于思想政治教育的各种要素，根据思想政治教育的需要加以整顿、协调重新组合，以利于思想政治教育目的的实现。思想政治教育是一项社会实践活动，需要丰富的思想政治教育资源作为支撑。然而，新媒体时代人们的思维方式发生了变化，特别是人们的思想教育方式、接受方式发生了革命性变化。面临新情况、新问题，高校在思想政治教育资源开发、利用与优化整合等功能方面还很欠缺，这已成为制约当前高校思想政治教育工作的关键因素。因此，转变观念，提高认识，重视和加强思想政治教育资源整合功能，是新媒体时代开创高校思想政治教育工作新局面的一项基础性工作，也是深化高校思想政治教育工作的重要途径。

第一节 新媒体背景下大学生思想政治教育资源整合的基本依据

一、新媒体时代高校思想政治教育资源整合的必要性

新媒体技术的迅猛发展，为高校的思想政治教育活动提供了广阔的空间，但无形之中也增加了思想政治教育的价值实现难度。资源整合的最直接意义就是使有限的资源最大限度地满足人们的需要，使资源利用达到最大化。在新媒体环境下，高校思想政治教育工作要突出资源整合意识，从资源的视角研究和探讨资源整合对思想政治教育价值实现的意义。实行高校思想政治教育的资源整合，主要基于以下几个方面原因。

（一）适应新媒体时代高校思想政治教育资源新特点的现实需要

新媒体时代，新媒体以其海量的信息、迅捷的传播速度、多对多的传播方式、受众范围广以及影响结果直接显著等特色，使其在高校思想政治教育中所起到的资源性作用正逐渐被认识和重视。新媒体在高校思想政治教育中的地位和作用的显现，赋予了高校思想政治教育资源新的特点。

1. 潜在性

如同其他资源一样，思想政治教育资源无论其存在形态、结构，还是其功能和价值，都具有潜在性，必须经过思想政治教育工作者实施主体自觉能动地加以赋值、开发和利用，才能转化成现实的思想政治教育资源。新媒体时代，高校校园媒体的教育功能需要经过思想政治教育工作者自觉主动地加以开发和整合才能得以实现。

2. 多样性

思想政治教育资源的"客观状态"具有多样性，在不同地域、不同时代、不同文化背景下，可供开发和利用的思想政治教育资源不同。新媒体时代，知识层面的、活动层面的以及环境与设施层面的高校思想政治教育资源，在概念和外延上得到了拓展。新媒体所承载的内容信息、文化、思维方式及其自身的知识传递的功能性作用，使高校思想政治教育资源得到了极大的丰富。

3. 动态性

思想政治教育资源是一个与社会资源系统、人的主观价值系统和开发条件等动态适应的子系统，因而不同主体在不同情景下面对可能开发利用的思想政治教育资源是不同的。新媒体的开放、迅捷、及时和海量化信息承载量，赋予了高校思想政治教育资源动态的、开放的和较强情景性的特点，因而必须针对具体的时空条件和情景进行开发与利用。

4. 选择性

思想政治教育资源是客观社会资源经过主体筛选后具有主观性和客观性的资源，其涉及范围广泛，包括制度层面、精神层面和物质层面。新媒体在高校校园的兴盛丰富了高校思想政治教育的手段和途径，扩大了思想政治教育资源的选择性。

（二）加强新媒体时代高校思想政治教育资源利用的必然要求

新媒体时代，加强高校思想政治教育资源整合是为了合理地利用资源，使大学生思想政治教育具有更强针对性和实效性。如今的高校思想政治教育资源整合虽然取得了显著的成效，但是在整合过程中仍然存在着一些不可忽视的问题。因此，必须深化对高校思想政治教育资源整合必要性的认识，深刻认识"四个必然要求"。

1.提高高校思想政治教育资源使用效率的必然要求

一般来说，教育者在高校思想政治教育实践中遇到和直接运用的都是大学生思想政治教育个别而具体的资源形态。但是，无论哪种资源形态都不是孤立存在的，而是与其他的资源形态相互依赖、相互支撑，有机结合在一起而形成一个整体。在高校思想政治教育资源整合过程中，存在着现有高校思想政治教育资源的有限性和所需资源无限性之间的客观矛盾。只有在现有的条件下，充分把握思想政治教育资源的属性，正确地审视和理解高校思想政治教育资源之间的内部关系，再进行全面的合理整合与配置，达到资源共享，才能更好地提高高校思想政治教育资源的使用效率。

2.提升高校思想政治理论课实践教学资源质量的必然要求

高校思想政治理论课实践教学资源的质量，是指思想政治理论课实践教学资源作为一个系统，它的各组成要素能否满足实践教学的要求，以及各要素之间能否实现最优组合，形成合力，使之功能效益最大化。实践教学资源的质量也是影响高校思想政治理论课实践教学环节顺利实施的重要因素。新媒体时代，高校思想政治理论课实践教学资源既有人、财、物等有形的要素，又有教风、学风、校园环境、社会舆论等无形要素，这些要素之间的结构是否搭配合理，既反映了资源本身的质量，又直接影响和制约思想政治理论课实践教学的效果。即各种实践教学资源对思想政治理论课实施所起的作用不是简单的、机械的过程，而是一个有机的、综合的复杂过程。任何单个要素所起的作用都是十分有限的，只有将各种实践教学资源的力量联合起来实现资源共享，才能形成教育合力，达到资源综合利用的最佳效果，而这些只有通过对资源的充分整合才能实现。通过整合，可以将所需要的各种思想政治理论课实践教学资源按计划和要求进行调配和优化组合，使其相互联系、相互作用、相互影响，以提高资源的质量和利用效益，从而实现实践教学的既定目标。

3.推进高校思想政治教育社会化的必然要求

高校思想政治教育社会化是指高校思想政治教育要适应社会发展的需要，贴近大学生的实际生活，以学校为中心，在全社会共同关心支持下，引导大学生适应社会、参与社会、服务社会，实现高校思想政治教育与社会教育相互渗透、相互作用的过程。高校思想政治教育的社会化从本质上来说就是为了促进大学生的社会化，它不仅是高校的任务，也与各级部门和社会各界有密切联系，因此，社会上的相关部门和相关群体都要关注和重视大学生思想政治教育，特别是要树立全员育人、全过程育人和全方位育人的大学生思想政治教育观念。随着新媒体的广泛运用，决定了高校思想政治教育资源整合方式的多样化，只有通过多样化的资源整合方式，才能达到高校思想政治教育资源利用率的最大化和效益的最优化，从而有力地促进高校思想政治教育社会化。

4.对大学生进行立体教育和综合培养的必然要求

当前，新媒体的发展进程不断地改变大学生的思想、学习和生活状态，拜金主义、享乐主义和个人主义等社会思潮严重冲击着大学生的思想道德观念，高校思想政治教育工作者必须适应时代发展的要求，以社会主义的教育方针为指导，在大学生思想政治教育实践中，将学校教育、家庭教育和社会教育相结合，形成合力，并将各种校内资源和校外资源进行合理整合，充分发挥高校思想政治教育资源的作用，以提高大学生思想政治教育的适应性和有效性。只有这样，才能对学生进行立体教育和综合培养，规范大学生的思想和行为，引导其走上符合当前社会主义教育事业发展要求的道路上来。

二、新媒体时代高校思想政治教育资源整合的可行性

（一）需求的交互性为高校思想政治教育资源整合打下基础

高校思想政治教育资源整合的指导思想在于"优势互补、相互促进"。各高校既是思想政治教育资源的供给者，又是需求者，这种交互作用使资源整合成为可能。不同地区、不同类型的高校在思想政治教育资源方面存在着很大差别，这种差别表现为三种情况：一是学校之间存在着思想政治教育资源的差异性。在大批的研究型院校中，思想政治教育资源优势主要体现在理论研究和学科建设方面。不足之处是教学与思想政治教育的实际工作相脱节的现象较为普遍，学校培养出来的博士大多又继而从事学科建设、理论研究，极少有人投身思政教学和实践工作，理论研究优势没有转化成教育实践优势。从长远看，虽然学科建设最终会大力推进思想政治教育的资源建设，但是，这些年来在客观上造成的现实是大批学者很少直接面对本科生开展思想政治教育工作，脱离思想政治教育工作第一线，思想政治教育资源"流失"。由于马克思主义理论与思想政治教育学科建设，尤其是与思想教育实践相脱节，造成高校思想政治教育资源的结构性"流失"严重；而以教学型为主的大批独立学院和高职高专院校恰恰弥补了这一缺陷，思想政治教育工作者（教师、行政、辅导员队伍）主要从事一线的思想政治教育工作，体验深刻，其优势在于教育观念开放、实践经验丰富以及思想政治教育信息资源密集。缺陷是队伍偏年轻化，缺乏理论归纳和总结能力不强。从整体发展来看，研究型高校与教学型高校实现思想政治资源的优势互补，既是促进我国高校思想政治教育资源均衡配置的必由之路，也是各高校提高思想政治教育实效性、创新性的现实要求。二是部分高校存在着思想政治教育资源闲置浪费的状况。一些重点

院校和有思想政治教育学科设置的文科类院校，其雄厚的师资力量和丰富的实践基地等资源并未得到充分利用，因此愿意以某种方式提供给其他学校使用。三是部分高校的思想政治教育资源不足，存在着共享的需要。以上三种情况使思想政治教育资源整合存在可行性和合理性。各种类型的高校通过资源整合实现双赢的同时，最终将促进高校思想政治教育整体水平的提高。

（二）有利的政策环境为高校思想政治教育资源整合提供保障

要实现高校思想政治资源教育整合，除了对资源的分布进行分析外，还必须从资源整合的支持系统进行考察。事实上，高校思想政治教育资源能否实现整合，以及在什么情况下能够实现整合往往受环境条件的制约。从我国现有的支撑政策来看，国家思想政治教育司非常重视青少年的思想政治教育工作，大力支持高校做好思想政治教育工作，连续出台了相关文件，并组织了四门思想政治理论课教材的编写，以及组织骨干教师培训和辅导员队伍培训。各级教育部门也实行思想政治理论课教师全员培训，推行了持证上岗制度。中华人民共和国成立以来，如此大规模的思想政治教育培训是第一次，这在高校的各学科领域里也是独特的优势，国家和行政主管部门的政策支持为高校思想政治教育资源整合提供了政策保障和便利条件。

（三）迅速发展的互联网技术为高校思想政治教育资源整合提供支持

20世纪90年代以来，信息网络技术得以迅猛发展，网络覆盖面越来越广。据统计，目前全国高校建设有校园网，互联网已经成为校园生活中不可缺少的重要组成部分。

迅速发展的高校互联网是高校思想政治教育资源整合的技术支持，互联网具有信息量大、信息发布快、可异地传送以及不受时间、空间限制等优点，能够在一定程度上解决高校思想政治教育资源相对分散的问题。高校可利用网络技术收集思想政治教育的资料，通过网络丰富思想政治教育资源。目前，全国绝大部分高校都建立了思想政治教育网络或相关的校园网。从硬件设备角度看，当前开展网上思想政治教育在技术上已经比较成熟，我们只需要一些多媒体计算机，开通网络就可以参与高校思想政治教育资源的共建共享，充分发挥各类教育资源在高校思想政治教育中的作用。

总之，高校思想政治教育资源的整合与共享不仅是必要的，而且是可行的。它的必要性会随着高校的改革发展而愈显迫切，它的可行性会随着党建工作内容和技术的双重推进而与日俱增。

第二节　新媒体背景下大学生思想政治教育资源整合的理论支撑

新媒体时代高校思想政治教育资源整合需要理论支撑，不仅需要哲学、经济学和教育学等基础理论和最新形势政策的依据，还要充分吸收其他相关学科的理论知识，并密切关注其他学科的最新理论发展，唯有如此，才能使高校思想政治教育资源达到最佳整合，并充分发挥资源整合后的效应，更好地推进新媒体时代高校思想政治教育工作。

一、哲学支撑

（一）马克思主义关于社会存在与社会意识关系的原理

马克思主义从观察社会历史现象的"现实的前提"出发，详细地论述了社会意识从产生到发展的过程及其本质，马克思和恩格斯对社会现象的变化和历史发展与演进都做了全面的概括与分析，从这一前提出发，详细地阐述了有关社会意识的相关问题，主要包括社会意识是如何产生、怎样发展以及它的本质是什么，并且明确提出和系统阐述了"意识在任何时候都只能是被意识到了的存在，而人们的存在就是他们的现实生活过程"，"不是意识决定生活，而是生活决定意识"的原理。马克思和恩格斯在历史唯物主义原理中所提的社会存在决定社会意识，指的是社会存在是社会意识的根源，是第一性的；社会意识是对社会存在的反映，是第二性的，社会存在决定社会意识的发展变化。

如果要全面正确地理解社会存在与社会意识的辩证关系，不但要认识社会存在决定社会意识，还要特别重视社会意识的能动的反作用和其相对独立性。这就要求我们在高校思想政治教育实践中，不但要弄清社会存在与社会意识的关系，还必须正确理解社会意识尤其是先进意识对社会存在的能动的反作用。只有这样，才能充分发挥思想政治教育的巨大作用，从而对高校思想政治教育资源存在的必要性和可行性有个全面的认识和高度的重视。

所以，只有加强对大学生物质生活状况及其变化发展规律的研究，探寻大学生产生思想问题的物质根源，才能较为全面地掌握大学生的思想面貌以及变化发展的趋势。在具体实践中，必须准确把握大学生的生活实际，积极争取社会中的有利力量，抵制和克服社会中的消极影响，从而深化高校思想政治教育资源配置的效率和水平，提高资源的利用率和使用质量，不断增强高校思想政治教育的针对性和实效性。这就为高校思想政治教育资源的有效整合提供了最基础的理论支撑。

（二）马克思主义关于人的本质的理论

马克思主义关于人的本质的论述，为我们科学地认识大学生及其思想提供了基本的理论依据。马克思和恩格斯对前人的观点做了系统的研究和批判，去粗取精，从而吸取了人类思想史上最具有价值的理论成果，批判地继承了黑格尔辩证法的合理内核和费尔巴哈唯物主义的基本思想，创立了辩证唯物主义和历史唯物主义。马克思和恩格斯结合自己的研究，在此基础之上，在人类历史上第一次科学准确地阐述了人的本质是什么。马克思在《关于费尔巴哈的提纲》中做出了对人的本质的科学论断："人的本质并不是单个人所固有的抽象物。在其现实性上，它是一切社会关系的总和。"这就是马克思主义关于人的本质问题的最经典表述，它不仅是对人的本质的科学论断，还为科学考察人的本质开辟了正确途径。

根据历史唯物主义观的马克思主义第一次提出了人的本质由社会关系决定的理论命题，这具有创新的意义，自此以后，人类研究人的本质具有了科学的思维方法和准确的理论基础。社会关系作为一个整体性的系统，是十分庞大而且非常复杂的。从马克思主义关于人的本质理论看，人的思想的形成与发展变化无时无刻不是受到社会关系的制约，这就要求高校思想政治教育必须建立在社会关系的充分发展基础之上。

以上的论证成为高校思想政治教育资源配置的重要理论依据，为高校思想政治教育资源整合确定了科学合理的目标。这也要求在高校思想政治教育资源整合的过程中应该认识以下几个问题：首先，高校思想政治教育的主体是人，并存在于一定的社会关系之中，思想政治教育资源是被人所利用的，也一定是蕴含在一切社会关系的总和之中的；其次，大学生的思想以及高校思想政治教育资源都应该具有一定的特点和差异，要对其做出准确地把握和判断，只有将其放在大学生所处的特定的社会关系中去理解才有意义；最后，大学生思想和高校思想政治教育资源的发展变化，必定与大学生所处的各种社会关系的发展变化紧密相关。只有这样，才能充分把握和利用高校思想政治教育资源，用以增强高校思想政治教育的社会性和适应性。

（三）科学发展观理论

党的十七大报告提出"以人为本、全面、协调、可持续发展"的科学发展观，这是中国共产党在总结过去经验和教训的基础之上，对于发展的思想的继承和弘扬，是马克思主义关于发展的思想在新时代的集中体现。这也成为推进我国经济社会全面发展的指导思想，同样也是指导高校思想政治教育工作的科学世界观和方法论。

科学发展观，第一要务是发展，核心是以人为本，基本要求是全面协调可持续发展，根本方法是统筹兼顾。如何在高校思想政治教育的具体工作中正确运用科学发展观理论，增强思想政治教育的实效性，是当前思想政治教育工作者所面临的现实问题。

高校思想政治教育的培养目标，决定了在大学生思想政治教育工作中必须贯彻"以人为本"的理念。人是高校思想政治教育的主体，高校的思想政治教育工作必须坚持从"以人为本"的基本点出发，不断突破在传统理念上所形成的思想政治教育的既定思维，从理论上为促进学生全面发展和思想政治教育工作改革指明正确的方向，从而使高校思想政治教育工作落实到为学生服务的根本上来，最终贯彻到不断促进人的全面发展。

全面协调可持续是科学发展观的基本要求，也是加强和改进高校思想政治教育的基本要求。必须着眼于实现思想政治教育系统内外诸要素的有机结合，提高高校思想政治教育的针对性，全面协调各种思想政治教育资源，为大学生发展进步创造条件。统筹兼顾是科学发展观的根本方法。高校思想政治教育资源整合也必须掌握统筹兼顾的科学方法，正确、妥善处理各方面的关系。

二、经济学支撑

（一）供需均衡理论

供需均衡是一个经济学术语，它涉及两个概念（即供给和需求）和一种状态（供给-需求状态）。经济学中的产品生产是指厂商的行为，产品需求是指消费者的意愿行为。供需均衡理论，指的就是生产者提供的产品只有符合消费者的需求，市场的供求才会达到均衡。如果供给与需求不匹配，即供给者提供的不是消费者所需要的，那么，一方面生产者浪费了为生产其产品所耗费的人力、物力和财力；另一方面，消费者的需求得不到满足。所以，消费者所具有的现实和潜在的消费需求，应该成为生产者在生产过程中的目标基础，只有这样，才能生产出满足广大顾客需求的优质产品，否则，生产者的生产就具有盲目性，生产和消费的供需平衡就不能圆满实现。

高校思想政治教育资源作为一种特殊的商品，其生产者为"教育者"，即高校思想政治教育相关部门、教师和职工；需求者为高校大学生，作为高校思想政治教育重要载体的思想政治教育资源在教育者和大学生之间存在着"供给—需求"关系。按照市场规则，如何配置资源、组织生产都取决于消费者的消费需求。

在高校思想政治教育过程中，大学生的需求状况是分析决策参考的一个最为重要的因素。新媒体时代，高校思想政治教育资源必须与大学生的学习、生活和思想实际紧密结合起来，从人本理念出发，切实做到大学生想之所想、急之所急，只有这样才能使传统思想政治教育过程中教育内容"入耳不入心"的被动局面得到良性转变,从而充分发挥高校思想政治教育的巨大效用,也就能够为高校和谐发展提供强有力的思想文化基础。

在经济生活中,需求和供给是相互独立而又相互依存的,一方面需求带动供给,另一方面供给也创造需求。然而,在高校思想政治教育中强调供求一致,并不是完全按照大学生的需要提供思想政治教育资源,不是他们需要什么就生产什么,而是要对大学生的需求进行正面引导和层次提升,使思想政治教育产品的生产不仅遵循了供求规律,而且符合高校思想政治教育的切实需要。因此,我们提供给大学生的思想政治教育资源首先是能够符合大学生实际需求的,决不能是无原则的、只是随意迎合学生的任何需求,而是要求必须将大学生的个人需求与高校和社会的整体需求进行统一,从而能够最大限度地满足其个人需求。对于那些不符合高校和社会目标的思想政治教育资源,则应当加以引导和纠正。

(二)成本效益分析理论

成本效益分析是一种通过比较项目的全部成本和效益评估项目价值的方法,成本效益分析是一种经济决策方就是将成本费用分析法运用于政府部门的计划决策之中,以寻求在投资决策上达到如何以最小的成本获得最大的效益。需要量化社会效益的公共事业项目价值就经常用这种分析方法评估。

19世纪著名的经济学家朱乐斯·帕帕特在其著作中首次提出了成本——效益分析方法的概念,并将其定义为"社会的改良"。随后,越来越多的专家和学者开始关注这一理论,并开始逐步应用于社会生活中,甚至开始渗透政府活动中。随着现代社会经济的迅速发展,政府的职能逐渐多元化,政府投资项目也开始逐渐增多,在政府的实践应用和积极推动下,这一理论在经济运行过程中的作用也越来越明显。这促使广大的人民也开始更加关注投资,重视投资项目支出的经济和社会效益。在此基础上,成本效益分析理论在实践方面也得到了迅速发展,现如今这种能够比较成本与效益关系的分析方法已经被世界各国广泛采用并运用于各种领域。例如,成本效益分析法运用在高校思想政治教育领域,这种成本包括思想政治教育的实际成本和机会成本,其中实际成本也叫直接成本,指的是以货币支出的教育资源价值,机会成本也叫间接成本,指的是因资源用于教育所造成的价值损失,也就是说如果资源不用于大学生思想政治教育,它可能获得最大的收益。

效益是检验高校思想政治教育资源整合水平的唯一标准。从本质上讲,高校思想政治教育工作的效益是一种精神效益,是人的世界观、人生观、价值观以及知识量、信息量等主观世界的某些积极变化。各类高校思想政治教育资源在形式上有很大的差异性，在作用上也有很强的替代性，必须结合高校思想政治教育实际确定使用哪种资源、使用多少以及选择使用的时机和场合，这就是新媒体时代高校思想政治教育资源整合所需要解决的重要问题，它直接关系高校思想政治教育的效果。高校思想政治教育资源整合是一个动态的过程，主要是组织和支配各类教育资源为大学生教育目标服务。在资源整合过程中，应该遵照成本效益分析的方法，使教育资源能够得到有效配置，形成合力，达到事半功倍的效果。

三、教育学支撑

（一）"三个面向"的教育理论

"教育要面向现代化，面向世界，面向未来"，这个"三个面向"教育理论是基于我国正处在社会主义初级阶段的基本国情提出来的，是对我国教育事业发展的指导方针、教育的性质和方向的深刻阐述，也由此形成了鲜明的理论主题和科学体系。

随着经济全球化发展的不断深入，不同国家和地区政治、经济、文化的交融与碰撞也日益增强。我们已经不能再以褊狭孤立的眼光看待整个社会，更不可能与世隔绝搞现代化，办教育事业同样也不可能闭门造车。"三个面向"的教育理论实质上对教育事业提出了三项要求：第一，教育的发展必须紧密结合社会经济发展的实际情况，与国家的战略目标和战略步骤相适应，按照我国现代化建设的要求培养相应的人才，从而带动我国公民素质在科学技术、文化知识和道德水平上的整体提高；第二，要以世界的眼光和开放的精神看待教育问题，学会借鉴和吸取世界各国先进的科学文化知识，对于世界范围内全人类共同创造的文明成果要能够为我所用；第三，教育必须在仔细分析自身特点的基础上，认真考虑现代化建设的长远目标，运用发展的思维，以使培养出的优秀人才能够适应和满足未来社会发展的需要。

"三个面向"教育理论具有实践性、开放性和预见性的基本特征。它很大程度上突破了传统高校思想政治教育资源在空间和时间上的限制，指明了高校思想政治教育资源的开发和利用的正确方向。在新媒体时代，高校思想政治教育资源整合必须遵循社会主义现代化建设的一般规律，运用世界性的眼光和发展性的思维考虑问题，这样才能实现资源整合的科学化和合理化。如果仍旧被限制在传统陈旧的教育思想观念之中，冲不破影响高校思想政治教育资源开发和利用的制度性障碍，就培养不出社会主义的合格建设者和可靠接班人。在对高校思想政治教育资源进行整合时，只有将其置于开放的环境中，将现实与未来结合起来考虑，才能充分发挥高校思想政治教育资源的实用性和有效性。

（二）生活教育理论

生活教育理论是著名教育家陶行知教育思想的主线和重要基石，集中反映了他在教育目标、内容和方向等方面的观点主张，陶行知探索适合中国国情教育理论的努力由此可见。陶行知的"生活教育"理论从渊源上讲是吸取和改造的杜威教育思想，主要包括生活即教育、社会即学校、教学做合一相互联系不可分割的三个方面。这一理论最主要的特点就是主张教育要同实际生活相结合，反对传统教育中死读书的旧观念，更加注重儿童的创造性和独立工作能力的培养。

"生活即教育"是陶行知生活教育理论的核心。陶行知指出："生活教育是生活原有，生活所需自营，生活所必需的教育。教育的根本意义是生活之变化。生活无时不变，即生活无时不含有教育的意义。"陶行知认为，教育这个社会想象，起源于生活，生活是教育的中心，教育应为社会生活服务，在改造社会生活中发挥最大的作用。"社会即学校"，是"生活即教育"思想在学校与社会关系问题上的具体化。陶行知认为自古以来，社会就是学校，因为所有的教育思想都来源于社会，所以社会应该是人民大众唯一的、共同拥有的大学校。"教学做合一"，是"生活即教育"在教学方法问题上的具体化。生活教育理论要求学生在接受教育的过程中手脑并用，劳力与劳心同行，这就大大突破了传统教育上只重视学校教育而忽视社会教育，只重视书本学习而忽视生活实践、劳心与劳力相分离的限制，迸发出强烈的时代气息。

从生活教育理论阐发的观点来看，在新媒体时代尤其强调高校思想政治教育的实践活动必须克服传统教育理念上的错误看法，改变过去那种以学科、课堂、教师为中心的传统教育模式，而是要树立起源于生活、最终还要回归于生活的教育理念。我们要深入发掘现实生活中的高校思想政治教育资源，使现实社会生活中教育资源的作用得以充分发挥，对理论教学和现实生活中的思想政治教育资源进行优化整合，努力实现理论教学和现实生活的相互融合与统一。

第三节 新媒体背景下大学生思想政治教育资源整合的现状分析和路径选择

一、存在的主要问题

当前，在新媒体环境下，高校思想政治教育资源整合已初有成效，但问题也不少，概括起来主要是存在"四个不足"。

（一）新旧媒体之间互动不足

新媒体时代，高校校园媒体主要包括传统媒体和新兴媒体两大类，具体来看形式多样，包括校园报纸和学生社团报纸杂志等纸质媒体、校园广播、校园电视、橱窗海报宣传栏、校园计算机网络、手机媒体等形式。目前高校校园媒体的运营基本处于各自为政、互不干涉的局面，校园媒体之间互动不足。比如，对于某一具有重大思想政治教育意义的新闻事件、信息素材，各大校园媒体一般而言都是根据自己的节目安排和节目编排习惯，选择适合自己的时间进行报道和宣传，这种分散的、小规模的报道和宣传，无法在学生中起到较深、较广的影响，这样就造成了不少有意义的媒体信息资源的浪费。

就网络网页内容建设而言，目前以工作导向为主，未充分体现资源化建设导向，即较少直接立足于丰富和完善校园新媒体思想政治教育资源建设，既表现为网页内容多以日常工作信息为主，记流水账，报道的成分较重；又表现为未将这些工作信息加以整理，转化为新媒体思想政治教育资源。如不少高校开展的优良学风班、优秀大学生、优秀学生干部、自强之星等评选活动，创建评选时轰轰烈烈，信息量大，更新快访问多，一旦工作结束，便被新的内容取代，随即淡忘与消失，往后也难以查阅，互动与共享是新媒体的优势，在校园网上建设具有互动功能的平台，多数高校经历了"开发—控制—再开发—适度控制"的过程，因参与、互动形成的新媒体资源较少，直接导致学生对网站的兴趣减弱、参与减少，同时也较难形成具有参考意义的交流案例。加之管理缺失，更新不及时，较少补充新内容，也导致对大学生的影响力呈减弱趋势。

（二）资源结构开发不足

当前，由于对高校思想政治教育资源结构开发不足，已远远不能满足新媒体时代高校思想政治教育的需要。所谓资源结构开发不足是指高校思想政治教育资源没有得到协调、合理地开发利用，部分资源在承担着思想政治教育任务的同时，另一部分资源却处于闲置状态。这具体反映在三个方面。

1. 校内与校外资源结构失调

目前，高校的管理方式属于封闭式管理，认为校内的思想政治教育资源就属于本校所有，校外的思想政治教育资源属于政府管理范围。在高校思想政治教育资源开发利用结构上，以开发校内资源为主，这种指导思想无可非议，但大学生毕竟是活生生的个体，家庭、社区是属于他们的活动范围，校园周边环境也对大学生具有深刻影响，他们思想品德的形成是校内、校外资源合力作用的结果。在高校思想政治教育资源开发利用的过程中，有的高校只注重了校内资源的开发，忽略了与校外资源平衡协调地进行开发利用。

2. 校内显性资源与隐性资源结构失调

微观资源方面：从学科上看，过于注重马克思主义理论课上对大学生进行思想政治教育，忽视了其他学科的思想政治教育功能；从载体形式上看，过于偏重文本资料，甚至以教科书为唯一教学依据，忽视了非文字性的不断生成的动态资源和其他形式的资源；从人力资源上看，只注重马克思主义理论课教师的主导作用，忽视了其他教师和学校工作人员对学生思想政治教育的影响。

中观资源方面：高校扩招后，学生人数剧增，而思想政治工作人员不增加，相对而言，大大增加了思想政治工作人员的负担，有的高校辅导员与学生的比例高达1：760。而其他教职员工一般只注重本职工作的完成，认为思想政治教育是思想政治教育工作者的事情，不能真正形成思想政治教育的合力机制，造成在高校思想政治教育资源的开发与利用中显性资源与隐性资源结构失调。

3.校内物质资源与其价值开发结构失调

高校内的物质硬件是高校教育的物质基础，高大宏伟的图书馆、实验楼、计算机房等物质硬件是一所高校实力的象征，但是，有的高校却没有将它们作为思想政治教育资源加以开发利用。例如：只将图书馆作为知识汇集的场所，将实验楼作为能力培养的地方等。硬件建设只是思想政治教育的物质载体，它所体现的思想政治教育功能才是具有决定意义的。在注重物质建设的同时，更应关注它的现代化物质外壳下的丰富内涵，不能造成"教育现代化的物质外壳与丰富内涵之间严重分离"。尤其是网络技术的迅速发展，各高校都建成了自己的校园网，系统不断更新换代，但对新媒体的思想政治教育资源开发利用不够，教育软件较少，思想政治教育软件才是最终进行思想政治教育的资源，软件的缺乏还造成硬件的闲置，有了相应的软件，"外壳"与"内涵"才算真正结合在一起，"外壳"才真正具有它存在的价值。

（三）高校思想政治教育网络资源利用不足

新媒体资源是高校新型的思想政治教育资源，为高校思想政治教育提供了新的教育平台。我国目前已形成相当规模的网络体系，各高校也紧跟时代步伐，纷纷建设自己的网络，开发利用新媒体的思想政治教育功能已初见成效，但仍存在不足之处。

1.思想政治教育网站内容有待充实

利用新媒体进行思想政治教育符合大学生的心理特点，符合时代特征，主动占领这个思想政治教育新阵地已是大势所趋。各高校思想政治教育部门也纷纷建立了自己的网、站、室，内容涉及党团工作、学生工作、马克思主义理论课教学等，但其主要内容却大多数为规章制度、活动通知、消息报道等，师生参与讨论、发表见解、进行心灵交流的BBS或聊天室很少，内容缺乏前瞻性、互动性，思想政治教育网站访问量很小。调查发现，高校思想政治教育网站影响力小，覆盖面不足，充实网站、网页的思想政治教育内容已成为我国高校思想政治教育进网络的关键，用积极、健康的思想文化占领网络阵地已成为当务之急。

2.各高校网站资源有待整合

目前，全国几乎所有高校都已建立了思想政治教育网站，摸索出了自己的思想政治教育进网络模式，但这些网站大多数是校园局域网，主要限于本校校内使用，各校网站分散不均衡，互不联系，没有进行交流互动，各自为政，孤军奋战，处于相对独立游离的状态。它们不能相互呼应，取得一定经验的网站经验得不到推广，急需建立思想政治教育网站的高校没有经验可循，这势必会影响思想政治教育网络资源的充分利用。在网络这块阵地上，我国已建立了不少思想政治教育网站，经过几年发展已初具规模，打破各高校思想政治教育网站割据独立的局面，跨越时空障碍，加强各高校间的联系与合作，实现资源共享，优势互补，建立互动平台已成为高校思想政治教育网络资源建设的重要任务。

（四）高校思想政治教育财物资源不足

整合新媒体资源，需要一定的资金支撑。长期以来，从国家到地方，高校思想政治教育方面的物力、财力投入不足已是历史性问题，造成了必要的思想政治教育活动无法开展，必要的思想政治教育设施、设备不能建设和增加，必要的人员经费不能到位，影响了思想政治教育工作者的积极性和创造性。在经济欠发达地区投入更为有限，成为制约思想政治教育的"瓶颈"问题。例如，由于开发资金投入不足，即使掌握了新媒体技术，也无法顺利地建立思想政治教育网站，更无法快速地建立完善的思想政治教育信息资源库。而且，高校思想政治教育信息资源开发者素养的提高必须通过专业的培训和利用先进的技术设备，这些都离不开充足的开发资金。虽然现在思想政治教育经费的投入有所改善，各省将高校思想政治教育经费应占政府拨给的事业费和收缴的学生培养费或学杂费总和的比例由2%～4%大致调整到了3%～5%，但实际上，不少学校都未能达到这一要求。由此可以看出，高校思想政治教育开发资金投入不足，造成了高校思想政治教育资源短缺，影响了高校思想政治教育资源的有效整合。

二、原因分析

（一）高校思想政治教育资源整合的观念滞后且理论研究乏力

迄今为止，高校思想政治教育资源配置观念还没有发生根本转变，与新媒体时代高校思想政治教育发展需要和大学生的思想变化不相符，还存在着片面、保守、教条的思维方式。思想政治教育工作中缺乏以人为本的教育理念和科学的资源观，由于对学生的资源需求特点认识和把握不足，导致在高校思想政治教育资源整合中出现有效供给不足的情况。同时，对高校思想政治教育资源整合进行系统研究的著作与论文还很少，对高校思想政治教育资源的含义和特征缺乏必要的认识，不能对现有资源进行深入挖掘是当前思想政治教育研究的薄弱环节之一。实践需要科学理论的指导，没有科学理论的指导必然导致高校思想政治教育资源整合的不合理。

（二）高校思想政治教育管理体制相对滞后且管理方法不科学

新媒体时代高校思想政治教育资源整合需有管理工作体制做保障。早在《中共中央关于进一步加强和改进学校德育工作的若干意见》中就明确提出："各级各类学校党组织都要加强对学校思想政治教育工作的领导。不管学校实行何种领导体制，校长都要对学生的德智体全面发展负责；在党委（总支、支部）的统一部署下，学校都要建立和完善以校长及行政系统为主实施的德育管理体制。要把德育贯穿在教育的全过程，落实在教学、管理、后勤服务的各个环节上。学校和教育行政部门的机构改革，应注意对德育机构做出合理安排，有所加强。要建立德育工作的评估制度，并把德育工作作为评价一个地区、一所学校教育教学工作的重要内容。一是尽管多数学校虽然设主管思想政治工作的副校长，但是他们没时间、没精力领导、组织思想政治工作，党政工团齐抓共管的"大思政"体系没有形成，实践中存在"两张皮"现象。二是学校党委作为思想政治工作的领导者和决策者和行政（院、系）作为思想政治工作的具体实施者和执行者，在现实中很大程度上需要靠人的素质来实现。高校思想政治教育科学管理不到位，一些高校存在学生工作没有长期规划，缺少阶段性计划，管理规章制度也不健全，管理人员职责和分工不清，全员思想政治教育意识淡漠，硬件设施和人员配置不全，更没有实施过程管理和目标管理的措施，甚至找不到文字档案记录等。三是新媒体时代，高校思想政治教育面临着新情况，在原有的管理体制和管理方法存在弊端尚未克服的基础上又出现了一些新问题，使管理体制不健全和管理方法不科学的问题更加突出。

（三）高校思想政治教育工作者整体素质尚待加强

高校思想政治教育工作者自身素质的高低决定了其对高校思想政治教育资源能否全面认识和正确选择，更决定了其能否合理地整合资源、有效地利用资源。目前，高校思想政治教育工作者的整体素质还不是很高：一是高校思想政治教育工作者数量不足，绝大多数高校专职学生政工干部的配备没有达到教育部规定；二是高校思想政治教育工作者结构不合理，存在专兼职结构不合理，学历结构不合理，职称结构不合理；三是高校思想政治教育工作队伍不稳定，队伍流失现象较为严重；四是高校思想政治教育队伍的整体素质不高，由于工作压力、体制和管理等问题，队伍总体缺乏创造力和活力；五是高校思想政治教育工作者内部资源整合不够。日常思想政治工作者与"两课"教师，特别是与马克思主义理论课教师缺乏协作，理论教育与日常教育没有形成整合优势。高校思想政治教育工作者整体素质不高，将首先影响高校思想政治教育人力资源配置，又因为高校思想政治教育作者和教育对象都是人，所以高校思想政治教育工作者整体素质不高将影响任何一种高校思想政治教育资源作用和功能的发挥，影响了整个高校思想政治教育资源的合理整合。六是能力欠缺造成网络资源利用不足。能力欠缺是指高校思想政治教育资源的开发主体，由于能力达不到要求的标准而不能使网络资源得到有效的开发与利用。在新媒体时代，随着网络化、信息化、数字化技术不断发展和普及，只有充分认识和掌握科学技术前沿的"强势群体"，才能被工作对象所接纳，也才能成为实质意义上的思想政治教育工作者。教师低水平的网络应用能力，势必影响网络资源的开发和利用。学生在网络资源的开发利用方面具有与教师同等的主体地位，但学生需要在教师的指导下才能按照思想政治教育的要求开发利用网络资源，教师网络资源开发利用能力的欠缺也限制了网络资源的开发利用，从而也会影响高校与校外资源的联系与共享。

三、新媒体时代高校思想政治教育资源整合的路径选择

（一）转变思想观念，科学定位资源整合

新媒体时代，高校思想政治教育的环境发生了重大变化，思想政治教育资源整合必须首先从转变思想观念入手，树立整体、全面、开放、效益、发展的新思想政治教育资源观。为此，需要树立"四个资源观"。

1.树立思想政治教育资源辩证观

确立高校思想政治教育资源辩证观，需要我们正确处理好三个重要的资源矛盾关系：一是思想政治教育资源的有限性与无限性问题。思想政治教育的人力资源、财力资源、物力资源、组织资源等就其物质性而言是有限的，但新媒体所提供的思想政治教育资源以及教育工作者利用资源的潜能是无限的。二是思想政治教育资源的有用性与有害性问题。新媒体所提供的资源海量、鱼龙混杂，既可以成为思想政治教育的有利资源，也可能对大学生造成不良的影响。三是思想政治教育资源量与质的问题。量与质的辩证关系要求我们在不断丰富高校思想政治教育资源的同时，也要不断提高资源的"质"，提升资源的利用率。

2.树立思想政治教育资源层次观

高校思想政治教育资源是可以从纵横双向划分的矩阵系统。从横向划分，思想政治教育资源可以分为人力资源、财物资源、信息资源、组织资源、制度资源

和文化资源等。就文化资源而言，又可从纵向划分为传统文化资源、国外文化资源与网络文化资源等等。思想政治教育资源的层次观要求我们对各个层次的资源进行有效整合，让思想政治教育贴近大学生生活实际，改变过去对有些思想政治教育资源不客观、不现实、理想化过重、人为拔高的情况。

3.树立思想政治教育资源整体观

新媒体时代高校思想政治教育资源是丰富多彩的，融传统与现代、虚拟与现实、国内与国外、整体与部分为一体。一般来说，教育者在思想政治教育中直接碰到和运用的总是个别而具体的资源形态。然而，无论哪种资源形态都不是孤立的，而是同其他与之相关的资源形态结合在一起的。这就是资源的整体性质。要提高思想政治教育资源的利用效益，就必须树立对教育资源的整体观，协调好思想政治教育工作者队伍内部以及思想政治教育工作者和非思想政治教育工作者之间的关系，既要看到具体的思想政治教育资源的特性，又要看到相关的各种资源的整体优势，避免资源的重复建设与浪费。

4.树立思想政治教育资源发展观

新媒体时代，由于高校思想政治教育资源是同新媒体的发展和人的发展需要以及教育者的开发能力联系在一起的，因而便具有了历史性质，不仅其品类、数量、规模在不断的变化中，而且其功能也在不断地发展着。思想政治教育是精神文明建设的重要组成部分，客观上应与物质文明和政治文明同步发展。高校思想政治教育工作者应坚持资源化建设导向，主动充实网络思想政治教育资源；同时要善于将各类信息加以系统分类整理，变信息资源为网络思想政治教育资源。

（二）坚持整合原则，规范资源整合

新媒体时代高校思想政治教育资源整合是依据一定的目的和需要而进行的信息加工活动，是涉及技术可行性、整合后的知识间的关系性以及高校教育功能、学生的满意度等多方面因素的复杂工作，所以在整合的过程中高校要制定出相关的原则、标准来对思想政治教育资源的整合过程予以约束、规范，只有这样才能充分发挥思想政治教育资源的强大功能和优势，更好地为大学生服务。归纳起来，高校思想政治教育信息资源整合原则为以下几种。

1.开放性原则

开放性，是新媒体时代的重要特征。当今世界，全球化趋势日益加剧，只有致力于推进世界思想政治教育资源供应体系和需求市场的共同开放，不同思想政治教育资源才能借助不断扩大的开放发挥互补效应。任何一个实行闭关锁国、地方保护主义政策的国家和地区都不可能在开放的时代背景中领先。要保证思想政治教育资源开发成果辈出，必须以开放的眼界，放眼整个人类资源市场。具体而

言，就是要学会利用国际、国内两个资源市场，加强区域之间的思想政治教育资源整合，实现合理开发、有效使用。思想政治教育资源系统本身是一个开放的体系，它不断地同外界的其他不同系统之间发生着信息交流，实现不同地区之间资源的互补和动态交流。但同时也应当看到，新媒体技术的发展使高校处于一个开放的信息环境之中，也使高校思想政治教育环境日趋复杂。因此，高校在构建思想政治教育环境中必须坚持社会主义的政治方向，开放高校校园媒体信息，在学生自由的选择接受和发布信息的同时，学校应给予积极的、主流的引导和约束。

2.创新性原则

创新是一个民族的灵魂的生命力所在。创新就是要突破已有的、不合时宜的旧框框，建立起符合时代需求的新方法、新体系。新媒体时代高校思想政治教育资源的整合也离不开创新，创新是思想政治教育资源整合应坚持的重要原则。人们总是希望能够看到新闻传媒中有新的东西出现，千篇一律的事物很容易让人产生审美疲劳，导致人们对校园媒体所传播的内容关注度下降，校园媒体的作用就随之减弱。因此，校园媒体思想政治教育资源在进行整合和利用的过程中，应该坚持创新的原则。

3.系统性原则

高校思想政治教育资源整合是一项系统工程，按系统论基本原理，一方面高校思想政治教育资源整合系统自身的动态平衡，是维持该系统可持续存在的基础；另一方面各高校思想政治教育资源系统之间彼此释放的功能应互相契合，建立良性的互馈机制。在教育中，最忌讳的是各种教育因素的无系统性、不协调性所导致的各种教育影响的相互冲突，使教育的效果被抵消，甚至使被教育者产生思想混乱，导致负效应。因此，在系统整合高校思想政治教育资源过程中，应在充分开发和利用人力资源的基础上，使优秀的高校教师掌握和采用最有效的个体资源，创造最有利的环境资源，充分利用雄厚的网络资源、文献资源，有效协调高校教育系统内部各部门、各单位之间的关系，使高校思想政治教育系统的内部各要素目标一致、紧密配合，实现高校的各种思想政治教育资源的最佳整合，以充分发挥高校思想政治教育系统的整体功能。坚持系统性原则，最优化是系统论的一个组织原则，可以理解为选择解决某种条件下各种任务的最好方案，使之在资源整合过程中尽量高效、合理、协调。总之，保证高校思想政治教育资源整合系统的功能契合，保持系统内部的动态平衡，是新媒体时代高校思想政治教育资源配置环境协调发展的最基本原则，应严格遵循。

4.实效性原则

高校思想政治教育资源整合应以学生需求为出发点和落脚点，只有紧紧把握学生需求，以学生满意的方式提供给他们所需要的信息资源，提高信息资源整合的全面性、综合性、时效性和准确性，才能真正确立起在新媒体环境下经得住考验的思想政治教育资源体系。所以，在整合的过程中高校必须站在学生的角度分析、设计和规划，尽可能地方便学生使用，增强思想政治教育资源检索系统的可操作性和实效性。

在整合高校思想政治教育资源过程中，还应兼顾各种校园媒体的经济性和效率性之间的平衡。根据资源本身的属性特征，高校网络媒体思想政治教育资源的整合必须遵循经济性的原则，充分体现实效性。所谓经济性原则，就是指要追求资源整合能实现的最佳效益，能用最少的投入追求德育资源价值的最大化，要尽可能用少的物质支出和精力支出，达到最理想的效果，具体包括开支的经济性、时间的经济性、空间的经济性。整合高校网络媒体思想政治教育资源要立足经济性，追求实效性，实现效益最大化。在经费上，要用最节约的开支取得最优化的效果。在人力资源上，要充分发挥学生个体、学生团体的力量，让学生积极主动、有质有量地参与到校园媒体的运作过程中来。

5.科学性原则

在高校思想政治教育资源整合的过程中，高校要对信息资源的整合对象、整合内容、整合方式等进行科学的论证，运用一定的技术手段和方法，确定不同类型、不同层次的信息资源整合的范围、比例，并且制订出明确的计划，科学有效地开展整合工作。只有这样，才能使高校思想政治教育资源得到合理的组合，使整合后的思想政治教育资源取得最好的组织结构和功能，最大限度地发挥新媒体时代高校思想政治教育资源的总体效用。另外还要看到，由于思想政治教育资源本身以及学生需求都具有明显的层次性、差异性，所以高校思想政治教育资源整合过程中还要按不同类型、不同层次、不同方式进行多维的整合，切忌随意拼凑。

6.可持续性原则

随着人们对资源稀缺性特点的认识，可持续发展战略逐渐被各国作为国策加以贯彻实施。在思想政治教育资源整合系统中，思想政治教育自然资源、社会资源和人才资源开发都必须严格遵循可持续发展原则，贯穿始终。因此，贯彻可持续发展原则，就是要求思想政治教育资源的整合既要满足当代人进行思想政治教育的需要和愿望，培养有平等公正意识的、能与自然协调的、可持续发展的新人，又不至于违反思想政治教育规律和社会发展规律，不会影响下一代人和未来社会的发展。

具体来讲，合理整合思想政治教育的教育资源，就是要及时确保教育资源的补偿和再生，避免教育资源的缺乏和枯竭，从而保证思想政治教育的"再生产"和"扩大再生产"。在这一过程中，必须注重发展的持续性、稳定性、整体性、协调性等。此外，不仅要求节约利用，合理配置资源，而且要求对资源进行保护和更新建设，做到在整合中保护，在保护中整合。总之，不利于整合的保护是无价值的，不做保护的整合是不可持续的。

（三）加强网站建设，充分发挥资源共享的功能

当前，为适应新媒体时代的要求，要通过高校思想政治教育资源整合，突出抓好以下"五个网站"建设。

1.思想政治教育主题网站建设

高校思想政治教育主题网站，常称校园"红网"或"德育网"（简称主题网站），它以大学生为主要服务对象，以中国特色社会主义理论为构建网络内容的理论支撑，以学生熟悉的网络软件和信息技术为手段，通过开辟喜闻乐见的栏目，补充现实思想政治教育手段的不足，有目的、有计划、有组织地全方位渗透马克思主义世界观、人生观、价值观，准确传达党的路线、方针、政策和政治主张，帮助学生排除干扰、辨别是非，提高政治思想素质，为实现伟大中国梦而勤奋学习科学文化知识。主题网站是高校思想政治教育的重要载体和集中表现形式，是高校传统思想政治教育的补充和延伸，是传播红色思想的平台、提供师生交流的平台、实现信息共享的平台、引导心理健康的平台、创新思维方式的舞台。正因为如此，各级教育行政主管部门和各高校均非常重视加强主题网站建设。从实施的情况看，不少高校建成了有特色的主题网站，网站栏目和网页设计较新颖，内容紧贴时事和学生生活，更新较及时，特别是新媒体技术的充分运用，使网页愈加生动，吸引力进一步增强，网站点击率高，学生受到先进文化潜移默化的感染和熏陶，收到润物无声的效果。这些成功经验值得总结推广。

2.党校、团校网站建设

高校的党校是在校党委直接领导下培养党员、党员领导干部、教学理论骨干和入党积极分子的学校，是高校学习、研究、宣传马列主义、毛泽东思想和科学发展观、习近平系列重要讲话的主要阵地。高校团校是高校对团员骨干和学生干部的培训机构，是高校团组织的一种重要教育组织形式，是加强和改进大学生思想政治教育的重要阵地，对于加强共青团的思想建设、组织建设和能力建设起到了十分积极的作用。积极分子的党性教育，具有特殊的教育优势和不可替代的作用。新媒体时代，高校党、团校要充分发挥自身优势，通过开展政治理论的专题课堂教学，以时政热点为主题的研讨会、辩论会、知识竞赛等活动，在提升大学生的思想政治素质上发挥重要作用。一方面，高校的党校、团校是大学生进行理论学习的重要平台；另一方面，大学生参加党校、团校学习，还带有一定的学习任务性质，是促进大学生学习理论知识的重要途径，因此应大力加强党校、团校网站建设，尤其应不断丰富其内容，增强其吸引力和实效性。

3.党委职能部门、学生事务管理服务部门网站建设

高校党委职能部门是按照《中国共产党普通高等学校基层组织工作条例》的规定开展工作的，即党的委员会根据工作需要，本着精干高效和有利于加强党的建设的原则，设立办公室、组织部、宣传部、统战部和学生工作部门等工作机构。各机构在履行其工作职责的过程中，其网页设置的基本栏目除了直接与工作相关以外，还应建有专栏，介绍党的基本知识，这些内容构成了网络思想政治教育资源不可或缺的内容。高校的学生事务管理部门教育、管理和服务学生的内容，主要是在校园网上发布大量工作信息，特别是关于学生奖励、活动和违纪学生处分处理的信息，对学生的思想政治教育起着重要作用，构成高校网络思想政治教育资源的重要内容。

4.内设教学、科研机构网站建设

高校内设教学、科研单位包括内设行政机构、科研机构和教学单位。现在高校校园网络的建设，除了专题性的网站外，多属于工作平台性质。在这样的架构下，高校内设行政、科研机构的网页建设，多数均没有思想政治教育价值取向的内容设计，但在事实上，这些内设机构网页上的内容，作为一种隐性思想政治教育资源，也应从思想政治教育视角进行建设，使其充分地发挥作用。高校的教学院系，作为教育辩学的基层单位，其网页建设的学科专业特色较强，与学生所学专业关联度高，学生关注度高，实际浏览次数多。因此，教学院系网页中的党建栏目、学生工作栏目、团学活动栏目等，也应承载大量的思想政治教育资源，成为新媒体时代高校思想政治教育资源的重要阵地。

5.其他专题性网站建设

在高校开展党建和思想政治工作的过程中，总会结合一段时间的中心和重点工作建设专题性网站，如在"保持共产党员先进性学习教育""学习实践科学发展观""创先争优""群众路线教育"等活动中，建设保持共产党员先进性教育活动专题网站、学生党员科学发展观学习实践活动专题网站等。在新媒体时代，这些专题网站建设，应特色鲜明、主题明确、学生集中关注度高，使其成为开展高校思想政治教育活动的重要载体、高校思想政治教育资源的重要补充。

（四）优化资源整合，提高资源利用率

当前优化高校思想政治教育资源整合、提高资源利用率，可从以下几个方面入手。

1.扩大整合主体范围，充分发挥微观资源和宏观资源的作用

（1）从微观资源方面分析

首先，马克思主义理论课教师应该成为新媒体时代高校思想政治教育资源的

主要整合者。马克思主义理论课教师具有丰富的思想政治教育理论知识，具有一定的教学经验，熟悉本校及所属地区的思想政治教育资源分布情况，熟悉学生的思想状况，加之熟练掌握新媒体技术，他们是整合思想政治教育资源最合适的人选。同时，教师本身具有的思想、知识、经历等，其言行、教学方式等都是重要的思想政治教育资源，教师本身是这种资源的拥有者，当然应该是这种资源的整合和利用的主体。其次，大学生应该成为开发的主体。现代社会的发展，使新媒体成为大学生生活中不可缺少的部分，新媒体在大学生之间的交流和学习中所起到的作用变得越来越重要，他们在相互交流的过程中既受到新媒体所传播的信息影响、也受到对方思想的影响，他们的思想、经历、生活经验等都成为思想政治教育资源，所以，大学生不仅是高校思想政治教育资源利用的主体，同时，也应该成为整合的主体。

（2）从宏观资源方面分析

高校领导者和教师（马克思主义理论课外的其他教师）都应该转变各自为政的思想，尤其是学校领导的思想关系整个学校及校外思想政治教育资源的整合，学校领导首先要重视新媒体时代高校思想政治教育，只有从思想上重视，才能谈资源的整合和利用。学校领导是思想政治教育决策系统的核心，只有重视思想政治教育，才会在制度、规范的制定上有所体现，才会在奖惩等方面进行合理分配，所以，学校领导是制度层面的静态资源的开发者，也是高校思想政治教育人力资源的整合利用主体。学校领导也是校内、外资源整合的协调者。新媒体时代，建立学校、家庭、社会三位一体的思想政治教育网络，形成全员育人的局面已是大势所趋。

2.创新整合模式，实践探索高校思想政治教育资源整合

（1）跨库检索的整合模式

由于不同的数据库有着不同的编码结构和表达方式，每个数据库使用的检索技术和数据存放格式不同，各数据库以不同的检索界面呈现给学生，学生要掌握这些检索系统的使用方式并非易事。因此，对不同的思想政治教育资源数据库的信息资源进行整合，构建同一个检索平台，实现多数据库的跨库检索。跨库检索的实现机制，就是学生登录检索界面提交用户名和密码，指定检索配置，包括提交检索词，选择要检索的数据库和站点、检索方式等，然后提交选择，系统调用每一个选定的数据库和站点，并把检索表达式转化成系统可识别的表达式，让每个数据库自主完成检索过程，数据库返回的是包含有相应记录信息的静态页面。同时，系统还要对各静态页面进行格式转化以及信息解析工作，提取所需的信息，转化成统一的格式，最后再对检索的记录进行整合排序，把整合好的统一结构的记录提供到统一的检索界面。

(2) 指引库建设的整合模式

在网络思想政治教育资源整合过程中,要把杂乱庞杂的信息资源整合成用户易于接收的形式提供给学生,就必须开发出具有二次信息检索功能的指引库。但指引库实际上只是采用超文本技术建立的虚拟数据库,从物理上并不存储各种实际的信息资源,但学生通过对其的访问却可以检索有关思想政治教育的实际资源,即它可以指引学生到特定的网址获取所需要信息。指引库的建立首先要搜索相关网站,这种搜索可以采取自动搜索技术、用户登录和手工查找等方式,然后集成相关站点的相关页面信息和数据库信息,确定检索体系以及所使用的检索语言,同时建立各种索引,例如关键词索引、分类索引等,最后建立便于用户使用的人机检索界面,可使用户直接点击或浏览所要查询的主题。

3.有效运用资源,增强高校思想政治教育的效益

(1) 适用人力资源

人力资源是从事高校思想政治教育的专兼职人员。整合新媒体所提供的高校思想政治教育资源,需要有专门的队伍进行专门的研究和操作。要增强思想政治教育的效益,首要的还是必须充分发挥好人力资源的优势。

(2) 善用财物资源

财物资源是构成高校思想政治教育所需要的物力和财力的各种成分的总和。高校思想政治教育的网站建设和技术维护都要依赖具体形态的物力资源,也离不开高校思想政治教育的经费投入与支持。物力资源与财力资源一起在高校思想政治教育过程中起着一种物质基础和支撑作用。因此,必须确保资源投入的总量与实际需要相适应。

(3) 巧用组织资源

新媒体时代高校思想政治教育是高校党政工作的一个重要组成部分,加强和改善校党委的领导,是做好思想政治教育的关键。需要强调的是,大学生党员应以身作则,在思想、道德、作风上自觉成为其他同学的表率。思想政治教育只有在党委的统一领导下,党、政、工、团共同努力,齐抓共管,各部门密切协作,构建一个纵横交错的思想政治教育网络,群策群力,才能使大学生的思想政治教育有声有色。

(4) 活用文化资源

新媒体时代高校思想政治教育内容是思想政治教育文化资源整合的结果,没有思想政治教育文化资源就没思想政治教育内容,思想政治教育也就无从谈起。思想政治教育文化资源越丰富,思想政治教育内容的选择性也就越广越充实。因此,我们要善于借助新媒体技术,大力开发整合思想政治教育的文化资源,为其教育内容改革提供充足来源。

4.以校内资源为中心，优化整合校际资源

各高校的思想政治教育资源各有所长，应该在整合利用本校资源的基础上，优化整合校际资源，促进资源共享。新媒体的发展为高校思想政治教育资源共享提供了可能。首先，加强校际合作，促进教师资源共享。教师资源共享形式多样，可以互聘教师、交流思想政治教育经验、跨校选课、进行远程教育等。其次，加强校际资源共享，创造新的资源。各高校思想政治教育资源的整合主体具有各自的思想和智慧，在校际合作情况下，不仅可以整合利用本校资源，还可以利用外校资源，从而可能产生新的想法，形成新的资源。最后，建立以中央网站为中心的高校思想政治教育网络平台。可以建立以中央网站为枢纽、各高校思想政治教育网站为支撑的网络系统，共同组成网站网络，自己作为网络的子系统，可以共享其他网站的资源，既体现了统一性，又体现了多样性。

（五）建立健全管理体制，为资源整合提供保障

1.要整合好传统媒体与新型媒体资源

"报纸是人体的延伸，广播是耳朵的延伸，电视是视力、听力的同时延伸。"以此，网络则是报纸、广播、电视等传播媒体的延伸。高校校园媒体在高校文化建设，特别是高校思想政治教育中的作用是通过它的导向性和影响力来实现的，而这种导向性和影响力又要通过校园媒体的整合和延伸来实现。因此传统媒体承担校园宣传工作的首要因素当之无愧。在新媒体技术高速发展的今天，新媒体已经成为我们生活的主流媒体，它不仅对大学生的学习和生活产生重大影响，而且在高校思想政治教育中所起到的作用也越来越显著。无论是传统媒体还是新型媒体，每一个媒体都有对自己的定位，即对自身传播的性质、任务、传播对象的规定。如何充分利用各个媒体的资源，充分发挥各个媒体的传播优势，以达到最佳的思想政治教育效果，是高校媒体联动和整合的主要目标。因此，我们要整合好传统媒体与新型媒体资源，通过极强的视觉吸引力和声音感染力，充分发挥两者在高校思想政治教育中的作用。

2.要实行管理模式的变革

高校的媒体管理工作多由学校党委宣传部或共青团组织、学生工作部门以及学生社团负责，这体现出高校媒体运作中的政治把关性和操作主体的学生化倾向，学生在校园媒体中的主动权在提升，这一趋势有其存在的必要性和合理性。但在新媒体时代，文化多元、信息激增、受众兴趣和选择方式日益多样化，如果一味固守现有管理模式，势必影响高校思想政治教育资源的进一步优化整合。因此，高校校园媒体有必要实行管理模式的变革，实质性的变革措施就是依据校内各大媒体形态已经基本完备的现实状况，组建校内媒体的综合管理协调部门，统一负责全校各种媒体的有机配合和协调运转，从而形成校内新闻宣传的整体系统合力，打破以往高校报纸、校园广播、电视或校园网络分别由多个部门分散管理、各自为战的格局。只有这样，高校媒体才有可能获得一个较有利的、有序有效的发展空间，并依托其中，扬各自优势，避各自不足。目前我国许多高校已在实践探索中组建起了能较好地实现上述功能的校园传媒统一管理机构"新闻中心"，有了这个机构，党委宣传职能部门对媒体的管理相应转变为对媒体传播内容上的必要指导和要求，相关具体运作则交由新闻中心实施，从而实现真正意义上的宏观舆论调控。这样，高校校园媒体传播就可以获得更多的、能遵循自身运作规律的发展空间，为其顺应时代发展争取到一个较为有利的环境。例如将各媒体的新闻资料综合起来由负责报纸的媒体编辑出版报纸，由负责网络的媒体发布网上新闻，由负责广播的媒体播出一些时事的新闻，由负责电视的媒体制作视频新闻。新闻中心负责新闻采写和平衡协调各媒体，新闻中心的采编人员在熟悉全面工作的前提下，具体负责某项工作，从而使媒体整合的广度和深度得以延伸。新闻中心的运作可以有效地解决稿件的综合处理、相互传递、技术手段、时间差等问题，统一策划和采访新闻、撰写通稿、编排版面、制作节目等相互配合、相互补益，使理论和实践更好地相结合。即是说，整合后，新闻中心的采、编、播、制作、管理、发行等工作融为了一体，成为统一的信息集散地。

3.要建立健全运行管理的相关制度

高校校园传媒主管部门要统一制定媒体运行、管理的一系列规章制度，保证校园传媒工作的制度化和规范化，以制度建设推动思想政治教育资源整合。首先，重视队伍建设，突出专业化，通过建立人才引进制度，规定校园传媒的用人标准和选拔程序，保证通过竞争选拔专业知识牢固、专业技能扎实的新闻传播人才。其次，建立一套完整的工作制度和纪律，制定校园传媒传播工作中的具体行为规范；建立培训制度，定期和不定期举办业务培训班，以提高校园传媒工作队伍的实际工作能力。再次，建立绩效考评制度，定期对校园传媒工作者的工作进行考核，对在宣传工作中表现突出的，给予奖励和表彰。最后，强化网络监控，有效引导网络舆论等基本内容，从而为高校思想政治教育资源整合提供保障。

第五章　新媒体与大学生思想政治教育相结合的实践探索

第一节　新媒体背景下大学生网络舆情引导的依据和途径

在信息大爆炸、新媒体称雄的信息时代，互联网+新媒体平台日益成为社会舆情的敏感区和发源地，其重要性、影响力和渗透力已经远远超越了传统媒体。网络舆情深刻改变和重塑着社会舆论生态，对当代大学生的思想、行为和生活产生直接作用和广泛影响，给青年大学生的健康成长和实现党在新形势下的大学生思想政治教育工作目标造成了不容忽视的冲击。

一、网络舆情改变和重塑着社会舆论生态

（一）网络颠覆了传统的信息传播方式

在信息社会到来和网络时代崛起之前，人们之间的信息传播主要依靠人与人之间的口耳相传、文字交流和纸质媒介等方式，呈现出点对点、单向度、被动性、线性的特征。公众掌握和接收的信息极其有限，个人发表意见、发布信息、传播思想的渠道和平台也十分狭窄，也决定了信息传播速度、传播范围和影响力的局限性与效度。社会舆论基本处于官方掌控和主导的范围内，对于一些不利于社会安定团结和有悖于国家治理的信息，政府有关部门可以轻而易举地进行防范、删除、封堵。然而，网络技术以其层级扁平性、多向互动性和交流开放性等特点，使信息传播和交流实现了自由顺畅、高度共享、即时交互的目标。"事实上，智能手机的出现，已经将我们带入另一个世界。在这个世界，信息不再是稀缺物，很难再成为垄断资源"。网络消除了参与者身份、地位、阶层等个体性的差异，人人都可以自由、简易、快速地在网络上发布信息，也可以根据自己的兴趣、爱好和关注话题发表观点、搜索信息，并与其他用户就共同关心的话题进行广泛讨论、深入交流。这种无障碍的信息传播模式完全改变了传统信息传播的主客体关系，模糊了信息创造者、发布者、传播者以及接受者之间的界限，传统的"我说你听"传播模式被大家都是"言说者"的传播方式所取代，权力主导的话语权力体系也被解构了。网络技术发展和网络工具的普及，改写了信息传播的规则，带来了信息传播方式的彻底变革，颠覆了传统的信息传播模式，解除了政府部门对信息的垄断权和控制权，使公众信息以由此形成的社会舆论大面积形成、大范围传播与产生巨大社会影响成为可能。

（二）网络具有很强的舆论放大效益

在网络上，每个人都可以是信息的制造者、传播者和接受者，并且可以同时兼具三种身份、扮演多种角色。特别是随着自媒体时代的到来，"随手拍"成为常态，"直播"日益普及，公民记者大量涌现，标志着整个社会舆论环境已经从"大喇叭"时代转型升级为"麦克风"时代。在"麦克风"时代，无形无色网络的力量无孔不入地渗透经济社会的各个领域和人们生活的各个方面。在网络上，一则消息、一句评论或一张图片都有可能引爆网络舆情，只言片语、点滴涟漪可以在刹那间波及全球、辐射全世界，引发网络社会甚至是现实社会的轩然大波和广泛反响。正是凭借着便捷性、平民化、普泛化、自主化和快速性等压倒性优势，网络的强大互动功能推动着信息传播朝着社会的广度和深度扩散与渗透。网络舆论以其跨越时空的强大生命力、渗透力演绎了社会舆论世界和现实生活中的"蝴蝶效应"。更为重要的是，网络的这种舆论放大功能和效应并未止步，而是在持续强化和加剧。

（三）网络日益成为社会舆论的"发酵器"和主推手

随着我国网民队伍的日益壮大，网站、网页的成倍增长，互联网已经成为人们生活不可缺少的重要部分。网络世界众声喧哗，网络舆情风起云涌，网络社会枪林弹雨。在这样多元而复杂的网络舆论生态下，许多与公众切身利益相关的社会热点难点问题，尤其是社会关注、百姓关切的消息一经"上网"，就会立刻被无所不在、无时不在的网民迅速"围观""转载"和"追踪"。评论者有之，爆"内幕"者有之，添油加醋者有之……网络上关于某一现象或特定问题所给予的关注、所形成的讨论也随之向现实社会渗透、扩散和影响。很多社会舆论事件往往发端于网络信息，许多现实生活中的集体行动或群体性事件最初都是在网络中酝酿和发酵。可以毫不夸张地说，"自媒体时代，是每一个人只要有简单的条件就拥有了个人能够使用和控制的媒体，就可以随意向外界披露信息和发表意见，就相当于手中有了'麦克风'"。而网民中有较大影响力或极大影响力的意见领袖，甚至掌握着"核按钮",可以产生舆论聚变和裂变,最后酿成舆论海啸。网络对社会公共生活与社会舆论生态的影响随着时间的推移而愈加明显、日益深刻。网络不仅完全改变了信息传播的方式和形态,而且彻底颠覆了社会舆论的生成机制和演变格局,一跃成为社会舆论的"发酵器"和推手。

二、网络舆情的新特点及其对当代青年的影响

由于网络打破信息传播主体的一元化和垄断性地位,网民既不是传统意义上的"受众",更不是人云亦云、毫无主见的"应声虫",而是集信息的挖掘者、发送者、接收者、加工者、使用者于一体。每个网民对网络事件的围观、点赞、转载或评论,都有可能直接影响网络舆情的发展方向,甚至是对现实社会的影响。网络舆情表现出与传统社会舆情大相径庭的新特点。

(一) 网络舆情内容丰富但复杂化

网络的开放性为求知欲极强的当代青年打开了知识宝库的大门,网络海量的信息和形式多样的服务功能给当代青年带来了极大便利的同时,也面临着许多问题和挑战。一方面,由于网络公共理性发育不足,尚未形成规范有效的网络参与秩序。网民对网络信息的关注往往止于表面,通常按照自己既有的思维去认识、了解,容易忽略甚至不愿相信事件背后的真相。另一方面,当前正处于社会利益结构重大调整的转型时期,各种社会问题层出不穷,各种社会矛盾趋向激化,各种社会情绪此起彼伏。得意者、得益者、得利者可以在网上尽情潇洒,失意者、失败者、失利者也可以在网络上找到属于自己的"领地"。在网络这个对任何人、任何事几乎都可以畅所欲言的缥缈空间里,既有积极健康向上的意见,又有消极偏激虚假的蛊语,既有理性审慎、科学严谨的态度,又有无理取闹、无中生有的"奇葩",网络虚假信息防不胜防,各种网络闹剧层出不穷,整个网络秩序呈现出无秩序的混沌状态。由于大多数青年尚处于世界观、人生观、价值观从幼稚到成熟转型的关键阶段,极易受到外界思想观念的影响。良莠不齐、鱼龙混杂的网络信息,在使网络舆情趋于复杂化的同时,也深刻影响着青年的价值判断和价值选择。

(二) 网络舆情传播迅速、难控性强

当碰到新奇的情况或一个热点事件发生时,网民可以在第一时间于微信"朋友圈"、微博、QQ群、社交网站等网络平台中发表看法、高谈阔论,尽情享受、挥霍网络赐予的言论自由,使其形成网民关注的焦点,使个体零散的意见快速聚合,不同见解或意识形态的舆论剑拔弩张,就在这种汹涌澎湃的舆论"拉锯"中,迅速形成初具规模的舆情声势。在网络知名人物、"意见领袖"和主流媒体等介入

后,网络舆情对事件的影响力度将以指数级倍增,影响范围将呈波浪状向外扩散、放大,很快就形成了"滚雪球式"的传播效果。缺乏理性和价值观的引导,个别的、局部的甚至是不真实的问题,经由网络传播,可以轻而易举地演变为全局性、社会性的问题。但问题并未仅限于此,"网络舆情形成后,与现实社会中的舆情交替传播,相互影响,对社会生活中的方方面面产生深远影响。特别是对公共决策、民主政治、社会伦理道德和文化安全等方面产生正面或负面影响。"与其他舆情形态相比,网络舆情具有突发性、多元性、交互性、扩散性和偏差性等特点,个人主观判断、情感直觉和情绪化意味浓厚,因此极为容易出现非理性和群体极化的倾向。这对网络舆情的可控性提出了挑战,也使青年网络舆情引导增加了难度。

三、大学生网络舆情引导的基本策略和实现途径

当代大学生群体处在一个世界观、人生观、价值观趋于成熟的关键阶段,但尚未最终定型,极其容易受外界因素的影响和形塑,波动性极大。思想文化对大学生思想观念、理想信念和价值取向的影响不可小觑。要实现"两个一百年"奋斗目标和中华民族伟大复兴中国梦,保证中国特色社会主义现代化建设事业后继有人,就要准确把握社会信息化、网络生活化对青年思想和行为的深刻影响,扎实有效做好大学生网络舆情引导工作,使网络舆情引导成为当代大学生成长、成才、成功的重要武器。

(一)抢占网络舆论阵地,牢牢把握网络舆情引导权

当前,互联网已然成了宣传思想战线和意识形态领域争夺人心、争夺大学生的主战场。要赢得未来必须赢得大学生,而只有贴近网络,方可赢得大学生。对此,高校各级党委、各个部门和思想政治教育工作者必须牢固树立阵地意识,及时跟上互联网发展的步伐,做好官方网站、官方微博的建设和应用,积极促进传统媒体和新兴媒体融合发展,通过创建校务微信、思政专家微博、公众微信平台等方式,全面进军新媒体舆论场,主动抢占网络舆论阵地、网络舆论空间,做到平时"润物细无声",重大问题不缺位,焦点问题不迟钝,关键时刻不失语,牢牢把握网络舆情引导权、主动权。

(二)加强预警机制建设,正确引导网络舆情走向

由于网络信息鱼龙混杂、良莠不齐。网络在给人们带来便利的同时,也对网络不良信息的产生蔓延起到推波助澜的作用。由于大学生网民年龄偏小、认知受限、经验不足,缺乏鉴别、抵制网络不良信息的定力,极其容易被网络谣言所误导。做好大学生网络舆情引导工作意义非凡,关键是要建立一套反应灵敏、响应快速、运转顺畅、应对有力的网络舆情预警机制,建设完善网络舆情收集、分析、

研判、应对工作机制。通过经常性、不间断获取网络舆情信息，全面分析、科学甄别，合理研判网络舆情中苗头性、倾向性问题。宣传思想战线和青年工作者要增强政治鉴别力、政治敏感性、政治敏锐度，对涉及政治立场、社会思潮、重大问题等网络舆情，要及时迅速捕捉热点焦点，掌握全面、准确、详细的信息，做到率先发声、权威发声、引导发声，努力抢占舆论先机、舆情制高点，通过主动回应社会关切、满足大学生网民关注心理，引导网民在互动参与、真诚对话和理性讨论中发现事实真相、辨明是非曲直，消除公众的疑虑和不安，稳定和安抚网民情绪，杜绝网络谣言的产生和扩散，引导网络舆情从无序、混沌的状态朝着正常、有序、可控和建设性的方向发展。

（三）掌握基本规律和方法艺术，提升对大学生网民的网络舆情引导力

在复杂多变的网络舆论生态中，"舆论导向正确的刚性要求，与讲求良好的传播效果和引导效果的柔性做法，力求实现和谐统一"。而要达成这种统一，必须熟悉网络舆情形成特点、传播规律，掌握驾驭网络舆论的艺术，提高防范和化解网络舆情危机的能力与水平。一是要深入研究大学生网民的网络心理、行为习惯、网络偏好，以及大学生网络沟通、联络、交流和聚集方式，通过主动设置议题、利用舆论领袖、增强人性化关怀等手段巧妙、灵活地引导网络舆情，做到网络舆情引导有方、有术、有力、有效。二是要贯彻尊重包容、平等互动的原则。宣传思想战线的同志和广大思想政治教育工作者与大学生网民进行对话、交流，要坚持理性的精神和谦卑的态度，抛弃高高在上、盛气凌人的姿态，用真诚、坦诚、热诚赢得大学生网民的认可、信任和支持，建立起与大学生网民有效沟通和良性互动的长效机制，努力实现对大学生的引导、吸引和凝聚。三是要善于用大学生的语言、大学生的思维、大学生的逻辑以及大学生乐于接受的方式与大学生网民进行交流，准确掌握大学生普遍关心、高度关注的现实问题，对接大学生网民多样性、多元化的网络需求、心理问题、思想困惑，广泛运用微博、微信、手机媒体等新媒体工具，认真做好解释说明、分析论证和网络舆情引导工作，引导广大学生树立网络文明意识，帮助大学生培育积极向上的价值观。

（四）激发网络正能量，进一步强化社会主义核心价值观对网络舆情的引导功能

做好大学生网络舆情引导工作，必须要高扬社会主义核心价值观的旗帜，传播"好声音"，激发正能量。一方面，要依托网络技术和网络平台，在网络上设论坛、定主题、立专栏，讴歌真善美，鞭挞假恶丑，传递真善美、传递向上向善的价值观，引导大学生树立和实践正确的利益观、权利观、道德观，自觉抵制庸俗、低俗、媚俗之风，增强道德判断力和道德荣誉感，向往和追求讲诚信、尊道德、守戒律的生活。另一方面，要根据当代大学生的特点、兴趣和爱好等，把文学、影视、音乐、艺术乃至生活，赋予网络的表达形式和展现途径，把社会主义核心价值观的内涵和要求活灵活现、淋漓尽致地充分镌刻在网络作品之中，做到春风化雨、润物无声，最大限度地增强广大青年对社会主义核心价值观的价值认同、情感认同和理论认同度，不断提升社会主义核心价值观在网络舆情中的影响力、渗透力和主导力。

第二节 新媒体背景下高校共青团工作模式创新

一、新媒体时代背景下高校共青团传统工作模式面临新挑战

在中国网民构成当中，知识层次较高的高校大学生是网民构成中普及率最高的群体之一。高校完备的互联网基础设施建设与个人电脑、平板电脑和智能手机在高校大学生中的普及，从技术层面消除了现实物理世界和网络虚拟世界的边界，青年大学生的上网活动在变得随时随地、随心所欲的同时，也客观上增强了他们对于互联网的黏性与依赖性。"身在校园，心在网"成为对青年大学生工作对象的最生动描述。如今，高校中占主体的"00后"团员青年是在网络伴随下成长起来的一代，新媒体与网络空间已经成为他们生活中不可或缺的一部分，也已成为他们获取信息的最主要来源。高校团组织传统工作模式，例如板报宣传、主题团日、面对面的宣讲讨论等形式，虽然曾经在引领学生团员成长、服务青年团员、提升参与者的感性认识等方面起到不容置疑的促进作用，但随着网络与新媒体时代的到来，高校共青团传统工作模式正面临诸多新的挑战。

（一）新媒体的自由性和选择性对高校共青团宣传教育职能的挑战

互联网的发明和新媒体的应用引发了全球的信息化浪潮，它不但超越了民族、国家和语言等界限，而且打破了时间和地域上的限制，正以其对时空的绝对和相对抽离而改变着整个世界和人类社会。一方面，新媒体与网络空间是一个限制极少的虚拟空间，但又具备海量存储功能，在这个大熔炉里，任何组织和个人都可以随意在网络上发帖子、写留言、发表评论，宣传自己的思想，表明自己的观点，宣泄自己的情绪。另一方面，网络上的内容繁杂多样、丰富多彩，信息良莠不齐、鱼目混珠。由于监管技术的不完善，新媒体与网络的自由性和选择性削弱了信息的可控性。当团员青年置身于新媒体与网络空间，面对鱼龙混杂的海量信息时，难免思想困惑、认识模糊、行为偏差，这些干扰和破坏了共青团思想政治教育与

正面宣传教育的效果。

（二）新媒体的开放性和交互性对高校共青团吸引凝聚职能的挑战

以互联网为主体的新媒体平台是一个全球性的开放、互动系统，它既无地域中心也无空间边界，并且具有无限的扩张性和随意性，在平台上的任何一个网点所引起的涟漪都会快速波及全球、辐射全世界。新媒体尤其是互联网开放性和交互性的优势和特点消除了时差和距离的障碍，为人们的自由交流和交往提供了便捷通道，使之日渐成为青年宣泄情绪、交流思想、沟通感情的重要场所。青年学生通过网络交往平台和运用各类通信软件，可以自由、直接和便利地进行沟通、互动、交流和社交。新媒体已成为青年大学生进行沟通和联络的重要途径，如何充分利用网络实现吸引、凝聚青年大学生并对其进行有效引导的目标成了高校共青团亟待解决的重大课题。

（三）新媒体应用的广泛性和便捷性对高校共青团组织动员职能的挑战

发布号召、召开会议、布置任务、组织活动等是共青团组织动员青年的传统模式和工作法宝，在共青团组织团结带领广大青年投身革命、建设、改革和发展的实践中发挥了统一思想、凝聚人心、集中智慧和汇聚力量的重要作用，然而，当新媒体以其独特优势和魅力吸引越来越多青年的时候，这些传统方式的作用便显得捉襟见肘了。因为新媒体在移动互联网时代具有广泛覆盖、快捷传播、多点沟通、直接互动和广泛影响等特点和优势，具备了很高的传播效率和极强的快速组织动员功能，所以正逐渐成为一种全新的号召动员和组织行动的方式。

二、新媒体时代背景下高校共青团工作新模式探析

高校共青团工作如何应对新媒体时代的挑战和冲击，积极抢占网络新媒体宣传阵地，紧握网络新媒体抓手，创新性地履行好组织青年、引导青年、服务青年和维护青年合法权益的四项基本职能具有理论与现实的重大意义。广西师范学院团组织通过对青年工作规律的把握，对网络新媒体功能的研究，结合自身长期应用网络新媒体辅助思想政治教育工作的实践经验，创新性地提出了共青团组织三级网络工作模式，为网络时代背景下高校共青团工作模式的创新做了有益的探索和尝试。

（一）创新：高校团组织三级网络工作模式的提出

学校团委针对当前团员青年喜欢运用新媒体凝聚、交流的特点，结合工作实际，大胆创新，借助博客这一载体，以网络分团委和网络团支部建设为突破口，创造性地建立了团组织三级网络工作模式，大力加强互联网团建。把团组织三级

网络作为反映工作和联系青年、凝聚青年、服务青年的主渠道建设，大力推进团组织网络化，不断强化利用互联网团组织对团员青年实行全时段、全地域的覆盖，让互联网成为团组织思想引领、组织动员、服务学生、开展工作的四位一体综合信息平台，从而实现共青团网上、网下"两线作战、联动并进"的战略转型，并从结构形式、建设内容、运行机制三方面进行了有益尝试，创新性地建立了团组织三级网络。

1. 团组织三级网络的结构形式

在全校所有二级学院分团委、班级团支部统一建设两级博客群，并依托博客建立网络分团委和网络团支部，并要求在建立网络团总支博客的时候每个团员都要参与讨论建言献策，最终实现了团组织三级网络对团员青年的全面覆盖。

2. 团组织三级网络的建设内容

各级团组织博客内容涵盖各类工作文件以及思政教育、党团知识、专业学习、生活休闲、求职信息等。运用多媒体技术，充分挖掘博客的各类功能，把网络博客打造成固定的、可持续的团组织宣传新阵地，构建团员青年的网上精神家园。

3. 团组织三级网络的运行机制

团组织三级网络从校团委的网站上链接各二级学院分团委的工作博客，形成了以校团委为核心，以二级学院分团委为重要节点、各班级团支部紧密连接的校——院——班三级团组织网络。建成后，团干部改变了过去只通过开会、传达文件、谈话的开展思想政治工作的方式，代之以虚拟的身份与大学生在博客上展开交流，通过发帖、回帖、留言、讨论等方式，以亲切和蔼的姿态在网上和同学们就社会热点问题、时政新闻等话题展开互动，引导大学生关心政治、关注国家大事，将思想政治学习的风气通过"润物细无声"的方式，悄然引入同学中。

（二）超越：团组织三级网络对高校传统工作模式的重构

团组织三级网络的建立为共青团工作的开展翻开了新的篇章，带来了新的工作理念与思维方式。以往主要以板报、展板、现场面对面的讲座、谈话、报告、讨论等为主体的传统工作模式被具有创新性的团组织三级网络所超越，并且团组织的工作环境也因此被改变和重塑：摆脱了物理时空的限制，使信息传递表现形式更为多样化，信息内容对视听感官具有更强的调动性与冲击力。

1. 团组织三级网络互动的时空特性

互联网技术的迅猛发展，注定会深刻地改变人们开展社会互动与人际交往的习惯与方式，如果把互联网技术支持下的网络空间看成人类社会的一个组成部分，那么在这片疆土中，人们可以持续地展开一对一、一对多以及多对多的社会互动。众多的学者对于这片"疆土"场域特性的主要研究可以归纳为"非场所""流动空间"，即他们认为网络空间具有流动性、过渡性、暂时性。一方面能感受到它"真实"的存在；另一方面它却又不断变化着位置，互动的可延续性差。正是由于网络空间的这些特性，所以以往我们在利用网络空间组织开展共青团工作中总会感觉难以找到与团组织传统工作模式的最佳契合点。以往高校共青团工作的"上网"往往形式大于内容，为"上网"而"上网"，既没有把共青团传统工作模式中的优势在网络空间里发挥出来，也没有真正通过网络技术和新媒体促进高校共青团工作的突破与超越。校团委系统借助博客这一特点鲜明的网络互动工具，很好地规避了网络空间不利于共青团开展工作的特性，并形成了自身独特的网络互动时空特性。具体表现为：场所化、正式性、延续性。

（1）场所化

通过搭建从校团委网站到各二级学院分团委博客群再到全校各团支部博客群三级团组织网络架构，每个层面的团组织都在虚拟的网络空间建立了独立的网络阵地与精神家园，使全校各级团组织在网络空间拥有了开展各项活动的"固定场所"，实现了共青团工作"上网"的场所化。

（2）正式性

有别于QQ群等即时通信工具，博客可以有更为完整的独立页面，页面也可以根据使用者的要求进行较大程度的美化完善。全校各级团组织的网站博客都有专人设计、维护、更新。围绕"展现团组织活力，营造团组织氛围"的思路，各二级学院、各团支部结合自身优势、特点对各自博客进行精心设计美化，这样从形式上表现得更加正式。另外，从制度层面规定部分信息的传达与输入和活动的开展必须在团组织三级网络中展开实施，从而在制度上给予了团组织三级网络权威。在这个系统中，博客已经从简单的"网络日记本"的功能变成了各级团组织交流互动的正式平台。

（3）延续性

团组织三级网络的"场所化"特点，使在网上开展的各类共青团活动具备了延续性。例如在博客上推出"在线学习"版块，每隔两周组织各班级团员青年在博客上就某个话题进行专题思想政治理论学习，同学们通过留言的形式就话题进行互动交流、发表看法，积极展开讨论。每次讨论可以根据团员学生的感兴趣程度延续几天甚至到开展下次讨论之前。同时，团支部根据线上交流情况撰写一份在线学习总结，挂在班级博客上供全体团员学习。此项活动取得良好效果，团员青年参加讨论积极性很高。

2.团组织三级网络互动形式的超越

由于受到场地、时间、载体等因素的制约，高校共青团传统工作模式在形式上表现单一，沟通向度自上而下，具体表现为单向性与不对等性。一方面，高校共青团传统工作模式在思想政治教育方面的信息输出都是单向的,无法形成真正意义上的互动,比如在宣传上我们主要依靠校园广播、校报、黑板报、横幅、展板、传单、海报等形式开展工作,这些形式只能传递信息,起到简单的告知说教作用,没法得到受众即我们的教育对象——团员学生的互动与反馈。由于没有大量详细的信息反馈,我们的宣传效果与活动组织往往容易陷入吃力不讨好的窘境。另一方面,高校共青团传统工作模式主要依靠物理空间的现场集会、宣誓签名、讲座、谈话、报告、讨论等互动形式,由于是面对面的,从形式本身就确定了互动双方地位不对等的状态,上级与下级、老师与学生的关系对位中,下级团组织与学生出于所处位置和身份的考虑往往不愿甚至不能与上级团组织和老师形成实质性的互动交流。

  团组织三级网络对传统互动模式予以了超越。一方面,借助博客这个载体,在虚拟网络空间中建立了固定的宣传阵地,搭建了信息输出与输入的平台,通过这个阵地,我校团组织可以在更大的覆盖面上开展思想政治教育工作,同时通过对这个平台上的信息的阅读、评价、讨论、调查反馈,形成了穿梭往来的信息沟通,实现了真正意义上的团组织间、团组织与团员间的双向交流互动;另一方面,由于允许匿名留言、讨论,从形式上实现了互动主体间的地位平等,拉近了团组织与团员学生的距离。由于团员学生在身份匿名状态下更敢于表达自己的真实想法和感受,达到了畅所欲言、袒露心声的效果,提供了最真实的反馈信息,为下一步团组织工作的开展提供了第一手资料。

  3.团组织三级网络互动内容的超越

  三级团组织网络在解决传统团组织开展大学生思想政治工作的载体和方式问题上进行了超越,但团组织开展大学生思想政治教育的传统工作模式,例如开主题班会、利用团属新闻媒体宣传等,形式感较强,团员自发性不积极,且学习方法单一、工作载体单一,内容以文字、图片和团干的说教为主,可延续性也不强,无法保证思想政治教育真正入脑、入心。

  (1)运用多媒体技术,实现良好的教育效果

  由于博客、微信使用普及,各级团组织使用博客、微信,运用文字、视频、图片、动画、音乐等表现手段,把国内外热点政治事件、领导人重要讲话、共青团重要文件精神、大学生热点话题、大学生校园文化生活、学术研究、就业信息等集德育、智育、体育于一体的综合性信息在博客上集中表现出来,寓教于乐,既缓解了团员学生在进行政治理论学习的枯燥感,又考虑了学生的全面发展,充分调动团员学生视觉、听觉多重感官,同时达到生动、直观的良好教育效果。

  (2)互动内容更贴近大学生活实际,增强团员青年的主体意识和集体凝聚力

  校团组织三级网络,在互动内容上强调要符合团员学生的年龄特点和接收习

惯，满足他们的确实需求，服务于他们的成长成才。比如开辟专属版块，定期推选一批在德智体各方便表现优异的团员代表进行网络宣传，把他们努力学习、拼搏进取的事迹放到版块中去，让团员们进行学习，还定期举行网络交流会，让优秀团员代表与团员们在网上互动，畅谈学习工作体会。一方面树立了团员们学习的榜样，由于这些优秀代表都来自团员们身边的普通同学，因此对双方都有很强的激励作用；另一方面，在团员中也成功地营造了比学赶帮的热烈氛围。

团组织对团员青年的凝聚力、吸引力是关系团组织生命力和影响力的重要因素。传统组织体系上，校级团组织和各分团委、班级团支部之间缺乏经常性的互动。这在一定程度上抑制了团组织的组织资源利用，影响了团组织的活力，并最终导致团组织影响力的下降。这也是团员青年组织性和团员意识不强的客观原因。团组织三级网络打破了传统团组织机制行政化、互动不强、形式固定化的弊端。开放式的博客交流平台为上下级团组织的交流开辟了一个全新的自由领域。

团组织对团员青年的凝聚力不但有赖于制度性的组织生活，还有赖于活跃的班级文化。各团支部通过建立博客，将班团活动以视频、照片、动态新闻等形式放在博客上，极大活跃了班级文化、团支部文化，强化了团员之间的情感联系，改变了过去单一依靠班会、团活动联系同学的局面，班级集体凝聚力空前高涨。

此外，为了进一步增强团组织开展创业就业教育的效力，校团委号召各级团组织开辟"就业创业指导"和"社会实践"等版块，将就业创业宣传教育、就业信息搜集、创业指导等工作下放到每个基层团组织的博客建设中，进一步强化大学生就业创业工作。

（三）回馈：三级网络工作模式对团组织功能的完善

团组织三级网络工作模式，在网络互动的时空性、互动主体的范围、互动方式、互动内容等诸多方面都实现了对高校共青团传统工作模式的超越。这种超越，从表面上看是对高校共青团传统工作模式的否定，是先进网络技术对原有工作方式的取代，而就其本质而言，团组织三级网络工作模式恰恰正是建立和依托于高校共青团传统工作模式基础之上，更好地利用了网络博客这个抓手，对原有的工作模式进行了有益补充和回馈。

1.通过创建团组织三级网络实现校园网络覆盖全体青年大学生的目标，不断增强高校团组织的思想引领功能

校团委在全校所有二级学院分团委、班级团支部统一建设了两级博客群，各二级学院分团委和班级团组织以博客为平台纷纷建立了网络分团委和网络团支部，形成了以校团委为核心，以二级学院分团委为重要节点、各班级团支部紧密连接的校——院——支部三级网络团组织，切实增强了共青团的以下两项具体职能。

(1)以建设学习型和服务型团组织为主线，打造团组织魅力形象，增强了共青团组织动员青年大学生的职能

由于在团组织与团员学生间搭建了全面覆盖的团组织三级网络，实现了对团员青年的全时段、全体性覆盖，因此共青团的工作手臂也在真正意义上第一次触及到了每一个团员学生，"使团的基层组织网络覆盖全体青年"，高校共青团的组织动员职能也得到了前所未有的加强。借助网络博客这个载体，团组织与团员学生互动的形式与内容有了质的超越，通过团员青年喜闻乐见的形式，丰富实用的博客版块内容设置，寓教于乐，服务性明显增强，也已成为建设学习型和服务型团组织的有力抓手，很好地落实了"成长服务"的战略任务，同时也进一步提升了团组织的吸引力和凝聚力，使团组织的魅力形象进一步提升。

(2)以创建网络精品文化为依托，开辟宣传教育新阵地，增强共青团引导青年大学生的职能

"思想引领"战略任务的落实，需要依托有力的宣传阵地，营造积极向上的文化氛围。团组织三级网络在网络的虚拟空间开辟了新的宣传阵地，在传统宣传形式的基础上增强了多媒体技术的运用，注意结合多种信息输出形式，调动团员的视觉、听觉感官，达到了生动、直观的宣传效果；同时，结合共青团工作的特色和现有校园文化的成果，运用网络博客的技术功能，结合具体学院、专业的特点，通过开展网上征文、博客设计大赛、Flash动漫大赛、摄影评比大赛等科技文化活动，创建了一大批特色鲜明的网络团支部阵地，形成了为团员青年喜闻乐见、互动性强的网络精品文化。

2.通过创建团组织三级网络实现校园网络影响全体青年大学生的目标，不断提高高校团组织成长服务功能

团组织三级网络的创建使许多以往受限于物理空间的服务活动现在都可以实现"全员参与"，真正落实了"使团的各项工作和活动影响全体青年"。在此基础上不断提高高校团组织成长服务功能。

(1)以打造素质拓展平台为主线，构筑成才就业新途径，增强共青团组织服务青年大学生的职能

网络博客在建设内容上注重集德育、智育、体育于一体，鼓励团员学生把素质拓展的成果放到博客上与大家分享，并通过博客大赛，年度评优等多种激励机制保障了团员的参与积极性，同时也激发了团支部的创造力，营造了和谐友爱的文化氛围。

同时，博客的全天候运行，不受地域、时间限制的优势，方便了各级团组织随时随地地开展工作。以往大学生寒暑假常常是团组织工作的盲点，同学们返家留校，无人组织开展活动，交流困难。有了团组织三级网络后，团组织彻底解决

了工作阵地缺位的问题，同时还填补了团组织对毕业生的覆盖盲点，激发了团组织的长效性。大学生在毕业之后，进入工作单位之前，会有一段时间的空白。这段时间，对于团组织来说是一个工作盲点。由于就业环境的严峻，不少大学生在毕业后无法迅速实现就业，从而成为"漂一族"。这部分大学生亟待团组织提供思想引领、就业指导等服务。博客团支部建成之后，团组织可以在网上建立内容丰富的服务资讯栏目，通过搜集就业信息、整合校友资源、提供网上就业辅导、发布就业创业和投资信息等方式，对未充分就业的大学生进行团组织关怀，帮助团员青年解决就业困难，实现"毕业不分家，人在阵地在"的目的。博客团支部是一个长期存在的、服务功能强大的信息资源平台，凝聚广大校友，这将为团组织服务大学毕业生、未来整合校友资源埋下了管线。

（2）以网络化管理为手段，创建合法维权新载体，增强共青团组织维护青年大学生合法权益的职能

在高校共青团传统工作模式中，团员对于团组织而言，更多时候是处于被动的接收信息的地位，同时团组织也没有太多的途径获取更多来自团员的信息输入，团组织的工作难免陷入无的放矢的状态。团员没有合理反映问题的渠道和合法维权的平台，长此以往容易滋生不稳定因素，团员的合法权益受到损害也没法得到及时维护。团组织三级网络的创建，为团员合理反映问题及合法维权提供了平台，对高校团组织工作也起到了有效的舆论监督作用，有利于把不稳定因素消灭在萌芽阶段。借助这个平台，利用校内法律资源，为团员学生开展普法教育、法律咨询、就业合同签订等特色服务版块，进一步增强共青团维护青年大学生合法权益的职能。

第三节 新媒体背景下创新高校校园文化建设的原则与对策

高校校园文化是高校在长期的办学实践和发展过程中逐步创造、不断积淀而形成的具有自身特色的一种特殊类型的社会文化形态，它是高校办学思想、育人理念、理想追求、教学实践、管理机制、行为规范的总和，是高校发展进步的精神基石、动力源泉和核心竞争力。新媒体的广泛应用和普及对高校校园文化建设产生了新的影响，赋予了高校校园文化新的内涵、特征和发展趋势，通过新媒体传播大量互联网信息等正在逐渐影响着师生们的学习和生活，对高校校园文化的建设既带来了新的机遇也迎来了新的挑战，研究和加强新媒体背景下高校校园文化建设意义深远、势在必行。

一、新媒体背景下创新高校校园文化建设的原则

新媒体发展步伐的不断加快加强，对新媒体背景下高校校园文化建设是绝不容忽视的重大问题。新媒体确实给师生们带来了很多方便，改变了传统的教学模式，提高了学习和交往的效率，但是也带来了很多负面的影响，如果我们不能很好地引导和规范新媒体技术的应用，不仅影响青年大学生的健康成长，而且还关系到我国高等教育事业的科学发展。移动互联网和媒介融合时代，繁荣发展高校校园文化需要牢牢把握以下几项原则。

（一）坚持传承和发展相统一

高校校园文化是高校在长期办学实践的过程中，经过历史积淀而逐步形成的一种特殊的社会文化形态，这种积淀的过程既是传承的过程，也是发展的过程。新媒体的快速发展和普及应用，开辟了高校校园文化建设的新领域。一方面，高校作为创造知识、培育人才的重要摇篮，是传承优秀传统文化的重要平台。高校校园主体可以结合各自学科的不同理念、专业特点、办学特色和历史传统等，运用新媒体手段积极传播中华文化的历史价值、优良传统和知识体系，充分展现高校校园文化的独特魅力和发挥其引领社会风尚的功能。另一方面，新媒体的出现使发展高校校园文化比任何时候都显得更为重要和迫切。高校应按照高校校园文化的独特价值和发展规律，充分发挥高校师生的思想文化创造活力，广泛运用新媒体打造更多的校园文化精品，推动高校校园文化在传承中创新、在创新中发展，使高校校园文化成为我国社会主义文化"百花园"中的一朵艳丽奇葩。

（二）坚持开放与融合相统一

高校校园文化是一种依托于社会文化又区别于社会文化和其他亚文化的相对独立的文化体系，它随着社会文化的发展而变化。媒介融合的加速，新媒体的应用普及，促使高校对外联系互动的渠道、方式和形式变得日渐丰富且推陈出新，随着对外开放的广度愈广和深度愈深，变得越来越便捷、快速而富有效率，构筑出一种全新的文化交流和传播方式，赋予了高校校园文化建设新的内涵和发展方向。高校校园文化与社会文化之间的融合程度、趋同性、互动性日臻明显。例如，高校学者在其微博上发布其对某个社会问题或事件的看法和意见，可以在瞬间把信息传达到其"粉丝"和其他用户手中，广播、电视、报纸等传统媒体纷纷跟进，就会在现实生活和网络社会之间掀起对这一问题或事件的轩然大波，进而影响社会管理和政府决策。因此，在移动互联网和媒介融合时代，高校校园文化建设应该坚持开放性和融合性相统一，努力借助新媒体的强大力量，积极吸取和借鉴一切社会优秀文明成果，古为今用、洋为中用，让高校校园文化绽放绚丽光彩。此

外，新媒体对经济社会发展和人们生产生活的影响已经远远超越了纯技术或某一学科的研究范式，必然要求对人才培养和科学研究的理念与模式进行调整，这是社会生活网络化、信息化在高等教育领域中的新确证和新影响。高校应适时调整学科设置和专业结构，敢于打破学科间的壁垒，更加注重不同学科之间的融合与渗透，增设新媒体应用、管理和对经济社会发展影响方面的课程，积极搭建产学研一体化、跨学科融合研究等各类平台。

（三）坚持多元化与主导性相统一

高校校园文化对青年大学生的成长成才具有潜移默化的熏陶作用，对于社会主义文化发展进步及社会风尚具有明显的导向和引领作用。在移动互联网和媒介融合时代，高校师生不仅可以随时随地利用各种终端在网络上发微博、玩微信、聊QQ，参与各种讨论，进行信息交流，甚至在网络上开展各种商业活动，铸就了一种全新网络社会文化。这种文化作为高校校园文化的重要组成部分，致使高校校园文化更加多元化：一方面来自于高校不同学科、专业和办学理念的差异和历史传统的不同，形成形态各异、种类万千的文化风格和品位；另一方面也来源于媒介融合造就网络文化的多样性。尽管高校校园文化具有多元化的特征，但是，我国高等教育的性质、根本任务和社会主义办学方向，决定了高校校园文化建设必须坚持主导性，即必须坚持马克思主义指导思想在高校校园文化建设中的主导地位，用社会主义核心价值体系引领高校校园文化繁荣发展，善于占领网络信息传播和网络舆论的制高点，毫不动摇地坚持用社会主义荣辱观引领网络舆情，引导青年大学生知荣耻、明是非、识美丑、辨善恶，积极营造文明和谐、健康向上的高校校园文化环境，使网络成为宣传党的主张、弘扬社会正气、创造先进文化的重要阵地。因此，坚持多元化与主导性相统一，是新媒体背景下高校校园文化建设必不可少的一个重要原则。

三、新媒体背景下创新高校校园文化建设的对策

随着媒介技术、媒介业务的融合程度不断加深，新媒体获得迅猛发展，这对校园文化产生了巨大的影响。为了更好地营造积极向上的校园文化氛围，在坚持"三统一"的原则上打破传统思维，根据新媒体发展的规律和校园文化建设的特点寻找新的对策。

（一）完善新媒体应用管理制度，营造积极向上校园文化环境

首先，新媒体在大学校园的广泛应用是社会进步的体现，是高等学校发展的需要，但是新媒体带来的各种思想广泛传播对健康校园文化的塑造带来了很大的冲击，这需要我们在思想上重视新媒体这把"双刃剑"，使之在校园中更好的服务

我们的学习和生活，另外也需要我们警惕新媒体带来的负面思想冲击校园健康生活，要加强对新媒体应用管理制度的完善，使风险得到有效管控，积极营造高雅和谐的校园文化。其次，需要对信息源头进行监管，筛选、过滤健康的思想，阻止、隔离落后文化，同时建立师生互动的公共平台，并且做到身份公开、信息交流真实，及时发现和过滤各种不良的信息，建立起校园网络文化的安全"防火墙"，必要时候运用技术、行政和法律手段及时制止。最后，学校层面要加强对新媒体管理人员进行教育培养，完善新媒体管理人员的选拔、管理和考核制度，使之成为一名校园文化主流思想的传播者，同时相应新媒体平台例如校园新闻网站、官方微博、官方微信等需要在相关老师指导下开展工作，规范他们的日常管理制度，把好新闻报道的出口关，提高他们对事情的认知能力，减少负面思想的传播，保证整个校园文化积极向上。

（二）加强媒介素养教育，增强文化自信

媒介素养教育就是指导公众正确理解、建设性地享用大众传媒资源的教育。为了更好地运用新媒体技术，使之成为我们学习和生活的好帮手，必须要加强师生的媒介素养教育，也就是增强师生对网络媒介的认知能力、对网络信息的解读和评估能力、创造和传播能力、利用网络媒介信息发展和完善自我的能力，只有增强了媒介素养教育，才能保证校园主流文化得到发展，保证青少年学生的身心不受不良信息影响，保证学校的各项教学工作沿着社会主义方向进行。在提高师生的媒介素养教育中必须坚持"引进来"和"走出去"相结合战略。"引进来"即引进一些新媒体教育的专家和学者通过学术论坛、交流会、报告会等各种形式教会学生如何提高自己对信息的辨别能力，如何抵制不良思想的影响，做到更好地运用新媒体技术服务我们的生活和学习；"走出去"即通过引导学生走出校园，走入社会，用心了解新媒体技术的发展对社会带来的利弊，只有坚持"引进来"和"走出去"战略，才能真正提高师生的媒介素养能力，才能帮助学生树立正确的"三观"，才能真正了解中华民族五千年的灿烂文化，从而增强了对社会主义文化建设的自信心。

（三）传播社会主义核心价值观，维护社会的正能量

网络具有开放性、自由性和无边界性的特点，在给人们带来方便和快乐的同时，也为各种错误思潮的传播"插上了翅膀"，是一把锐利无比的双刃剑。面对世界范围思想文化交流、交融、交锋形势下价值观较量的新态势，面对思想意识多元、多样、多变的新特点，积极培育和践行社会主义核心价值观。社会主义核心价值观是社会主义核心价值体系的内核，体现社会主义核心价值体系的根本性质和基本特征，反映社会主义核心价值体系的丰富内涵和实践要求，是社会主义核

心价值体系的高度凝练和集中表达。习近平总书记多次做出重要论述、提出明确要求。所以新媒体背景下的校园文化建设一定要坚持社会主义核心价值观，维护社会正能量，教会学生懂得如何抵制负能量的传播，教会学生如何掌握中华文化的优秀成果，坚定共产主义的理想信念，保证整个社会正能量的传递。

新媒体时代的到来，各种网络信息充斥着整个校园文化，影响着社会主义建设者和接班人的教育，这不仅迫切需要高校尽快打造一支具有良好媒介素养和新媒体技能的校园文化建设者队伍，更需要校园文化建设者们能够进一步统一思想、形成合力，坚持"三统一"原则，完善校园文化管理制度，加强媒介素养教育，保证社会主义核心价值观成为高校文化建设的主流思想，只有这样，大学校园文化才会更好地迎合移动互联网和媒介融合时代，并呈现出勃勃生机，社会主义现代化的建设才能拥有可靠的保证。

第四节 新媒体背景下开展大学生马克思主义意识形态教育的依据与要求

一、新媒体时代开展大学生马克思主义意识形态教育的主要依据

（一）时代背景

在当前经济全球化、信息网络化不断深入发展和我国改革开放向纵深推进的背景下，我国社会进入了加速转型的新阶段，社会经济成分、组织形式、就业方式、利益关系和分配方式的多样化，人们思想活动的独立性、选择性、多变性和差异性日益增强。在这种复杂的时代背景下，我国大学生难以置身世外，正面临着全球化、网络化和社会转型等多种因素的挑战与冲击。在意识形态领域，各种意识形态涌向校园，涌向网络，冲撞涤荡，致使以新生代为主体的大学生群体中的马克思主义信仰危机、社会主义信念危机日益突出。意识形态领域产生的问题，就需要用意识形态的方式解决。因此，用开展马克思主义意识形态教育的方式解决高校大学生意识形态方面的问题，成了时代的呼声，更是应对时代变革的创举。

（二）本质规定

从理论的角度来看，意识形态性是思想政治教育的本质属性，意识形态功能是思想政治教育的主导功能。因此，开展马克思主义意识形态教育是思想政治教育的本质规定。脱离意识形态教育的思想政治教育，因为缺乏核心，注定会显得苍白无力；而脱离思想政治教育的意识形态教育，因为漫无边际，也注定难有作为。因此，将大学生思想政治教育与意识形态教育有机结合起来，在思想政治教育视域下着力开展马克思主义意识形态教育，是马克思主义理论品质的应有之义，

也是在新媒体时代推进大学生思想政治教育工作创新的有益探索。

（三）现实需要

在新媒体时代，当代大学生存在着信仰选择的非理性化、多元化和功利化，以及政治信仰迷茫和人生终极信仰缺乏等不容忽视的问题。大学生出现马克思主义信仰危机已经成为不折不扣的事实。要解决这种思想问题，也须用思想的办法解决，这无疑向我们提出了开展马克思主义意识形态教育尤其是进行马克思主义信仰教育的现实需要。

（四）育人要求

从实践的角度来看，开展马克思主义意识形态教育，是党赢得青年、赢得未来的需要。马克思主义政党只有赢得青年，才能赢得未来。而要赢得青年大学生，关键在于赢得他们的"心"！人心向背，是我们事业成败的关键所在。人心是什么？其实质是一个信仰问题。信仰问题，涉及党的指导思想、社会制度、干部队伍建设等诸多重大问题，事关人之思想灵魂，党之兴衰成败，因而，它绝不是无关紧要的，相反，它是具有提纲挈领意义的关键性问题。对一个民族而言，一个民族的年轻一代要是缺失了信仰，那就是这个民族的大不幸！缺失信仰，民族就会失去了凝聚力，就会变成一盘散沙，因而是一个难有作为、没有希望的民族；对个人而言，缺失信仰，这个人就像折断了精神的脊梁，失去不断进取的内在动力，因而是一个难以挺立起高贵头颅自信面对人生的人。同样，对大学生、大学生群体而言，信仰都是不可或缺的精神动力和精神支柱。因此，着眼于培养具有马克思主义信仰的社会主义合格建设者和可靠接班人，开展马克思主义意识形态教育理应成为当代大学生提高素质、坚定信仰的必修课。

二、新媒体时代开展大学生马克思主义意识形态教育的基本要求

新媒体时代，大学生不太喜欢高大上的纯理论课，而是更喜欢灵活的、接地气的精品美文等，那么，采取网上协同育人的教育模式，有针对性地开展马克思主义意识形态教育，不失为一个有效的策略。不管采取任何教育策略或方式，在教育过程中，都必须坚定不移地坚持马克思主义在大学生意识形态教育中的主导地位，必须坚定不移地坚持三个基本价值取向，这是马克思主义意识形态教育的基本要求。

（一）坚持马克思主义在大学生意识形态教育中的主导地位

在新媒体时代，互联网上信息的海量性、思想的多元化和选择的多样化，极容易冲击马克思主义在意识形态中的主导地位。因此，在新媒体时代，坚持和巩固马克思主义在意识形态领域中的主导地位显得十分重要和紧迫。对我们教育者

而言，坚持马克思主义在意识形态中的主导地位，首先体现在坚持马克思主义在大学生意识形态教育中的主导地位，也就是说，把以马克思主义为主导的大学生意识形态教育，聚焦到马克思主义意识形态教育上来，通过马克思主义意识形态教育引导大学生树立坚定的马克思主义信仰和社会主义信念，引导大学生相信人民群众的力量和信任共产党的领导。这显然是由我国的社会主义国家属性和社会主义大学培养人才的根本任务所决定的，同时也是应对新媒体时代互联网对主流意识形态冲击与挑战的策略选择，更是马克思主义自身本质的内在要求。从马克思主义本身来看，我们坚持马克思主义在大学生意识形态教育中的主体地位，主要基于以下三个方面的原因。

1.马克思主义是颠扑不破的真理

我们选择马克思主义，最根本的原因就在于它是关于人类历史发展规律的伟大真理，是指导人们认识世界和改造世界的强大思想武器。马克思主义已诞生多年。历史的积累，知识的积累，实践经验的积累，使我们可以站到一个从未达到过的高度，比较容易看清历史洪流的走向，因此，我们完全可以看清马克思主义是真理还是谬论！我们考证马克思主义是否科学时，一定要结合中国的国情和现实来考证，但又不能把它局限在中国这个地盘上，而应该把它放到几千年人类文明史中，放到全球的视野中考证。这样得出的结论才能让人信服！关于人类历史发展规律的学说，在马克思主义诞生之前，就已经有了不少理论和主张，比如社会达尔文主义、空想社会主义等。马克思主义正是在吸收这些理论与学说的科学养分的基础上发展而来。站在宇宙观的高度对于社会发展和人类终极命运的思考和追索，是集人类文明成果之大成，这成就了它前所未有的宏观指导性。在它诞生以来的多年时间里，无论是什么性质的国家，无论是取得成功还是遭受失败的经验，都能从中印证和丰富马克思主义的科学性——唯物辩证法和唯物史观。尤其是在全球化、网络化的知识时代背景下，全球利益、全人类利益越来越联成一体，"只有解放全人类才能解放自己"，这句预言，正越来越成为一个逼近我们的事实。马克思主义作为迄今为止关于人类历史发展规律最科学最严整最有生命力的思想理论体系，它包括三大部分：一是马克思主义哲学，即辩证唯物主义和历史唯物主义；二是马克思主义政治经济学；三是科学社会主义，三者相辅相成。马克思主义哲学是共产党人的世界观；马克思主义关于通过社会主义走向共产主义的科学预见，是共产党人为之奋斗的最高社会理想。因此，我们从这个意义上可以说，科学社会主义是整个马克思主义的核心。我们选择马克思主义，信仰马克思主义，就是选择和信仰其整个理论体系，而不是工具性地抽取其中的个别论断或固守和照搬其个别结论。

2.马克思主义是崇高的科学信仰

马克思主义不仅仅是一种科学的世界观，更是一种无产阶级的价值观，是一种将科学的世界观方法论、彻底的唯物主义、无产阶级的党性原则、全心全意为人民服务的精神融为一体的崇高信仰。坚持科学与价值的统一，理想与现实的统一，理论与实践的统一，是它有灵有肉的精髓彰显；有真理、有正义、有精神、有人性关怀，这是它超凡脱俗的品质体现。符合客观规律，顺应人类良知，追求公平正义，这是它与众不同的信仰追求。正因如此，信仰马克思主义，能给人以睿智和坚毅、高尚和文明，使它的信仰者脱胎换骨，成为脱离了低级趣味的人，顶天立地的人。这正是我们开展马克思主义意识形态教育，引导大学生树立马克思主义信仰的根本目的所在。

3.马克思主义是社会主义中国的立党之本、强国之魂

马克思主义在中国传播，并在中国共产党的引领下实现与中国国情的结合，是我国最伟大的历史事件之一。中国人民历史性地选择了马克思主义，这有其内在的必然性。而马克思主义来到中国之后，就与中国人民的先锋队——中国共产党如影随形，难以割离。马克思主义从一开始就被确立为党的根本指导思想，它是缔造我们党的灵魂。我们党正是在它的指导下，战胜了一系列艰难险阻，不仅建立了新中国，建立了社会主义制度，实现了人民民主，而且在伟大的革命与建设实践中进一步发展了马克思主义，目前已经先后产生了两大马克思主义中国化理论成果——毛泽东思想、中国特色社会主义理论体系。这些中国化的马克思主义是马克思主义与中国具体国情紧密结合的产物，是我们的立党之本、强国之魂。我们开展马克思主义意识形态教育，正是为了更好地运用马克思主义尤其是马克思主义中国化最新理论成果武装我们的大学生，确保他们成为具有马克思主义信仰的社会主义建设者和接班人。

（二）新媒体背景下开展马克思主义意识形态教育的基本取向

马克思主义意识形态教育的内容十分广泛丰富，要全面涉及不太现实，也不容易出实效，因此，我们在开展马克思主义意识形态教育时，把意识形态教育放到大学生思想政治教育视域中，以问题为导向，针对当前大学生信仰危机等严峻现实和问题，把马克思主义意识形态教育集中聚焦到马克思主义信仰教育、社会主义信念教育、共产党信心教育之上，并作为马克思主义意识形态教育的核心加以实施，从而形成大学生马克思主义意识形态教育的三个基本取向。

1.坚持用中国化的马克思主义武装大学生头脑

用中国化的马克思主义武装广大学生的头脑，引导他们树立坚定的马克思主义信仰，这是马克思主义意识形态教育的首要任务。而马克思主义只有与具体国情相结合，才具有强大的生命力。因而，我们开展马克思主义意识形态教育，重

中之重是用马克思主义中国化的最新理论成果武装大学生的头脑，进而达到引导他们树立马克思主义信仰的目的。我们思想政治教育工作者应该能明确一个取向：开展马克思主义意识形态教育尤其是马克思主义信仰教育，首要的就是引导大学生树立对中国化马克思主义——毛泽东思想和中国特色社会主义理论体系的信仰。在理论政治的认识上站稳脚步，才不至于随时为某些现象或谣言而动摇自己的崇高信仰。通过开展马克思主义意识形态教育，用中国化的马克思主义武装大学生头脑，这既顺应了我国历史潮流，顺应了人民根本利益的需要，也是培养社会主义合格建设者和可靠接班人的必然选择。实践已经证明，树立了马克思主义崇高信仰的大学生，能够经受住包括互联网以及其他各类新媒体上的不当言论及诱惑的影响和冲击，成了互联网时代健康成才励志成才的示范者、成功者。

2.坚持引导大学生确立对社会主义必胜的信念

引导大学生树立社会主义信念，是马克思主义意识形态教育的目的之一，也是马克思主义信仰教育的一个指针。用马克思主义武装大学生的目的不仅是为了让大学生用这一思想武器认识世界，更重要的是用它改造世界——建设社会主义现代化强国。马克思主义的核心是科学社会主义，因此，开展马克思主义意识形态教育，就必然要落实到引导大学生相信社会主义一定能战胜资本主义，即有社会主义必胜的信念。相信社会主义，是信仰，也是信念。然而，我们对什么是社会主义、怎么建设社会主义曾经有过非常剧烈的学术争论，而在实践中我们也走过不少弯路。无论是学术上还是实践上，对什么是社会主义、怎么建设社会主义的理论与实践探索仍将继续不断进行着，这才是马克思主义与时俱进的理论品质的体现和要求。从中国特色社会主义具体实践中，能够把中国特色社会主义基本特征概括为七个方面：一是以维护人民根本利益为宗旨的人民性。这是社会主义应该彰显的基本价值品性。二是以解放和发展生产力为核心的发展性。这是社会主义应该彰显的基本经济品性。三是以实现社会公平正义为目标的公正性。这是社会主义应该彰显的基本社会品性。四是以促进社会和谐发展为基础的兼容性。这是社会主义应该彰显的基本文化品性。五是以保障人民当家做主为主题的民主性。这是社会主义应该彰显的基本政治品性。六是以坚持民族独立发展和促进民族共同繁荣为取向的民族性。这是社会主义应该彰显的基本国家品性。七是以破除垄断和促进公平与良性发展为追求的竞争性。这是社会主义应该彰显的基本动力品性。总之，思想政治教育工作者应深刻地研究和正确地把握社会主义的本质及其本质特征，从根本上解除大学生的疑惑，从而助力和引导他们确立对社会主义必胜的信念！高校从事马克思主义研究的学者、精英云集，具有深入开展社会主义理论研究得天独厚的优势，这无疑为我们开展马克思主义意识形态网上网下教育，引导大学生树立马克思主义信仰、坚定主义信念提供了很好的理论基础和得天独厚的条件。

3.坚持引导大学生相信人民群众的力量和信任中国共产党的领导

办好中国的事情，必须紧密依靠人民群众的力量和党的正确领导，两者缺一不可。因此，开展马克思主义意识形态教育的重要任务和取向便是教育和引导好当代大学生相信人民群众的力量和信任中国共产党的领导。人民群众是历史的创造者，这一最简单的历史唯物主义观点，当前在大学生群体中能发自内心相信的并不多见。大学毕业生如今多数都不愿到最底部的广大人民群众中去，不愿到农村到基层去建功立业了，千军万马挤考研、考公务员在中国早已经是司空见惯的现象了。同样，互联网的去中心化倾向和扁平化特点也无时不在削弱政府和党在网民中的权威形象和中心地位。要应对这些前进中的挑战，显然只有通过广大思想政治教育工作者主动担当，勇于开展包括网上网下协同的马克思主义意识形态教育在内的多种教育来解决。通过学习教育，让大学生从唯物主义的高度认识人民群众是历史的创造者的论断。通过学习教育，让大学生从历史的脉络中了解中国共产党领导地位的确立，是人民的选择，也是历史的选择。新中国成立以来，中国共产党带领人民，以一往无前的进取精神和波澜壮阔的创新实践，不断探索和回答什么是社会主义、怎样建设社会主义，建设什么样的党、怎样建设党，实现什么样的发展、怎样发展等重大理论和实践问题，逐渐走出了一条富有中国特色的强国之路，谱写了中华民族自强不息、顽强奋进的新壮丽史诗。今天，一个面向现代化、面向世界、面向未来的社会主义中国巍然屹立在世界东方。梳理这条强国之路，回顾中国共产党执政兴国的历程，可以帮助广大学生重温中国人民、社会主义中国和中国共产党面貌发生历史性变化的点点滴滴，可以使他们更加自信地高举中国特色社会主义伟大旗帜，更加自觉地坚持中国特色社会主义道路和理论体系，更加发自内心地相信人民群众的力量和信任中国共产党的领导。总之，通过学习教育，让大学生们真正明白：在中国，如果没有中国共产党的坚强领导，全国就如同一盘散沙，对内难以实现自强和崛起，对外难以抵御外来势力掠夺与侵略。没有中国共产党，就没有新中国，更不可能有中国特色社会主义伟大事业的实现。我们要建设富强、民主、文明的社会主义现代化国家和实现中华民族伟大复兴的中国梦，必须紧密依靠人民群众的力量和党的正确领导，两者缺一不可。

第六章　新媒体背景下大学生思想政治教育的改进思路

第一节　提高教育者媒介素养教育

面对新形势下的新挑战，如何全面提升高校思想政治教育主客体的媒介素养，有效地利用新媒体技术开展教育工作，已成为新媒体时代高校思想政治教育工作研究的新课题。

一、新媒体时代提升媒介素养的紧迫性

新媒介素养主要指人们接触和理解新媒体的能力、参与和使用新媒体的能力、认知和批判新媒体的能力以及对新媒体的创造和传播能力，而为提高新媒介素养而进行的教育，则被称为新媒介素养教育。当代大学生在媒介接触消费、媒介认知理解、媒介应用制作等方面，虽然能够比较好地适应新媒体环境，但从其具体行为看，也存在对媒介的批判能力较弱、对媒介的使用不够深入，以及网络道德和法律意识比较薄弱等问题。因此，在新媒体时代，提升媒介素养势在必行，其紧迫性具体反映在两个方面。

（一）客观要求

1.提升媒介素养是新媒体时代高校思想政治教育的新主题

（1）媒介素养是高校思想政治教育主客体适应新媒体时代要求的必备素质

随着新媒体技术的长足发展，媒介形态发生了巨大变化，印刷媒介、电子媒介、网络媒介、互动媒介等形式在同一时空中"相遇"，以空前的速度介入和影响着受众和社会。从一般意义来说，新媒体已成为当今社会不可或缺的组成部分，它不但反映现实，另一方面也建构现实。媒介磁场提供给人们信息、娱乐，建构

着人们几乎所有的常识：关于美好与丑陋、真实与虚假、善良与罪恶，也建构着我们对于幸福与苦难、现实与历史的认识以及消费观念，甚至建构着我们对于国家、民族、阶级、社群的所有认识。传播媒介作为"人的延伸"，已成为现代公民生存、发展的重要"伙伴"。新媒体让我们生活在一个"拟态"的环境里面，公民既享受新媒体带来的视觉快乐和听觉盛宴，也需要面对诸多挑战。通过新媒体形式传递的媒介内容信息，已发挥出媒介的巨大威力。适量的信息能帮助人了解社会、适应环境；但要是过量的信息则可能导致灾难性的后果，因为身处多种媒介包围之中的人们，面临着信息爆炸和信息匮乏的双重负面效应，既受到信息污染的侵蚀，又面临着信息侵略的困境。在这种情况下，高校思想政治教育主客体的媒介素养至关重要，唯有具备信息理性、拥有思辨力才能不彷徨、不迷失。因此，媒介素养是高校思想政治教育主客体整体素养的一个有机组成部分，是新媒体时代高校思想政治教育主客体的必备素质。但媒介素养不是天生就具备的，也需要后天习得。通过媒介素养教育培养认识和利用新媒体的能力和自觉理性，无论是对高校思想政治教育工作者，还是对正处于思维成型期的大学生，都是尤为紧迫和必要的。目前，媒介素养的培养已经引起各国越来越广泛的重视，并逐步加入学校的教育目标体系中，成为评价人才综合素质、构建现代公民综合素质的一项基本指标，理应成为高校思想政治教育的一项新主题。

（2）媒介素养教育是高校思想政治教育与时俱进的体现

近年来，现代生活的媒介文化环境及其相应的生活价值观发生了许多变化。以报刊书籍、广播电视这些传统的媒介为工具的主流文化群落逐渐向网络、手机这些强大的新媒体文化传播媒介平台过渡，使其扮演着新时代的文化主角。基于此，高校思想政治教育理念需要与时俱进，充分地考虑这样的社会文化现实，适应当前媒介环境变化，提高大学生在当前媒介环境中的信息使用、传播能力与水平，从现实状况出发实施媒介素养教育。开展媒介素养教育就是高校思想政治教育与时俱进的体现。当代数字网络媒介的一个显著特点是，它使人们之间的表达和交流摆脱了单纯语言文字的束缚，拆除了对受教育者经历的高标准要求，使人们仿佛回到原始社会的自然状态，以全部的本能和潜能进行多渠道的交流。便捷的多媒体技术和高速无边界的网络传播能力，使如今的大学生更愿意将自己的思想感情以图文并茂或活灵活现的动态视频形式在电子媒介中表现出来，如网文、短信、视频编辑、视频短片、创作等，并且主动而快乐地进行这种表达和交流，而最终从同伴或同学的积极反应中得到满足。媒介素养教育能够引导大学生正确理解、建设性地使用这些大众媒介资源，通过现代传媒的交互性和创新性展示个人才能空间，使受教育者在自然的感性愉悦的自由媒介活动中激发创造的冲动和才能，在互动对话和交流的活动方式中实现素质的全面提高。

另外，在新媒体环境下，随着信息传播速度更为迅速、传播形态更为多样、传播内容更为多元，特别是微博、推客等传播形态的兴起，使大学生对媒体的接触较其他受众群体更为密切，依赖也更为深刻。这就要求高校思想政治教育工作必须在内容、形式、方法、手段、机制等方面努力进行创新和改进。长期以来，人们的传统观念认为思想政治理论课只包括思想教育、政治教育、道德教育和法制教育，对是否应该增加新的教育内容考虑不多。这种观念与时代发展要求不相适应，不利于思想政治教育实效的增强。因此，教育者应该解放思想、与时俱进，适时增加媒介素养教育内容，使媒介素养教育在时间和空间上得到前所未有的延伸和拓展，以更好地适应新媒体时代对高校思想政治教育所提出的新要求。

（3）媒介素养教育是高校思想政治教育可持续发展的基础

高校大学生的素质需要不断发展，而学习则是素质不断发展的不竭源泉。未来的社会将是学习型的社会，在未来的社会中，信息全球化的发展使人们进行终身学习成为必要，也将使终身学习得以充分地实施。终身学习是通过一个不断的支持过程来发挥人们的潜能，激励并使人们有权利获得他们终身需要的全部知识价值与技能。与任何一种文化工具相同，以互联网为标志的当代大众媒介是现代信息社会中最为重要的"塑形力量"。作为生活在这种媒介环境中的当代大学生，应该如何主动地、积极地、理性地去学习、解读和利用媒介文化提高自身的综合素质，以迎接全球化社会变革带来的挑战呢？旨在提高人们媒介素养教育的措施变得必不可少，学会学习也自然成为一种全新的理念。知识的更新不断加快，如何使自己不被社会淘汰、"活到老学到老"已不再仅仅是句口号，管用一生的教育将向贯穿一生的教育发展。当代大学生作为拥有较高知识水平的一个群体，在走上社会之后，必须不断地充实自己，提高各方面的素质，使自己永远跟上时代的步伐，不被时代所淘汰。而大学生不断充实自己、提高自身综合素质的基础就是自身的媒介素养。媒介素养教育的开展，使大学生具备利用各种媒介技术和各类信息资源提高在新媒体时代媒介环境中学习的能力，这有利于人的素质的不断发展，是大学生素质可持续发展的基础，也推动着素质教育不断前进。

2.提升媒介素养是增强新媒体时代高校思想政治教育有效性的新举措

促进大学生全面发展，对促进人的全面发展、提高全民族素质具有重大意义。目前我国在校大学生包括本科生、专科生和研究生，是十分宝贵的人才资源，是民族的希望、祖国的未来，时代和现实都要求他们成为全面发展的人。中华民族的伟大复兴和中国特色社会主义事业的兴旺发达，迫切需要大学生健康成长、顺利成才，即需要大学生全面发展，成为有理想、有道德、有文化、有纪律的社会主义新人。现代大学教育是把促进和提升人的全面发展作为它在现代化过程中的基本目标和使命。现代大学应该给大学生一个全面的教育，让大学生全面发展。

全面发展，就是让每个学生"德、智、体、美"诸方面素质获得和谐发展，在人的基本素质中，思想道德素质是最重要的素质，学校要教学生学知识、学科学，更要教学生做人，做品德高尚、身心健康的人。《关于进一步加强和改进大学生思想政治教育的意见》中明确了加强和改进大学生思想政治教育工作的指导思想、基本原则和主要任务，强调要树立学校教育以育人为本、德智体美以德育为先的思想观念，把大学生思想政治教育放在学校各项工作的首位。当代大学生思想政治状况的主流总体上是积极、健康、向上的，但同时我们也要看到，在对外开放和发展市场经济的条件下，大学生成长环境更加复杂，一些大学生存在着政治信仰迷茫、价值取向扭曲、社会责任感缺乏等问题，需要具体的人生指导和精神引领，大学生思想政治教育亟须进一步加强和改进。当前，新媒体技术的发展和普及，给大学生的生活、学习和思维方式带来了深刻影响。特别是迅速兴起的互联网、手机等传播交流方式，具有信息传播分散点多、交互性强、流量大、管理复杂等新特点，给大学生学习、交往和娱乐开辟了新的手段和途径。这些媒介对大学生产生的影响从总体上看是积极的、进步的、有利的，但是我们应该看到，这些新兴电子媒介对大学生思想、行为的负面影响也不小。缺乏媒介认识与把握能力的大学生若长期接触消极价值观念的媒介信息，他们的精神家园便会被潜移默化地侵蚀，不利于他们形成正确的世界观、人生观和价值观，不利于提高他们的思想道德和政治素质。因此，在经济全球化、信息网络化的今天，把媒介素养教育纳入大学生思想政治教育的课题，是促进大学生全面发展、健康成长的必然之举。提升媒介素养应成为高校思想政治教育中不可或缺的内容，是增强新媒体时代高校思想政治教育有效性的一项新举措。从根本上说，媒介素养教育就是使受教育者在媒介笼罩的社会里有更加健全、更加完善的素质教育。这种素质教育在高校的实施，能够塑造健全的人、完善的人，促进和提升人的全面发展。在大学推广媒介素养教育，可以使大学生发现信息对自己或对社会的意义，从容地面对汹涌而来的信息，有效地处理信息，解读媒介信息背后深层的含义，批判性地看待大众媒体，有效地抵制各类信息的负面影响，从信息中获得真正的益处，帮助和促进自己健康、全面地发展。通过媒介素养教育可以使大学生穿透媒体所建构的迷障，成长为具有时代忧患意识、高度的政治敏锐性和社会责任感的未来社会建设的中坚力量。

3.提升媒介素养是高校思想政治教育为教育改革与发展服务的新要求

中国高等教育面临着两个巨大的变化：其一是高等教育由精英教育转向大众教育，其二是培养创造性人才、建设一流大学。通过高等教育的改革，一方面要在规模和培养能力上急剧地扩张，另一方面要满足社会对优秀人才、创造性人才的需要。高等教育的大众化要求大学规模和培养能力急剧地扩张，促使高校要主动地适应这种变革，推进教育信息化的建设，构建现代网络远程教育体系，形成全民学习、终身学习的学习型社会，从而扩大教育规模，实现终身教育。为此要求学生在基于网络的学习中，能够有效地处理所传输的各种信息，防范和克服网络传播的不良内容，并能通过网络制作和发布信息，使学习走向开放性。媒介素养教育应成为大学生利用大众传播资源学习的不可或缺的内容。高等教育的大众化使大学校园里的非精英型的学子增多，他们原本独立思考、明辨是非的素质较差，正确理解、建设性地享用大众传播资源的能力先天不足，需要接受媒介素养教育，培养和提高媒介认识与把握能力，满足自己的学习需要。把媒介素养教育纳入当代的高等教育，是高等教育信息化的必然要求，要求高等教育满足社会对优秀人才、创造性人才的需要，是当前我国实施素质教育的目标所在。素质教育是以人为核心，以促进人的发展为基本价值取向的教育。实施素质教育，就是要以坚持"教育要面向现代化、面向世界、面向未来"的思想为指导，全面贯彻党和国家的教育方针，加强和改进高校的思想政治教育，以提高国民素质和民族创新能力为宗旨，着重培养学生的创新精神和实践能力，培养新媒体时代所需要的高素质的创新人才。在高校推广媒介素养教育，把媒介素养教育纳入素质教育，不仅是高校思想政治教育的教育改革和发展服务的重要体现，也是高等教育改革与发展的迫切要求。从根本上说，媒介素养教育就是使受教育者在媒介社会里得到更健全、更完善的素质教育。这种素质教育在高校的实施，使学生的思维更为活跃、更为深刻，弥补了大学教育过早的专门化和过分的职业化带来的种种缺陷和弊端，使学生的综合素质得到进一步提高。同时，通过媒介素养教育，使大学精英群体的示范影响所及超越校园，进一步发扬光大中国大学文化所蕴含的人文、科学、创新等精神，在整个民族文化建设中发挥引领、示范、辐射的作用，丰富和提升社会主义先进文化的内涵和品质，进而提升国家文化软实力。因此，加强高校思想政治教育主体的媒介素养教育，是高等教育改革与发展的需要，也是培养新媒体时代高素质人才的必然要求。

（二）内在需要

1.加强媒介素养教育是克服新媒体负面影响的需要

新媒体像一把双刃剑，它在发挥巨大作用的同时，其各种负面效应也逐渐凸显出来。

（1）新媒体的"容器人"效应

由于声画并茂的传播优势，新媒体对许多人产生了不可抗拒的吸引力，一些大学生往往把自己封闭在媒介的"自我"之中，成为所谓的"容器人"。他们的思想、感情沉浸于传媒内容之中，耗费了大量时间，对未来漠不关心，视野狭窄，极端自我内化。

（2）造成文化的"快餐化"和智能的降低

新媒体传播形式的通俗化、游戏化让一些原本庄严、崇高的人文精神大大弱化，加上新媒体传播的直接性和快捷性，不可避免地对人们的理性思维能力产生一种抑制和弱化作用，使人的智能降低，思维简单化、平面化，缺乏深刻的内涵和底蕴，容易形成一种庸人哲学的泛滥。

（3）消极价值观念侵蚀精神家园

在感性发展上，一些大学生信赖新媒介，他们往往视媒介为权威。一些消极价值观念渗透在许多大众媒介作品中，潜移默化地侵蚀着大学生脆弱的精神家园。一些广告的消极示范效应扭曲了人们的心理常态，导致"炫耀性消费"等畸形社会行为的出现。新媒介凭借其特有的"欲望的模仿"机制重塑社会消费行为，引导社会时尚。而社会消费又制约和影响着大学生的个人消费，导致出现高消费、互相攀比乃至超前消费等倾向，从而带来一系列社会问题。

（4）对受众生理健康的影响

强烈光电、噪声对视听感官的刺激和电磁污染会诱发多种疾病，目前被认定与新媒体有关的病症有50多种——多动、痉挛、头痛、睡眠障碍、厌食、孤独症、胃肠道功能紊乱、近视或散光以及皮肤斑疹等。长时间沉湎网络中的大学生往往会出现听力和视力降低、体能下降、缺乏求知欲和耐心等问题。

上述种种负面影响是客观存在的，它说明新媒体的环境是由传者和受者共同营造的，良好的媒介环境与受众的态度和行为密不可分。加强媒介素养教育，提升媒介素养，是当代大学生的内在需要。通过开展媒介素养教育，培养受众的良好审美观念，可以使大学生掌握基本、必要的媒介知识，学会合理获取、利用信息和传播信息，进而学会辨识信息、评价媒体，对媒体信息进行有效"解毒"与"解读"，同时建立一定的心理防范意识和抵制能力，最终成为具有较高媒介素养的人。

2.加强媒介素养教育是有效适应新媒体时代多元文化的需要

全球化时代，各国的联系日益密切，国际的交流日益频繁，文化与文化之间的碰撞与融合，也日益成为全世界人民关注的问题。文化的多元化是当今世界文化的基本与主要特征，它的出现，已经对当今世界的经济、政治与社会生活产生了重大影响，并影响着未来社会的发展。我国著名学者季羡林先生曾对不同民族文化之间的交流及其作用给予了积极评价："文化一旦产生，其交流就是必然的，没有文化的交流，就没有文化的发展。事实上，文化交流是推动人类社会前进的重要动力之一。"然而，文化多元化的出现，既推动了不同文化的相互交融，也带来了彼此的激荡与冲突。全球各国文化通过各种渠道引入、输出，最便捷的就是利用媒介发布信息。比如各种各样的电影、电视以及跨国公司打出的广告,都把当地的人们引入一个文化多元化的世界。信息、技术的发展在为信息的全球化流通创造了一个世界性空间的同时,也对各民族维护传统文化、保持多元的文化品位和价值体系提出了挑战。多元文化一方面为大学生了解世界、增长知识、开阔视野提供了更加便利的条件,另一方面也侵蚀着大学生的思想意识、道德观念和价值观念等的建构。媒介素养教育的实施是掌握并传播优秀中国文化的有力武器。同时,每个人在与媒介或是与他人的交往中要充分利用信息技术培养跨文化意识。在掌握媒介运行机制的基础上保护本国文化疆土,充分吸取对民族文化发展的积极成分,将中国优秀民族文化发扬光大。唯其如此,才能在保持传统文化的繁荣与发展的同时开阔眼界,真正实现多元文化的融合。因此,媒介素养教育是当代大学生适应新媒体时代多元文化的内在需要,也是在未来社会中站稳脚跟、不断进步的必然要求。只有具备一定的媒介素养,才能对无所不在的媒介信息产生主体意志和独立思考,从而提高社会参与意识、责任意识,完成思想意识的建构。

3.加强媒介素养教育也是新媒体时代高校思想政治教育主体的自身需要

在高校思想政治教育过程中,思想政治教育工作者即思想政治教育主体是发动者、组织者和实施者,对思想政治教育活动的开展起着基础性作用。思想政治教育主体的内在媒介素养的高低,很大程度上决定了思想政治教育效果的好坏。在传统的大众传媒体系下,信息传播具有单向性的特点,思想政治教育主体在信息占有上具有绝对的优势,牢牢把握了话语权,体现了较强的权威性。教育者可以按照教学大纲和预先设计好的教案对学生实行既定的思想灌输,而不会遭到学生的反感和质疑。但随着新媒体的迅速发展,高校思想政治教育客体在信息占有上拥有了与思想政治教育主体平等的地位,甚至对新兴媒体的利用能力要高于教育者,并逐渐在网络中形成了自己的群体语言。如果思想政治教育的教育主体不具有较高的媒介素养,不了解新媒体的属性,就无法对海量的信息进行正确的筛选和解读,不能通过信息看到其背后隐藏的意识形态渗透,高校思想政治教育的效果将大打折扣。在此意义上,加强高校思想政治教育主体的媒介素养教育,提高大学生思想政治教育实效,是高校思想政治教育工作者自身的内在需求。

二、新媒体时代高校思想政治教育主客体媒介素养的培养途径

面对新媒体时代高校媒介素养教育存在的问题,应从现实出发,采取可实施的对策措施,切实提高高校大学生和教育工作者的媒介素养。

(一)要引导大学生深刻认识加强媒介素养教育的重要性

在高校开展媒介素养教育,首先要引导大学生深刻认识加强媒介素养教育的

重要性，端正学习态度。在一定程度上，学习态度决定了学习效果。在端正学习态度的基础上，明确开展媒介素养教育具有现实意义。

1.有利于提升大学生的综合素质

大学生对媒介的认识，对媒介的选择与接触，对媒介内容的甄别与判断，对媒介的使用和运作，直接关乎大学生社会生活的质量，关乎他们价值观念的形成。因此，媒介素养必将成为大学生基本的生存能力和生活技能，成为大学生必备的基本素质。只有让大学生树立媒介素养教育终身制的理念，才能真正提高大学生的媒介素养，使他们利用媒介发展自我，提高自己的综合思维能力和创新能力，将自己培养成能够有效利用媒介，具有高度责任感及具备独立批判能力的高素质公民，尽快成为新时期社会发展所需要的复合型创新人才。

2.有利于发展大学生的创新能力

创新型国家的建设离不开高素质的创新型人才。21世纪是知识经济的时代，需要培养具有创造精神、创造能力的大学生，以适应社会发展的需要。学生时代是人的思维发展较活跃的时期，是人的品德、素质形成和发展的关键阶段。在大众媒介迅猛发展的当今社会，媒介素养教育对大学生的专业文化素养和创新能力的培养起到积极的作用。高校大学生接受媒介启蒙已经成为成长过程中的必需。在当今科学技术迅猛发展的信息社会，须具备较强的信息分析、加工、开发能力及接受相关学科的信息创新能力。大学生具备较高的媒介素养是开拓创新的前提，是适应社会信息化发展的需要以及实现终身教育的重要途径，有利于满足大学生健康成长的内在需要。

在新媒体时代，新知识、新事物的出现频率高且更新速度快，这就要求高校学生提高媒介认知能力，增强媒介分析能力，提升个人的文化素养，形成对负面媒介信息的抵制能力，让媒介成为服务学习、生活的工具。在媒介素养教育中，通过介绍媒介的基本知识和主要用途，使大学生了解媒介传播信息的作用；通过分析影响媒介生存发展的各种社会因素，让大学生学会判断媒介信息的多重意义；通过剖析媒介信息的制作过程及其传播技巧，使大学生认识媒介对受众的操控能力；通过引导大学生对媒介进行有选择的接触，培养其利用媒介的发展为自我服务的能力。

（二）要构建完备科学的媒介素养教育工作机制

1.相关教育部门应重视培养高校大学生的媒介素养教育工作

我国的相关教育部门应高度重视高校大学生媒介素养的培养，设立相应的媒介教育机构，要致力于提高我国整体国民的媒介素养，普及媒介素养理论知识的认知度，订制适合高校大学生媒介素养教育的实施计划和纲要。加大媒介素养教育的投入资金、加强设备建设,增加师资力量并提高师资水平。将高校的校园网络管理规范化、制度化,以确保校园网络的安全稳定。积极地组织各专家、学者关于媒介素养教育的深入化研究,增强与相关学科的交流。充分发挥媒体的教育和文化诱导作用。总之,相关的教育管理部门要利用一切可用资源为媒介素养教育的普及服务,积极采用各种措施,努力引导媒介传授知识和文化领域的积极向上的作用,抵制不良资讯信息。

2.要加强各学科之间的合作

高校作为教育科研和实践的重要场所,在媒介素养教育的实施过程中,占有举足轻重的地位。从我国高校的现状来看,媒介素养教育的研究和实践主要是由新闻传播与教育两大学科的专家学者组织开展的。要提高大学生的媒介素养,不能只依靠新闻传播专业本身,要加强与教育学、社会学以及心理学等学科的交流与合作,进一步加强对媒介素养教育的研究,有计划、有步骤地开展媒介素养教育活动,借鉴已开设的素质课程教育的经验,创新教育模式,加强师资队伍的建设,为媒介素养教育的开展提供可借鉴的意见和建议。

3.要建立健全校内各部门之间的协调工作制度

高校应该把媒介素养教育当作一个"育人工程"来抓。建立由学校领导带头,由宣传部、教务处、学工处、团委等各部门组成的工作领导小组,统一安排、布置、协调工作,将媒介素养教育纳入思想政治教育的轨道。学校应下拨充足经费,配备专门人员,在人力、物力、财力上提供保障。工作人员在充分调研的基础上根据学生实际做好各项细节工作(如建立科学的媒介素养教育管理机制、设计媒介素养教育实施方案、建设媒介素养教育校内外基地、制定考评和操作办法等)。还应建立健全媒介素养教育保障机制,根据学校条件和本校大学生实际情况制定相应制度和评价体系,各院系要有具体的媒介素养教育计划,还应定期进行检查和评估,使大学生媒介素养教育正常化、规范化、制度化。

4.要建立健全学校、家庭、社会的媒介素养教育体系

大学生媒介素养教育是一项系统工程,必须有效整合社会各界的教育资源,全面建立健全教育机制,努力构建集学校、家庭、社会和大学生自身为一体的教育格局,让各个教育力量都发挥作用,构建全面、立体、丰富的工作网络,实施媒介素养教育。在各高校对学生进行媒介素养教育的同时,社会和家庭对大学生的媒介素养教育也起着至关重要的作用。社会直接影响着大学生的成长成才,全社会都有责任和义务为学生营造一个积极、健康、良好的媒介环境,对学生进行正面的引导和影响,养成乐观向上的生活作风和人生态度,建立健全他们的人格塑造。家长是孩子的启蒙老师,家庭对学生的媒介素养有着很大的影响。学校要关注学生媒介素养的培养和养成,勤与家长沟通,营造一个良好的媒介环境,促

进大学生的健康发展。同时，大学生也要自觉地增强媒介素养的养成，树立明确的目标，制订适合自己的媒介素养培养计划，确保自己拥有积极正确的媒介行为意识，掌握媒介的理论知识，加强对新闻媒体的认识和了解，增强自己的评判和鉴别能力。

（三）要创新媒介素养教育的载体平台

1.建立专业的培训机构和平台

依托专业的培训机构，制定有针对性的培训课程。我国大学，尤其是师范院校、教育技术学院（中心）的学科基础普遍较强，有专门的教育技术培训机构。因此，在我国高校媒介素养教育过程中，要充分发挥当地师范院校、教育技术学院（中心）机构设置完备的优势。在学习平台的构建上，一方面要依托当地师范院校、教育技术学院（中心）现有的媒介教育资源；另一方面要充分发挥现代远程教育技术发展的优势，在较大的空间范围内，将优势的媒介教育资源和网站中的媒介素养知识的普及栏目统筹使用，并根据大学生和教师的特点，搭建起基于互联网的长期、稳定、可及、开放性的媒介教育资源载体平台。

2.充分发挥网络优势，开设校内媒介素养分享平台

互联网具有多媒体的传播优势，由于有数字化的基础，文字、图片和声音之间可以进行相互转换，信息传播成本大大降低，互联网所传播的信息具有传递迅速、更新快、共享性好等特点，可以传递丰富的教育资源。因此，网络可以成为媒介素养教育的重要载体。国外在媒介素养教育方面，积极发挥网络优势，如建立媒介素养教育网站便于国民学习基本的媒介素养知识。目前，我国的许多高校也开始利用互联网传播媒介素养知识并已有部分高校创办了相关网站。因此，可以考虑在高校进行媒介素养教育的过程中，利用校内网络将与媒介素养相关的文字、图片、声音、视频等手段整合在一起形成多媒体的传播平台，汇总资源优势，并利用人才优势建立校内媒介素养网络分享平台，这样，既利于大学生和教师查阅学习使用，又能起到媒介素养传播的功效。

3.依托和运用好社团主题活动和系列主题讲座等载体平台

大学生媒介素养教育从目前国内高校开展媒介素养教育的现状来看，利用社团组织开展与媒介素养相关的主题活动，受到大学生们的普遍欢迎和广泛参与，诸如青年志愿者协会、校园记者团队、绿色环保协会等社团可以利用微博、QQ群、飞信等网络新媒体，进行宣传自己学校、推介自己社团活动等媒介行为；组织宣传公益事业和鼓励大学生参与公益行动等，大学生们可以通过社团的组织和活动充分利用这些网络新媒体，参与主题讨论，发表自己的观点。学校可以邀请社会上的媒介专家、学者、行业杰出者来校针对相关主题做专题讲座，围绕比较

热点的新闻事件，特别是针对由网络新媒体引起的社会热点事件为大学生介绍媒介知识，分析事件发展变化的原因，揭示网络新媒介的作用，提示大学生理性看待各种热点事件，合理、合法使用网络新媒介，使网络新媒体变成促进学习、了解时事、关心社会生活、发表个人理性意见的有效平台。通过这些专题讲座使大学生们能够在潜移默化中不断提高媒介素养，促进个人全面发展，丰富大学生媒介素养教育内容。随着网络等信息技术的不断发展将会衍生出更多种新形式的媒介，但无论传播形式如何演变，都不会改变传播活动的本质和目的，只要我们重视这些新的媒介，尽快研究出台对于这类网络新媒介的管理办法，重视和加强大学生群体的媒介素养教育，通过不断更新教育理念和教育方法提高他们的媒介素养，提高他们的法律意识，使他们能自觉抵制不良信息的影响，提升他们的综合素质，促进大学生的全面发展，为社会发展培养出更多优秀的综合型人才。

（四）要提高高校教育工作者的媒介素养

高校开展媒介素养教育，师资是其中的一个关键问题。随着新媒体的迅速发展和广泛应用，不少高校教师已不能很好地适应新的媒介环境，在新媒体使用方面的能力明显不足，出现了教师变学生、学生变老师的现象。同时，由于媒介素养教育涵盖的层面很广，不仅涉及传播学和教育学，而且与心理学、美学、语言学、社会学等学科互有交叉。从事媒介素养教育的教师不仅要有新闻传播专业知识，如有关媒介基本知识、传播媒介运作原理以及媒介产品制作方式等，而且也要有一定的教育学理论基础，了解教学规律和学生的心理，否则难以胜任教学任务。为此，教育主管部门和高校必须采取有力措施，提高高校教育工作者的媒介素养。

1.要加强媒介素养教育师资培训，让教师懂得如何教、教什么

为了在短时间内培养出大量的适应岗位需要的师资，建设一支质量过硬的师资队伍，有必要创新师资培养的方式。一方面，把相关教师选送出去，对他们集中采取在岗进修、培训的方式，并把这种培训作为现行教师专业发展中的一部分；另一方面，对他们每年都进行一次集中培训，纳入相关的考核标准中，并促使这种做法朝常态化、制度化方向发展，以便不断地更新教师的教学理念。同时，要采取一系列的措施，充分调动他们的积极性，激励他们的探索精神，通过摸索，不断地积累经验，从而提高整体高校师资的媒介素养水平。

2.要有针对性地构建高校教师媒介素养教育的内容体系

高校教师的媒介素养教育要针对教师的群体和职业特征展开，一方面，高校教师尤其是中青年教师，由于接受过长期、系统的学校教育，学历层次高，对现代信息技术的接触程度、关注程度和认可程度都较高，具有一定的媒介素养。另

一方面，高校教师在与学生的教学互动关系中，实际上处于一个"意见领袖"的地位，教师本身对媒介本质及其特点的认识、批判及其使用程度，即媒介素养程度的高低，对受其直接影响的大学生有极强的示范作用。因此，高校大学教师的媒介素养教育必须具有极强的针对性。一要提高大学教师的媒介意识和认知能力。前者指的是提高对媒介的性质、特点及其作用的关注程度和敏感程度。后者指的是培养大学教师对于媒介"环境监视、社会协调、社会遗产传承"等的正面功能，以及对媒介创造拟态现实等功能的认识，同时，意识到媒介素养教育对于教师专业发展的不可替代性。二要培养大学教师多层次的媒介素养能力。这包括三个层次：先是认识并掌握媒介的概念、种属、功能、使用规律等基础知识，尤其要掌握教师教学活动中经常使用的基础媒介工具，如PPT、多媒体制作等；然后是在使用媒介从事教学活动的过程中，在掌握媒介特点和规律的基础上，批判性认识媒介的作用；最后是强化媒介为我所用的意识，即强调人与媒介关系中的主动性和主导地位。三要正确辨析媒介素养教育的内容与教育技术教育的内容之间的关系。在教育中，需要强调的是要避免将高校教师媒介素养教育简单化理解为教育技术教育，应在教育技术教育的基础上，实现更高层次提升。

3.要提高高校思想政治教育工作者的媒介素养

新媒体时代，要大力加强高校学生思想政治教育工作队伍的建设，培养一支既懂思想政治教育又懂网络技术、具有良好网络媒介素养的思想政治教育工作者队伍。高校思想政治教育工作者必须与时俱进，深入了解网络社会大学生教育与传统教育的不同，尽快熟悉和掌握常用的网络技术，不断提升自身媒介素养。具体而言，教育工作者应该具备媒介基本理论，深入了解大众传媒内容的生产流程和传播特点，对媒介信息具有较强的判断和评估能力，并了解大学生的网络话语体系，掌握较丰富的网络信息和知识，具备较强网络交往能力。只有这样，高校思想政治教育工作者才能与大学生开展深入交流，在交流中进行有效引导，从而提高大学生思想政治教育工作的实效性。

第二节 新媒体背景下大学生思想政治教育理论课教学改革

思想政治理论课是大学生思想政治教育的主渠道，在大学生掌握中国特色社会主义理论的基本观点和科学体系，形成正确的世界观、人生观与价值观等方面发挥着重要的积极作用。

一、新媒体背景下思想政治课创新的重要性和必要性

（一）新媒体背景下思想政治课创新的重要性

思想政治理论课是高校宣传马克思主义理论、加强大学生思想政治教育的主阵地、主渠道。作为我国高校大学生的必修课，主要目的在于引导大学生树立正确的世界观、人生观、价值观，帮助大学生学会正确地认识问题、分析问题、解决问题。思想政治课具有与其他专业课程不同的教学特点和教学目的，其主要目的是改造人的思想，解决人的思想问题。因此，思想政治课的教学效果更要注重其实效性。然而，当前思想政治课教学还存在着一定问题，如方式单一、学生缺乏学习主动性、兴趣较低等，这些问题只有通过思想政治课教学模式的改革和创新——注重采用新手段、新方法，注重研究新情况、解决新问题，注重理论联系实际，才能将教学知识转化为现实需要，才能切实提升学生的思想道德素质和法律素质，实现教育理论由知识向能力的转化。

（二）新媒体背景下思想政治课创新的必要性

1.有助于改善课堂形式单一的教育模式

在教学中，学生是学习的主体和学校教育的客体，这要求思想政治课的课堂能够满足学习者的个性化需求，能够为在校生提供多种学习方案。为了提高思想政治课课堂的实效性，在新媒体背景下，高校教师有条件充分利用网络教学资源，为课堂教学提供充足的资源和资料支撑，从而使理论从"死板"走向"生动"，从"灌输"走向"互动"。可以说，思想政治课教学主体对思想政治课课堂形式的认识在很大程度上影响着思想政治课的教学效果，也影响着学生对思想政治理论的信仰和坚持。

2.有助于改变课堂知识的单向传递灌输

在新媒体背景下，思想政治课教师将不再是知识的传授者和管理者，而是学生发展的促进者和引导者，要努力营造宽松课堂的气氛，让学生的主体性得以弘扬。因此，在课堂设计上要充分考虑那些能激发学生学习主动性的可用资源，那些能够训练学生思维能力的资源，从而提高学生发现和解决问题的能力。要通过课堂的引导帮助学生独立学习和合作学习。

3.有助于延伸课堂教学的教室空间

在新媒体背景下课堂的学习从课堂延伸到网上。教师可以考虑将理解教学内容的案例、实践活动发布在网站上，真正做到课上课下学习的有机结合，让学生通过互联网与社会沟通、与世界沟通，扩大学生的接触面，积极探索将课堂设在互联网上的新途径。

良好的学习活动设计是提高适应性学习的重要手段之一，这使互联网环境下新生的适应性学习可以顺利开展，是针对新生入学教学设计的重要组成部分。互联网环境下的适应性学习活动设计，一方面需要符合高校学生的人才特点，符合在校学生校园学习生活的特点；另一方面也需要体现现代教育技术手段和互联网教学环境的特点，能够体现出"以学生为中心"的学生主体地位，又可以体现学校有关部门和教师对于入学教育的设计、主导作用。其中，一方面能满足高校青年人才教育和培养的需求，另一方面又能体现学生在互联网环境下的协作学习、互动学习、创新意识和创新精神等学习要求。通过结合上海师范大学互联网校园生活社区的使用、摸索和总结，适应性学习活动设计可以分为三个方面，即学习主体的自主活动设计、学习环境支持的教学活动设计以及组织活动设计。学习主体的自主活动设计能够充分体现出学习者在互联网教学环境下的主体地位；而学习环境支持的教学活动设计，则能够体现出教育管理者和教育传播者在互联网教学环境下的主导地位；学习个体在知识共享和团体协作中的地位，则可以通过组织活动设计来实现。通过以上不同性质的教学活动设计，从而提高学生在大学入学阶段的适应能力。

二、新媒体背景下思想政治课教学创新的方法和途径

（一）新媒体背景下思想政治课教学模式创新

互联网凭借其方便、快捷、新颖、多变的特点广泛受到大学生的青睐，网络的出现和发展更对思想政治课传统教学模式提出挑战。随着高等教育信息化的迅速发展，力争将网络与思想政治课教学相结合，探索网络教学试点，开发思想政治课在线课程，坚持课堂讲授与网络教学相结合、在线教学与课堂教学优势互补的教学模式已经成为思想政治课教学改革的发展趋势。

1.微课

"微课"是指教师在课堂内外教学过程中，围绕某个知识点或技能等单一教学任务进行教学的一种教学方式，具有目标明确、针对性强和教学时间短的特点。微课的核心组成内容是课堂教学视频，同时还包含与该教学主题相关的教学设计、素材课件、教学反思、练习测试及学生反馈、教师点评等辅助性教学资源，它们以一定的组织关系和呈现方式，共同"营造"了一个半结构化、主题式的资源单元应用"小环境"。因此，微课既有别于传统单一资源类型的教学课例、教学课件、教学设计、教学反思等教学资源，又是在其基础上继承和发展起来的一种新型教学资源。从形式上来看，微课具有短小精悍、课时较短等特点；从内容上来看，微课呈现的是主体教学单元，具有内容明确、主体突出、针对性强的特点。

另外，微课依托网络优势，突破了传统教学模式的弊端，使学生可以利用电脑、手机等不受时间、地点限制，随时随地上网学习，并且实现优质教育资源共享。

思想政治课教学也可以充分利用"微课"这种教学模式。首先，在微课教学中，微课制作水平和质量是一个重要问题。从目前来看，高校思政教师运用和使用互联网制作微课的质量和水平还很一般。所以，要在思想政治课中运用好"微课"教学模式，就必须不断提升授课教师的相关技术水平，从而提升思想政治课"微课"教学视频的质量和效果。其次，在掌握一定的网络技术的同时，还要善于根据教学内容进行微课创新设计。微课教学所选择的内容应当是具有针对性、代表性的知识点，并且教师还要密切联系当前国际国内时事热点，赋予课程内容现实意义。

2.翻转课堂

"翻转课堂"式教学模式是指学生在家完成知识的学习，而课堂变成了教师与学生之间和学生与学生之间互动的场所，包括答疑解惑、知识的运用等，从而达到更好的教育效果。互联网的普及和计算机技术在教育领域的应用，使"翻转课堂"式教学模式变得可行和现实。学生可以通过互联网使用优质的教育资源，不再单纯地依赖授课老师教授知识。这种课堂最大的特点和优势是改变了过去"填鸭式""灌输式"的传统教学模式，学生和老师的角色发生了变化，教师更多的责任是理解学生的问题和引导学生运用知识，把学生学习的积极性、主动性调动起来。

在新媒体背景下，思想政治课教学改革和创新也可以采用翻转课堂这种新型的教学模式。这种教学模式主要通过两个阶段来进行：第一，课前在线学习辅导。思想政治课教师运用互联网制作或查找各种主体突出、针对性强、短小精悍的教学视频提前上传到网络，这样学生可以利用电脑、手机等在课前提前学习、掌握相关教学知识。另外，学生观看了教学视频之后，是否理解了学习的内容，视频后面紧跟着的四到五个小问题，可以帮助学生及时进行检测，并对自己的学习情况做出判断。如果发现几个问题回答得不好，学生可以回过头来再看一遍，仔细思考哪些方面出了问题。学生对问题的回答情况，能够及时地通过云平台进行汇总处理，帮助教师了解学生的学习状况并进行在线辅导。第二，课堂交流互动。思想政治课教学不仅是向大学生宣传马克思主义理论、党的政策与方针等主流意识形态，更要注重学生对这些理论知识的"消化吸收"，而"吸收内化"主要是在课堂上通过互动来完成的。一方面，学生将课前学习中遇到的问题和困难带到课堂，与教师进行交流互动；另一方面，教师由于能够提前了解学生的学习困难，在课堂上就能够给予有效的辅导，并通过组织主题演讲、讨论、辩论，以及模拟场景等方式让学生亲自体验或者旁观思考，从而大大促进学生对知识的吸收、理解和运用，真正提高思想政治课教学质量和效果。

3.慕课

慕课教学即"大规模在线开放课程"，作为当前一种流行的教学模式，它集合了网络远程教育的优点，能多方面、多角度、多元化满足广大学生对不同教育的需求。这种新颖的教学模式融入了最新的教育理念，汇聚了大量优质教育资源，极大地改变了知识传播方式、教育方式与学习方式，最终将会带来高校教育管理体系与管理制度的变革。

"慕课"的实践，为思想政治课课堂教学流程设计提供了一种改革的可能，今后思想政治课教学改革应当积极吸收慕课教学的优势和特长。一方面，积极组织相关专家学者打造一批经典在线慕课课程。思想政治课"慕课"课程建设需要集中整体教师资源优势，研发、设计一批经典课程。这样，学生就可以非常方便的、不受时空限制的自主学习，并且其所掌握和享受的是优质的思想政治课教学资源。另一方面，结合我国大学生思想政治教育课程的实际情况，在课堂教学中吸收慕课教学的先进理念和方法。在课前，教师发布教学视频，学生可以通过电脑、手机等多种终端登录慕课平台进行前置学习，并与其他学习者和老师进行互动交流。其最大的好处就是让学生参与了教学活动，同时让教师有时间与学生交谈，增强了课堂的互动性。慕课教学为思想政治课教学创新带来了新的启发，今后如何借鉴和利用慕课教学模式也必将成为思想政治课教学改革的关键。

（二）新媒体背景下思想政治课教学创新的主要理念和思路

1.设计好、讲授好每一堂思想政治课

真正改变低头族，首要的问题还是提升课堂的魅力，而课堂的魅力就在于教师的魅力。要想打造一堂有魅力的好课，教师必须兼具人格魅力和学识魅力。而一堂好课对于政治课教师来说，要求会更高。努力把思想政治课建设成为学生真心喜爱、终身受益、毕生难忘的优秀课程是思想政治课教师的历史使命。那么具体来说，一堂好课应该是育人课堂、魅力课堂、精彩课堂和高效课堂的高度统一。

2.分析学生六大成长需求，开发学生成长需要的育人课堂

课堂是教师教书的课堂，更是学生求知提升的课堂，教师的爱教、善教、乐教是为了学生的爱学、善学、乐学，因此其一堂好课必须坚持以育人为本，其核心应"以学生为中心"，以学生为主体。教学内容设计要从学生的特点和需要出发，既尊重学生基础层次的基本需求——心理需求、情操需求和知识需求，更要着眼于学生的深层次的成长需求——能力需求、素质需求和发展需求。因此，一堂好课的基础是充分了解学生的学习情况、心理状态、能力现状和成长需求，教学才可以做到有的放矢。

用心解读学生"成长网络记录卡",在进行充分交流的基础上,运用数据分析和预测技术全面把握学生的六大需求:心理需求、情操需求、知识需求、能力需求、素质需求、发展需求。学校和教师了解了学生的想法和需求,就能够有针对性地开展课堂教学和日常教育,学生"低头"的一些问题就迎刃而解了。

除此之外,还要形成多方合力。首先,建立思想政治课教师、专业课教师"双导师制"和学生学长"导师制",学生一入学就有专门的老师和学长指导其学习和生活,可以培养学生养成良好的学习、生活习惯。其次,合理借用新媒体手段增加课堂的新元素(如图片、图表、图形、视频、动漫、动画)吸引学生注意力,同时改进授课方式,探索新的教学方法,多增加课堂互动环节,鼓励学生互助合作学习,建立帮扶合作创新小组,一方面小组成员可以互相提醒、互相监督,另一方面同学们还可以互助合作学习,在互相帮助中、合作中提高学生的学习能力和创新能力。最后,变革考核方式,严把"出口关",多增加随堂测验的环节,帮助学生养成连贯学习的习惯。

3.深度挖掘学生关注点,打造学生真心喜爱的魅力课堂

动机和效果之间不是简单的一一对应关系,不是教师说了"老师是为了你们好""这些将来对你们的发展非常有帮助",学生就能理解、就能克服懒惰心理聚精会神地听老师讲课。拥有要帮助学生健康成长的良好教学愿望、尊重学生成长需求的教学设计理念和课前充分的学情分析,只是开发一堂好课的第一步,紧接着更加重要的是如何设计内容和形式,吸引学生的身体和心灵都留在课堂上,让学生的眼、耳、口、心、脑、身都动起来,按照老师的节奏、跟上老师的设计,忘了是在上课、忘了看表下课,不自觉地被教师、教学、设计吸引,师生均进入忘我的境界。

魅力课堂的关键在于魅力教师,教师要爱岗敬业、潜心育人,能够在备师德、备学生、备学识、备教材、备教案五个方面下功夫。

(1) 备师德

教师自身的课前准备是方方面面的,包括理论修养、道德情操、教学艺术、职业形象等。这样才能用科学的理论武装学生,用自身良好的道德形象影响学生,用优良的思想作风带动学生,用高尚的人格力量感染学生,用渊博的专业知识引领学生,用高超的教学艺术打动学生,给学生以精神鼓舞、心灵震撼,提供更多的正能量。

(2) 备学生

这一环节是在分析学生成长需求的基础上,专门就学生的学习现状和学习需求进行分析,深度挖掘学生关注热点、疑点。

(3) 备学识

弘扬以改革创新为核心的时代精神。这是中国精神的重要内容之一，也是《思想道德修养与法律基础》课的重要使命。一堂好课的关键在于教师，只有教师是有思想的教师，学生才会成长为有思想的学生，教师本身应该是多重角色，既是育人者，同时也是学习者、反思者、创新者、开发者。教师要想把学生培养成具有创新能力的、德才兼备的"四有"人才，教师本身要具有很强的科研能力、创新能力，要能够不断拓展自己的知识领域和科研视野，做到以科研促教学，教研互动。

（4）备教材

备教材的关键是实现教材体系向教学体系的转化，在这个过程中有两个关键。一是深入地钻研教材，准确把握教材内容；二是依据教学大纲，让学生了解当前时政热点、所授内容学术研究现状以及方向，确定教学目的和重点难点，在此基础上探索更为适宜的教学方法。以《思想道德修养与法律基础》课为例，首先要对该课程有一个总体上的把握，本文所理解的是三个一+三个二+三个主题+五观教育。

（5）备教案

这一环节最为关键，要实现更高的转化，即教学体系向育人体系的转化，涉及"中国梦，我的梦"这一主题就是把教学体系转化为学生的知识体系、信仰体系的工作。也就是将教案转化成学案，把教师的教学目标转化成学生的学习目标，关心大学生生理心理特点、知识背景和经验，关注学生个别差异，通过设计课堂导入、师生互动、课堂活动、经典案例吸引学生进入课堂、参与课堂，激励学生树立科学的理想信念，坚定崇高信仰，将理论学习与社会生活实践结合到一起，在实践中架起通往理想彼岸的桥梁，在唱响中国梦主旋律的同时共享人生精彩。这一教案设计得非常成功，教学效果非常好。

4.创新教学设计，形成终身受益的高效课堂

常有这样的情况发生，教师讲的内容学生课上特别爱听，课堂极具魅力，但是一段时间之后，或者结课了、学生毕业了、参加工作了之后，学生逐渐认识到当初极具魅力的老师仅仅是个热闹的老师，课堂仅仅是个轻松快乐的课堂，只能娱一时而不能益一世。课堂要有吸引力，这样才能留住学生的身，而真正的好课不仅要留身，更要入眼、入耳、入脑、入心，还要能够引导学生在人生的漫长实践中自觉地实践课堂讲授的基本原理。一堂好课不仅仅是知识的传授、能力的提升、技术的培养，更加重要的是对人生的启发，能够针对大学生成长过程中面临的各种问题，帮助他们树立科学的世界观、人生观、价值观，引导大学生在以后几十年的人生实践中自觉养成、培育社会主义核心价值观，并在实践中转化成个人核心价值观，创造有价值的人生，成长为对社会有用的"四有"人才。

第三节　新媒体背景下大学生思想政治教育平台的开拓

以互联网为基础的新媒体实现了文化传播方式革命性的变化，成为继报纸、广播、电视之后又一新的具有划时代意义的媒介。大学生思想政治教育工作者要准确把握时代脉搏，不断开拓创新，积极利用新媒体平台助力大学生思想政治教育。

一、大力构建大学生思想政治教育主题网站

（一）主题网站建设设计原则

1. 一致性原则

访问网站的人们总是赞赏网站中各个页面之间的一致性，大学生思想政治教育主题网站的页面也应当如此，从而使访问者可以花较少的时间对网站迅速了解，知道在主题网站的什么地方能够找到他们需要的信息。一致性原则运用在大学生思想政治教育主题网站建设上，至少包括六个方面：一是色彩要保持一致性。二是结构要保持一致性。三是导航要保持一致性。四是背景要保持一致性。五是图片要保持一致性。作为网站结构的组成部分，要保持图片与内容的一致，形成连续性。不要添加与网站内容无关的图片和动画。六是特别元素要保持一致性。在网站的设计过程中，一些具有特点的元素如果重复出现，也会给访客留下很深的印象。

2. 实用性原则

贯彻实用性原则主要体现在两个方面：①要细分网站的栏目。栏目分类要根据用户实际需求划分，要合情合理，有可能的话尽量细分栏目。每个栏目建立一个文件夹来管理，这样有利于以后的维护。②导航设计要合理。导航就像是站点的指示牌，如果指示牌明确，受众就能快速找到自己想要的东西。在设计导航的时候需要注意以下两点：第一，导航最好是用文字；第二，每个内页都能很便捷地返回频道页和首页。

3. 时效性原则

大学生思想政治教育主题网站要想吸引流量就需要对网站的内容经常进行更新，以保持网站的信息内容具有新意。

这主要是因为大学生都具有喜新厌旧的特点，一个网站如果总是不更新是不会吸引网民经常访问的。特别是现代的信息瞬息万变，主页内容要及时更新，给人以新鲜感。主页更新后，也可以在页脚注明更新的日期，这对经常访问主题网

站主页的大学生非常有用。

4.特色性原则

具有特色是吸引人们经常访问大学生思想政治教育主题网站的一个重要原因。大学生思想政治教育主题网站的主题及内容一定要有特色，包括专业、地域、文化等特色，不能千篇一律，在对网站的外在形式进行美化和优化之外，更要坚持内容为王，要把优秀的内容作为网站建设的根本。这里说的内容不仅仅是文章、资讯等，也可以是其他方面的东西，比如特色栏目、优势内容、特色模块、特色服务等。

5.简洁性原则

对于浏览者来说，网站页面设计是否具有吸引力是浏览者留在本网站的一个重要因素。优秀设计师往往追求的是简洁、明了、大气的设计风格，在视觉设计上要注意浏览者长时间浏览仍不会产生疲劳感，同时也要对颜色的应用有一个好的设计。而且，坚持网站页面设计的简洁性，更利于突出主题网站的鲜明特色，提高网站浏览速度，从而达到提高网站黏性的目的。

（二）内容建设原则

大学生思想政治教育主题网站内容建设原则要受其目标和任务的影响。内容建设原则主要有以下几个方面。

1.坚持社会主义方向

就是对大学生进行思想政治教育时要坚持正确的三观教育，增强网民分辨是非的能力，使网民有一个坚定的政治立场。

2.注重教育的思想性

坚持本原则就是指在进行网站内容建设时要以正确的价值观念为依据，选择那些具有正能量的信息，保证主题网站充满健康的信息，进而促进大学生思想的发展和成熟。

3.坚持创新性与可读性、服务性、指导性、权威性相结合

这是指在进行主题网站内容建设时要注意内容具有亲切性与可读性，要既接地气，又着眼高远，要实现三个面向，即面向现代化、未来和世界。主题网站内容要具有创新性、可读性、服务性、指导性、权威性，既要保证内容的正确性，也要保证内容的吸引力，促进大学生对主题网站形成访问习惯，使他们在潜移默化中受到教育。

4.坚持以正面为主，破立结合

在网络社会里，信息良莠不齐，网络的自由性和开放性使网民很容易接触到一些负面信息，尤其是青少年的世界观、人生观、价值观还未成型，网上的不良

信息对他们的冲击比较大。因此，大学生思想政治教育主题网站在进行内容构建时要破立结合，以立为主，以破为辅。

二、充分发挥思政微博的作用

博客是一种重要的网络交流工具。在进行大学生思想政治教育的过程中，要充分发挥思政博客的作用。

（一）思政博客的特点

1.形式多样，内容丰富

博客在内容上可以集文字、图片、视频等单一形式或组合形式于一体，因此，博客的这一特点在进行大学生思想政治教育的时候更有趣味性和生动性，从而可以充分调动大学生对该思想政治理论的学习兴趣。

2.思政博客促进师生交流

教师的思政博客中既有老师精心制作的核心价值观教育文章、图片或视频等，也有教师个人的生活、思想点滴，通过对教师博客的关注，学生可以在学到思想政治理论知识的同时，感受教师的心理世界，对老师的人格有一个充分的了解，这样更有助于师生之间的交流，拉近师生间的距离，有助于学生接受老师的教诲，提高大学生思想政治教育的实效。

3.互动性

网络具有的匿名性和开放性使人们可以充分表达出自己的想法和观点，也有利于教育队伍对大学生的思想有一个深入的了解，从而在进行大学生思想政治教育时可以有针对性。在博客上，学生可以通过留言与教师进行沟通，教师也可以及时地进行相关内容的回复。

（二）思政博客的作用

1.师生之间交流互动和提供服务的平台

高校通过博客可以及时向学生发布校内信息和通知，建立起一个虚拟的校园社区。学生可以在博客上获取信息，同时可以在线留言进行咨询，教育者可以直接通过博客解答和解决学生提出的问题，建立良好的反馈系统。通过这种方式培养学生的集体荣誉感，使他们更加热爱学校。同时，教育者可以利用博客记录学生的表现和发展情况，发现问题可以通过发纸条的方式与学生进行沟通以解决问题，这种方式不会被第三方知道，很好地保护了学生的隐私，同时也及时地解决了学生的问题。以班级为单位开展思想政治教育，可以定期发布班级动态和活动情况，公布考勤情况和宿舍检查结果，让学生能够及时掌握班级动态和情况，及时发现自己在学习和生活上的问题并及时改正，这样有利于培养他们的自主性，同时可以加深班级同学间的感情，提高班级凝聚力。在进行学校评优活动时，要在博客上公开评选要求和方法，以及评选的流程和申请条件，并要建立起有效的监督管理制度，保证评选的透明与公正。同时，思想政治教育工作者应该关注各种就业政策和招聘信息，将有用的信息及时发布到博客平台，为学生提供优质的招聘信息，帮助学生进行就业活动。

2.师生之间课后辅导和提供资源的平台

教师还可以通过博客分享学习资源和学习经验，帮助学生提高自学能力，激发他们自主学习、主动学习的热情。教师应该充分利用网络资源，将适合学生的学习资源、具体案例、扩展阅读等资料分享到博客上，为学生们的学习提供更多的资料，实现经济实惠的网络办公政策。通过网络分享学习资源可以使学生更全面地了解教学的全过程，更好地掌握知识点，而且十分方便快捷。同时，学生还可以通过博客与老师进行交流，直接讨论遇到的问题，开拓思维，激发学生的想象力和创造力，这种教学方法比起传统的教学方式更适合当今的大学生，可以激发他们的学习积极性，提高教育效果。

3.思想政治教育工作者交流与提升的平台

大学生的思想政治教育涉及多个方面，需要学校、教师、家长、学生以及其他社会成员的多方配合才能顺利开展。博客是一个互动交流平台，博主与其他人的交流可以不同步，这就消除了交流必须同步进行的时间障碍，方便教师、家长和学生进行不同步的交流。可以看出，博客是新媒体背景下进行大学生思想政治教育的新平台，并且在多方沟通方面有着很大优势。同时，作为博主的大学生思想政治教育教师可以添加好友，发布自己的生活感悟和工作总结，这样就建立起了资源分享平台，也为教师的进步提供了资源。

同时，学生通过浏览教师的博客了解教师的思想，这也是思想政治教育的一部分。这不仅可以加深师生感情，还可以帮助学生更好地进行自主学习，也有利于教师改进自己的教育方式方法。

4.高校校园文化对外宣传的新窗口

博客作为新型的网络媒介，通过文字、图片、影像等传播信息，这个过程不仅可以传播信息，还可以传播精神和理念，所以博客可以成为高校进行思想政治教育的平台。教师可以将校内活动的照片上传到博客，让学生进行浏览和交流，增进了学生间的情谊，增强了学生的集体凝聚力，也加深了学生对学校的热爱，同时激发了学生主动参与校园活动的热情。

教师可以通过博客将校内活动的照片和视频等向学生展示，让学生更好地了解学校，为学校展示自我提供了新渠道。这种方式可以更好地吸引学生，学生可以在教师的博客上浏览与自己生活和学习相关的话题，并且可以和有共同话题的学生、老师进行交流沟通。有很多高校都建立了自己的校园博客,这样可以更简单更直接地进行学校宣传,同时可以更好地与学生交流。

校园博客不仅可以进行面向学生的校内宣传,同时可以开展对外的学校宣传,可以在校园博客上发表各类学校资讯,使校外人士也可以通过博客进一步了解学校。相对于传统的宣传方式,校园博客更生活化,也更具有真实性。校园博客作为高校宣传窗口,通过文字、图片、影像等多种形式记录和宣传校园文化,更新颖灵活,更能引人注意。

(三)思政博客的实现路径与启示

通过博客进行思想引领的实现路径主要有三种。第一种,将教师博客变为在线网络课堂,通过发表文章对学生进行思想政治教育,引导学生树立正确的价值观,激发他们的主动性与能动性,帮助他们实现自身的全面发展。第二种,使教师博客成为网络交流平台。通过博客的评论、留言和发纸条等方式,实现师生的平等交流,创造和谐的交流氛围。第三种,使教师博客成为网络文化宣传平台。通过博客向学生进行校园宣传,让学生更好地了解和融入校园文化,营造健康向上的文化氛围。

想让学生把教师博客当作精神家园,就要在博客内容上做到吸引学生。也就是要求教师要更新内容丰富且富有感召力的内容,同时还要保证这些内容具有明确的导向性。博客上不仅要更新日常管理和制度条例,还应该更新一些科普知识、党政团建、心理读物等学习资源,为学生提供丰富多彩的阅读内容,在日常生活中进行思想政治教育。同时,为了使学生乐于浏览教师博客,应该尽量地优化页面效果,美化排版,可以附上音乐和图片,使学生有更好的阅读体验,在这种氛围中可以提高教育效果。教师应该将自己的日常心得体会融入博文撰写中,有导向性地指导学生,这样可以增强博客生命力,提高博客使用率。

通过经验总结,可以得到一些启示,以便完善以后的教师博客工作。教师博客是开展思想政治教育的平台,旨在培养有文化高素质、符合我国社会要求的新一代接班人。所以,教师博客应该具有鲜明的思想指导性,教师在对博客进行管理时应该注意以下几点。首先,要提高与学生的交流频率,通过博客可以与学生进行平等的交流互动,提高师生交流频率有助于更好地开展教育。其次,保证教师博客可以吸引学生,靠优质的内容和教师的人格魅力吸引学生,对学生进行指导。最后,教师通过博客与学生交流,可以有针对性地帮助学生解决问题,使博客成为师生交流的新渠道。

培养学生良好的阅读博客的习惯也是教师工作中重要的一环。教师博客的形式虽然已经成为比较常见的高校道德教育形式,但并没有在学生中得到很高的关注,所以这种形式的作用并没有完全发挥出来。虽然大部分学生都开始使用和阅读博客,但还有一部分学生没有参与其中,甚至不知道教师有博客。因此,教师应该培养学生阅读博客、通过博客进行交流的习惯。高校可以对教师博客进行宣传,教师自己也可以直接向学生推荐自己的博客。

教师博客的目的在于对学生进行思想政治教育,为了了解教育的效果就要对学生浏览、评论的情况进行统计和分析。还可以结合学生评论回帖的状况进行思想政治教育,这样可以培养学生良好的阅读博客的习惯,可以发挥出教师博客的功能。例如,可以开展通过博客进行的班会、研讨会等,以个人和小组的形式在博客上进行回帖;还可以进行博客线上教育,在线上进行师生在线交流。通过各种方式培养学生阅读博客的习惯,提高教师博客的活力。

教师应该对博客内容的编辑、版块的设计、题材的选取进行研究和分析,将国内外的热点事件、学生关心的时事问题、最新国内外动态等,及时地在博客上进行更新发布,要注重博客进行思想政治教育的时效性,吸引学生主动浏览博客获取知识和信息。同时,为了为学生提供便捷的上网环境,学校应该加强网络建设,让学生可以及时地通过网络浏览教师博客。

教师博客不仅是一个教育平台,同时还是交流平台,教师可以通过博客开展思想政治教育课程,同时可以在这个网络平台上进行平等的师生交流。教师进行博客教育是一个持续的工作,需要老师、学生、学校共同配合和支持。老师还可以鼓励学生开通个人博客,分享自己的生活点滴和思想状态,促进校园网络文化的发展。

三、注重即时通信技术的应用

随着科学技术发展,QQ、微信、微博等不仅具有通信功能,更成为集娱乐、休闲、交友、学习等多种功能为一体的新媒体。人们可以随时随地通过手机上网获取信息,实时聊天、进行娱乐,使生活更加便利、有趣。在开展大学生思想政治教育的过程中,借助手机媒体能够更加及时、有效地开展教育活动,促进师生之间的交流与沟通。

(一)QQ交流

QQ是一款免费的聊天软件,使用起来非常的方便。它的优势就在于可以进行信息的即时发送和接收,还能进行一对一、一对多、多对多的交流。建立QQ群可以使交流更加的方便,QQ的视频群体聊天功能为群体的交流提供了无可比拟的平台。当代大学生均有QQ,这种既省钱又便捷的新沟通媒介,为大学生思想政治教育提供了便利。思想政治教育者应充分利用QQ这种新载体对大学生进行思想政治教育。思想政治教育者还可以通过QQ随时随地为学生答疑，解答学生对思想政治理论的疑问和困惑，师生通过QQ不仅能加强师生的教学互动，也能有效地增进师生情感。

（二）微信互动

从纷繁复杂的网络中获取对思想政治教育有用的信息，不仅仅是学生自身的问题，也是与思想政治教育相关的人都要面对和解决的问题。解决这样的问题是新媒体背景下大学生思想政治教育手段创新的必然路径和首要选择。基于微信公众平台建立的"订阅号"，恰恰是实现信息"精准传播"的最佳工具。通过它，不仅可以将本校思想政治教育的相关信息及时推送给学生，还可以及时速递重大新闻资讯、社会时评。更重要的是，它可以实现思想政治课微课程、伴随课堂教学要求学生阅读的相关经典著作的多轮次推送，及时有效地将思想政治教育的有关资信送达给学生，同时还可以实现教师之间的分享和交流，促进共同学习和进步。

创建大学生思想政治教育微信"订阅号"，发挥其微课程植入（思想政治课碎片化学习）、信息推送（学习资信快速送达）、即时交流（良性互动）、数据分析（思想政治教育创新有据可依）等功能有助于提升思想政治教育学科的吸引力，有助于增强大学生思想政治教育的实效性，有助于提升学生学习能力、合作能力、创新能力，有助于增强师生彼此间的信任、构建和谐的师生关系。

（三）微博讲座

微博以快捷、便利、成本低的传播方式，彻底改变了过去那种单向传播、单一信息、被动接受的"信息灌输""理论灌输"的传播方式，这让使用者空前活跃、队伍与日俱增。推动马克思主义大众化。促进全民自觉践行社会主义核心价值观，就必然要求马克思主义走进微博、社会主义核心价值观走进微博，让微博成为主流意识形态传播的新载体，吸引更多人尤其是年轻人更好地信仰和运用马克思主义，自觉践行社会主义核心价值观。如果说微信讲座只是简短观点和见解的交流，那么，微博则为思想政治教育者发布较长的见解和观点提供了良好的平台。思想政治教育者可以针对微信讲座不详细、不系统的缺点，在自己的微博上对思想政治相关理论进行完整、详细的解读。通过对学生留言的解答，实现师生的网上教学互动。教师还可以通过微博持续开设专题，就课堂教学中的难点问题进行阐释，高校思想政治课管理部门也可以将微博讲座纳入教师考核的范畴，从而实现微博讲座的常态化。此外，微博也使马克思主义理论研究进入了一个大众化、多元化的发展阶段。马克思主义研究不再是少数专家学者教授的特权，受众也不再局限于大学生、研究生和博士生，而是面对所有人——微博的所有网民都有可能成为马克思主义的研究主体，每一个人都可以成为马克思主义理论的编撰者、传播者。微博上的网民可以对马克思主义有不同的理解，使马克思主义研究真正地步入百花齐放、百家争鸣的时代，从而使马克思主义充满活力。

第四节 新媒体背景下大学生思想政治教育的实践路径创新

人的认识活动是实践——认识——再实践——再认识的一个反复的过程。就高校教育而言，实践是思想政治教育中的一个重要组成部分。只有通过实践，大学生思想政治教育才能实现理论与实践的统一，大学生才能实现内化于心、外化于行的统一，从而最大限度地达到思想政治教育的理想目标。

一、实践对大学生思想政治教育的重要意义

（一）有助于提高大学生的思想政治素质

在我国高校教学体系中，思想政治教育是培养大学生思想政治素质的主要途径。大学生思想政治教育的基本原则是坚持理论教育与实践教育相结合的原则。理论教育，即思想政治理论课；实践教育，即实践，二者相辅相成，是大学生思想政治教育中必不可少的两个方面。

如果将大学生思想政治教育课看作是单一的、纯理论的灌输与启发，那么实践更加多样化，更注重理论与实际的结合，历史与现实的结合，力求使学生受到多方面的教育。

实践强调教育要与社会现实相符，这有助于学生剔除思想中与实际不符的因素以及错误的观念，帮助学生确立新理想、新目标、新追求，树立正确的世界观、人生观和价值观，引导大学生通过理想与现实的联系，合理选择，有助于个性发展，同时又符合社会需要。

（二）有助于提高大学生的综合素质

当前，我国的大学生通常在18～23岁，处于生理上基本成熟、心理上快速发展的时期。通过参加实践，学生可以更好地认识并了解社会，更好地体验生活，逐渐培养社会责任感，树立社会角色意识，不断提高社会适应能力与交往能力，这对其社会化成长具有重要的意义。

实践对大学生综合素质的提高十分有帮助。大学生只有将课堂上所学的知识经过实践的锤炼，才能实现知识的内化，提高个人素质。具体而言，大学生通过参加实践可以提高以下素质：①基本素质，包括提高语言表达能力、社会交往能力、收集处理信息能力、组织协调能力等。②人文素质，包括理想信念、人格情操、意志品质、审美情趣等。③职业素质，包括职业道德修养、职业技能、岗位

胜任能力等。④创新素质，包括创新精神、创新能力。

二、大学生思想政治教育实践创新的途径

实践为大学生思想政治教育的开展提供了又一平台，要想确保实践的有效性，有必要采取一些有效的途径。

（一）注重对大学生实践的宏观管理

加强大学生实践的宏观管理，主要应从以下几点展开进行：建立领导机制、建立指导机制、建立激励机制、建立保障机制。

1.建立领导机制

首先，应建立校、院（系）两级领导机构，并以此为基础，建立并完整领导机制，其中应包括责任制、督查制、报告制等。无论是哪种类型的实践，都应对责任部门与责任人予以明确，从而形成齐抓共管、一级抓一级、层层抓落实的局面。

对校级领导机构而言，其应在以下环节发挥主动性作用：明确责任分工、优化资源配置、协调工作冲突、进行督促检查、开展专题培训等方面。对院（系）级领导机构而言，其应在以下环节发挥关键作用：策划部署、人员配备、考核评定、实践基地建设等方面。对于教学管理部门而言，其应抓好属于"第一课堂"的专业实习类、军事训练类实践活动。对于学生管理部门、党群组织而言，其应抓好属于"第二课堂"的生产劳动类、社会调查类、勤工俭学类、科技服务类、志愿服务类和挂职锻炼类实践活动。

2.建立指导机制

实践活动质量的提高离不开高水平的专业指导。因此，建立校、院（系）两级指导教师团队十分必要。指导机制建立之后，还应予以进一步的完善。具体应注意以下两点：①加强课程建设，建立和完善大学生实践培训课程体系及课酬制度，促进校级指导教师团队的知识化和专业化。②建立大学生实践指导教师进修培训制度和活动补助制度，推进院（系）指导教师团队建设。

3.建立激励机制

大学生是实践的最终受益者。因此，要想提高实践活动的实效性，首先应确保学生积极主动地参与其中。以学生在实践中获得了什么这一问题为出发点，建立相应的激励机制，将学生的"要我参加"转变为"我要参加"，真正发挥实践作用。

4.建立保障机制

考虑到组织开展实践活动需要一定的成本，且具有一定的风险，因此有必要

建立相应的保障机制。具体而言,可以采取以下措施规避风险:①建立学校、学生和社会三方共同参与的多元投入机制。②建立社会化的风险保障机制。③购买商业保险。

(二) 注重实践与其他教育方式的结合

实践作用的发挥还应注意与专业教育、家庭教育等教育相结合,形成教育合力,提高教育的实效性。

1.实践与专业教育的结合

实践应注意与专业教育相结合。高校教育的一个重要特点就是专业教育。高校思想理论教育工作者可结合大学生所学专业的特点,将专业知识巧妙地融入实践中,根据学生的专业与学生水平等,有针对性地开展各种实践活动,促进所学专业知识与实践紧密结合。

2.实践与家庭教育的结合

实践还应注意与家庭教育结合起来。就价值观形成的过程而言,家庭环境与家庭教育起着最基础的作用。因此,为了青少年的健康成长与成才,家长应担负起监管与教育的责任,充分发挥家庭教育的作用,确保青少年的人格与心理健康发展。

①家长应注意发挥榜样的作用。家长应以身作则,以文明的言行、高尚的情趣营造一个健康向上的家庭氛围,为孩子树立榜样。②家长应注意加强与孩子之间的沟通。在日常生活中,家长与子女之间的沟通非常重要。通过彼此沟通,家长可以了解孩子的所思所想,这样才能有针对性地解决孩子的心理困惑,帮助孩子明辨是非,引导孩子形成良好的思想品质与正确的行为规范。③家长应采取民主科学的方式教育孩子。在平常的教育中,家长应结合孩子的具体问题,采取科学、宽容的教育进行积极引导,切忌使用体罚、打骂等方式。

三、大学生思想政治教育实践活动

(一) 实践教学

实践教学是大学生思想政治教育课程的一部分,是大学生巩固理论知识和加深理论认识的有效途径,也是他们提高自身实践能力、创新能力的重要途径。在新媒体背景下,网络的迅速发展为实践教学的开展带来了新的机遇。实践教学在延续传统模式的同时,还要善于利用新媒体这一资源优势,创新实践理念、实践载体和方法,积极探索形式新颖、紧跟时代,又具有实际效果和影响力的教学实践新途径。当前,实践教学可以运用以下活动载体。

1.微作品

微作品是新媒体背景下的重要产物，主要是指利用计算机、互联网技术和资源，制作、设计的视频短片、电影等。其主要特点是时间较短、制作过程比较简单、成本相对较低，但主题突出、思想深刻。当前，实践教学创新也可以采用这一形式，尝试将思想政治课教学内容与这一形式、载体相结合，不仅有利于课堂教学效果的提高，而且有利于促进大学生对思想政治课教学内容和思想的真正理解和内化，有利于他们在实践活动中提高自身思想认识和价值认知。

　　以微电影为例，微电影是连接课堂教学、实践教学、网络教学的重要活动载体，在实践教学中，教师可根据教学内容精心设计微电影主题，组织学生创作、拍摄、制作微电影，再将优秀微电影作为教学案例运用到课堂教学中，还可以将微电影上传到网站、QQ、微博、微信等网络平台进行分享。这样，思想政治课教师不仅能够在课堂教学中以学生实践为案例讲授理论知识，增强课堂效果；还能通过微电影这一实践活动的开展，引导大学生自觉将个人需要与社会需要、个人价值与社会价值、个人幸福与他人幸福有机统一起来，促使他们自觉地担当责任、肩负使命。微电影能够使大学生通过影片理性地思考现实问题，通过实践过程发现自身优势与不足，通过反思激发自身的道德情感和增强思政教育的认同感。以《概论》课为例，为切实启发广大学生对生态环境问题的关注和重视，概论课教师在实践教学过程中，可以组织学生围绕生态文明建设这一主题，自由选取他们熟悉、感兴趣又易于操作的情节，实际拍摄、制作相关视频、短片，对于一些优秀的作品，教师可以引导其上传到校园网或微博、微信等，扩大宣传力度，引发共鸣。

　　2.微实践

　　大学生微实践主要是指大学生开展的形式简单、历时较短、主题鲜明的实践活动，和以往实践活动不同的是，微实践在活动开展前、过程中或是结束后，实践主体可以依托网站、微信、微博等网络资源及时传播相关活动内容和信息，扩大实践活动的影响力，进一步宣传活动开展的主题思想和意义。

　　思想政治课教学实践也可以采取微实践的形式。如在《思想道德修养和法律基础》这一课程中，引导大学生积极树立和践行社会主义核心价值观是其主要教学内容和任务，对此，思想政治课教师可以紧紧围绕这一主题，组织学生开展"三下乡"、社会调查、政策法制宣传、社区服务、爱老敬老等各种形式的实践活动。同时，教师在组织开展各种实践活动中，还要注重将各种先进事迹、优秀案例在学校网站、论坛、公众号微信等广泛传播，在全校、全社会积极营造良好氛围。

（二）参观访问

参观访问是大学生思想政治教育实践活动经常采用的形式之一，是大学生在教育者制订的带有特定目的的计划基础之上对特定的对象实施的实地考察方式。参观访问是大学生在思政教育者的引导下通过实地直接观察走访获得直观资料和感性知识，通过理论与实践相结合，认识和研究社会现象、分析社会问题，把感性认识上升为理性认识，从而提高大学生思想水平和解决社会问题能力的一种重要实践活动方式。参观访问的范围很广，可以是参观革命圣地、文化遗址、纪念场馆、城市、工厂、农村、社区等，也可以是走访一些先进人物，或者进行一些社会热点或者有较大影响力的社会成果考察。参观访问不是自由散漫、漫无目的的，而是在思政教育者的系统组织下进行的。首先设计参观访谈的目的和内容，确定参观访谈对象、时间、地点、形式和方法。其次实地实施计划，收集活动第一手素材。最后整理收集的资料，整理、分析、加工，由表及里、由此及彼、去粗取精、去伪存真，分析研究，得出正确结论，写出分析报告。每一个环节都是思政教育者和大学生一起精心设计、认真实施的。通过这种直观感受的方式让大学生直接而深刻地体会并领悟思政教育者所倡导的思想观念的正确性，并进一步通过从感性认识向理性认识的转化巩固思想指导行为。

（三）实践劳动

实践劳动，就是让大学生走到劳动的第一线，从事具体的劳动，从劳动中体验生活，树立正确的价值观。这里的劳动，包括具体的工作岗位劳动，这样有益于大学生在劳动过程中树立正确的劳动观念和职业精神，在实践劳动中懂得"以辛勤劳动为荣、以好逸恶劳为耻""以艰苦奋斗为荣、以骄奢淫逸为耻"。比如参加学校组织的勤工俭学活动，在通过劳动获得报酬的同时也帮助大学生培养独立自强的敬业勤业精神和勤俭节约、艰苦奋斗的良好品质。要达到预期的效果，必须充分调动大学生的积极性和主动性，在劳动的过程中不断鼓励和帮助大学生，创造条件为大学生服务，积极引导他们在劳动中创造价值，同时在思想政治教育者们有目的、有组织、有计划的引导下积极体验劳动创造的价值，不断总结、提高认识。

第七章　新媒体背景下高校辅导员的角色担当与作用发挥

第一节　辅导员的角色定位与时代使命

在当前国际国内复杂的时代背景下，面对新媒体条件下传统教育方式不断衰退、大学生思想政治教育实效性不高和高校主流意识形态阵地萎缩之挑战，作为大学生思想政治教育骨干力量的高校辅导员，如何充分利用自身的独特优势，在新时期新形势下有效发挥大学生思想政治教育有生力量的关键作用，开展有针对性大学生思想政治教育，这无疑成了时代交给我们高校辅导员的一个重要课题。

辅导员不仅仅是一种身份，更是一种岗位。在当前高校的实践中，许多高校将二级院系里负责学生日常思想政治教育和管理工作的政工人员，包括党总支副书记、分团委书记、辅导员等都统称为"辅导员"。辅导员是高等学校教师队伍和管理队伍的重要组成部分，具有教师和干部的双重身份。辅导员是开展大学生思想政治教育的骨干力量，是高校学生日常思想政治教育和管理工作的组织者、实施者和指导者。辅导员应当努力成为学生的人生导师和健康成长的知心朋友"。在微观层面上，辅导员工作囊括思想政治教育、班级管理、咨询服务三大内容，工作职责更宽泛，工作内容更丰富，除了传统思想政治教育之外，还有队伍管理、信息管理、日常规范管理以及学习辅导、生活辅导、生涯辅导等内容。

高校辅导员工作的思想政治性尤其是意识形态性是辅导员制度设置的初衷和本质属性，因此，从这个意义上说，辅导员摆在第一位或者说核心主业是思想政治教育，而意识形态教育则是这个核心主业中的核心。

如今，辅导员工作包罗万象，涉及学生工作的方方面面。这或许反映了当前形势的复杂性和大学生成长成才的客观需要，因此这种变化有其合理的一面。但我们也必须清醒地看到，在各高校的具体实践中，由于学生事务工作量大、人手不足、自身素质不足、工作理念滞后等因素制约，辅导员工作内容的思想政治性尤其是意识形态性有逐步退化的迹象，其核心工作——思想政治教育尤其是马克思主义意识形态教育有被边缘化的危险，这无疑使思想政治教育的政治功能不断弱化。

当前，随着我国社会加速转型，以及来自经济全球化、信息网络化、文化多样化和价值观念多元化的冲击和影响，致使大学生思想上庸俗化、选择上功利化以及信仰迷失等问题日趋严重。这迫切需要我们重新审视辅导员的角色定位，强调和突出其思想政治性及意识形态功能，开展有针对性的思想政治教育，开展适合大学生特点的马克思主义意识形态教育，发挥党的"近卫军"作用，努力成为新媒体时代大学生思想政治教育的主力，更好地引领大学生顺利地走过思想迷茫期，成长为社会主义合格建设者和可靠接班人。这是新媒体时代各种挑战对辅导员的新要求，更是辅导员主动担当、有所作为的时代使命。

第二节 新媒体背景下辅导员担当大学生思想政治教育主力的必然性和重要意义

面对新时期新形势下大学生群体的新变化，面对高校意识形态面临的挑战，应该说党和国家非常看重高校辅导员队伍，高度重视高校辅导员队伍的建设，因此，辅导员如何跳出各种事务性工作的包围，厘清大学生成长成才的主要矛盾关系，牢牢抓住"思想政治教育"这一核心主业，协调好主业与副业（其他工作）之间的关系，集中优势力量，为破解当前大学生思想政治教育难题有所作为，不辜负党和国家的期待。

一、辅导员担当大学生思想政治教育主力的必然性

在我国社会转型加速导致经济成分多样化、政治民主化、价值取向多元化的复杂形势下，在信息技术及新媒体应用日益普及的教育环境下，以及在网络环境下成长起来的更加张扬个性的"00后"成为高校大学生主体的新情况下，思想政治理论课作为大学生思想政治教育主课堂主渠道的主导地位面临诸多新挑战，大有日渐式微的趋势。正是在这样的时代背景下，高校辅导员作为大学生思想政治教育的独特群体被推上了时代前台，并在实践中逐步成为一支不可或缺的大学生思想政治教育的重要力量，成为新媒体时代大学生思想政治教育当之无愧的"近卫军"。辅导员担当大学生思想政治教育主力有其必然性，这既是时代发展的选择，也是辅导员角色定位与历史使命的内在规定。

（一）辅导员担当大学生思想政治教育主力是高校培养社会主义合

格建设者和可靠接班人的现实需要

作为知识层次较高、思想活跃、可塑性和接受力都较强的大学生群体，生活在被各种意识形态笼罩下的现实社会中，他们能否抵御资本主义腐朽思想的侵蚀，成长为党和国家所期待的觉悟高、素质好、能力强的社会主义建设者和接班人，关键在于我们能否切实把社会主义核心价值体系融入大学生教育与生活的全过程，转化为大学生的自觉追求。而助力或加速这种转化，显然是高校辅导员的职责所在，也是时代赋予辅导员的重大现实课题。马克思主义是我们立党立国的根本指导思想，是全党全国人民团结奋斗的共同思想基础。用马列主义、毛泽东思想和中国特色社会主义理论体系武装大学生，把坚定正确的政治方向摆在首位，培养有理想、有道德、有文化、有纪律的社会主义新人，是高校思想政治教育的根本任务。要完成这个艰巨的任务，除了需要思想政治理论课专任教师在课堂上进行"灌输"之外，在新媒体时代，更需要辅导员在日常教育中不遗余力、潜移默化地"灌输"。大多数年轻的辅导员，由于年龄、成长环境等因素，他们比其他教师更善于运用新媒体向大学生施教，他们的教育方式更能吸引人学生，影响也更为深远。从这个意义上，可以说辅导员是大学生进行理论武装不可或缺的重要支撑力量。进入21世纪以来，新的形势对高校辅导员提出了开展意识形态教育的新任务和新要求。从国际环境来看，世界多极化和经济全球化的趋势在曲折中发展，科技革命日新月异，综合国力竞争日趋激烈。从国内形势来看，我国改革开放进一步深入，社会经济成分、组织形式、就业方式、利益关系和分配方式日益多样化。在这样国际国内各种因素的交织作用和影响下，我国高校一些大学生出现了信仰迷失、理想信念模糊、价值取向扭曲等问题且日趋严重。如果我们不及时解决这些问题，让大学生带着这些问题走出校门进入社会，这不仅有违社会主义大学的育人宗旨，而且还可能给社会主义现代化建设事业埋下难以预知的人才隐患。面对这些现实情况和挑战，我们如何保住高校主流意识形态阵地以及大学生的精神家园不被侵蚀、吞噬，如何抵御和反击外来意识形态渗透与"和平演变"，又如何保障高校育人根本任务的顺利完成？显然，我们可以选择的途径和方法很多，但在意识形态上最根本的不外乎两个方向：一是从社会存在入手，即进一步发展社会主义经济、政治和文化，增强社会主义的物质力量，通过社会存在的优势保持在意识形态上的优势。这一点属于国家层面上的问题，早已列入国策之中，并一直在实施，故此不在本文研究之列。二是通过马克思主义意识形态的自觉自为应对这一挑战。意识形态上的问题，有时使用意识形态上的手段解决会更直接更迅速更有效。这是马克思主义意识形态自觉自为的可能性。马克思主义意识形态的自觉自为，说到底是马克思主义信仰者的自觉自为，即思想政治教育工作者自觉主动地利用马克思主义意识形态手段，通过发挥马克思主义意识形态功能解决意识形态问题。就高校而言，就是要用马克思主义武装我们的大学生，从而发挥马克思主义意识形态的强大功能解决大学生思想政治观念上的问题。通过马克思主义意识形态教育，实现用先进的理论武装大学生和提升他们的思想政治素质的目的，这显然是我们社会主义大学的本质要求，更是我们迎接国内外各种挑战、保障培养合格建设者和可靠接班人的根本任务顺利完成的现实需要。然而，面对新生代大学生这一特殊群体，仅靠思想政治理论课教师的课堂灌输已经远远不够，且实践证明，思想政治理论课教师在课堂上的灌输效果并不理想。在《首都大学生信仰状况的调查》资料中，只有13.7%的学生表示其信仰状态受到"课堂教学"的影响。可见，第一课堂上的思想政治教育还有一些不到位或缺位的情况，这就向高校辅导员开展大学生思想政治教育提出了新的要求和提供了广阔用武之地。因此，需要另一支力量弥补课堂教育的不足。在实践中，与大学生年龄更相仿、思想更贴近的辅导员，在课堂之外的教育对大学生施加的影响不断增强，成为影响学生做人做事、成长成才日益关键的因素和主导力量。可见，高校育人任务的顺利完成，辅导员的作用无可替代，他们在大学生思想政治教育工作中就像一支精锐之师，发挥着"近卫军"的作用，日渐成长为高校大学生思想政治教育的主力，有力地弥补了大学生思想政治教育尤其是意识形态教育上的一些缺位和漏洞，有力地支撑着高校培养社会主义"四有"新人目标的顺利实现。

（二）辅导员担当大学生思想政治教育主力是当前我国高校赢得意识形态战争主动权的实践选择

当今世界，各国经济既相互融合又相互竞争，不同文化既相互借鉴又相互激荡。经济全球化的不断深入，既挑战着国家主权的内涵，又冲击着人们的国家观念、民族认同感。国家之间的竞争，既表现为经济、科技、军事等硬实力的竞争，又越来越反映在意识形态之间的较量。在意识形态中，最关键的就是核心价值体系，它直接反映着民族的凝聚力和国家的核心竞争力。在这种情况下，辅导员对大学生开展马克思主义意识形态教育，向大学生灌输社会主义核心价值观等思想，不仅有利于进一步凝聚人心、鼓舞斗志，提高高校主流意识形态的吸引力和凝聚力，而且有利于在激烈的国际竞争中维护国家和民族的利益。基于新媒体时代的新环境和以"00后"为主体的大学生群体的新特点，与大学生最亲密接触的高校辅导员成了最适合担当此重任的教育者。

（三）高校辅导员担当大学生思想政治教育主力是其角色定位和工作职责的内在规定

高校宣传部作为高校意识形态工作主管部门，其精力主要放在新闻报道、舆论控制及宣传工作的日常管理之上，因此难以成为大学生思想政治教育的中坚力量。专业课教师甚至包括思想政治理论课教师,他们更多地局限于单纯的理论传授,由其对大学生进行的理论"灌输"成效也不太理想,因此,单靠这支队伍显然也难以独撑大学生思想政治教育的大厦。高校辅导员由于角色定位和职责所在,他们与大学生最亲密接触、最了解大学生的思想和生活状况,是站在大学生思想政治教育第一线的教育者、指导者、组织者和实施者,因此他们在大学生思想政治教育中具有天然的优势和独特的作用,使他们能够独当一面,成为高校大学生思想政治教育不可忽视的重要有生力量。首先,从辅导员的角色定位来看,辅导员是大学生思想政治教育的骨干力量,是高校学生日常思想政治教育和管理工作的组织者、实施者和指导者,是大学生健康成长的指导者和引路人。由此可见,辅导员是思想政治教育队伍的"骨干",理当勇挑重担、攻坚克难,成为配合课堂教学和主导日常大学生思想政治教育的主力。其次,从辅导员的工作职责来看,"以理想信念教育为核心,深入进行树立正确的世界观、人生观和价值观教育……认识自己的社会责任,确立在中国共产党领导下走中国特色社会主义道路、实现中华民族伟大复兴的共同理想和坚定信念"。摆在第一位的辅导员工作是:"帮助高校学生树立正确的世界观、人生观、价值观,确立在中国共产党领导下走中国特色社会主义道路、实现中华民族伟大复兴的共同理想和坚定信念。积极引导学生不断追求更高的目标,使他们中的先进分子树立共产主义的远大理想,确立马克思主义的坚定信念"。由此可见,以理想信念教育为核心,深入进行树立正确的世界观、人生观和价值观教育,用马克思列宁主义尤其是中国化的马克思主义武装大学生,是高校辅导员开展思想政治教育的重要工作内容,也是辅导员的职责范围。从上述两个方面来看,辅导员成为大学生思想政治教育的骨干力量,成为教育实践中的主力,这既是辅导员角色定位的内在要求,也是辅导员职责的内在规定。

二、高校辅导员担当大学生思想政治教育主力的重要意义

培养什么人、如何培养人,是我国社会主义教育事业发展中必须解决好的根本问题。大学生是国家宝贵的人才资源,是民族的希望、祖国的未来。要使大学生成长为中国特色社会主义事业的合格建设者和可靠接班人,不仅要大力提高他们的科学文化素质,更要大力提高他们的思想政治素质。只有真正把这项工作做好了,才能确保党和人民的事业代代相传、长治久安。可见,辅导员担当大学生思想政治教育主力,开展有针对性有效果的教育活动,不仅对大学生个人、对大学生群体有意义,而且对国家的长治久安以及建设人力资源强国都具有深远影响和重要意义。

(一)高校辅导员担当大学生思想政治教育主力对解决当前大学生

信仰危机具有重大的现实意义

一个民族的年轻一代要是没有信仰,那就是这个民族的大不幸!因此,解决当前大学生信仰危机,具有十分重大的现实意义。对大学生群体来说,当代大学生生长在以马克思主义为指导的社会主义中国,他们切身感受了有中国特色的社会主义道路带给中国和中国人民的巨变,绝大多数大学生是相信马克思主义及其中国化的最新理论成果,拥护党的领导和一心跟党走的。但是还有一些矛盾和问题对大学生理想信念产生负面影响,如发展市场经济中所遇到的一些新情况、新问题,社会贫富差距问题,党风廉政建设方面存在的问题等,使一些大学生对共产党的领导和社会主义建设的信念发生动摇,出现了信仰迷失、价值取向扭曲等问题。产生这些问题的思想根源无出"三观"——世界观、人生观和价值观之外,其实是没有科学解决好"三观"问题的必然产物。

"三观"问题的实质就是信仰问题。有什么样的信仰,就会成为什么样的人。我们如果不解决好这一问题,高校培养社会主义建设者和接班人的使命就难以完成。而解决信仰问题最直接有效的途径首推马克思主义意识形态教育。马克思主义是我党的根本指导思想,是强国之魂,这是历史已经证明了的正确选择。20世纪以来,我党正是把马克思主义与中国实际相结合所产生的马克思主义中国化最新成果作为思想武器,带领全国人民有力地改变了中华民族的命运,使我们的民族自立于世界民族之林。可见,马克思主义具有强大的精神力量,我们运用马克思主义武装、培养大学生,体现了社会主义大学育人的本质要求,同时这也是解决大学生信仰缺失等思想问题的关键。虽然这些大学生甚至硕士生、博士生都具有不同层次的专业知识水平,但他们不一定能自发成为唯物主义者。因为专业知识赋予人的是专业理论素质;而人的信仰则属于人的人文精神、思想素质,是人的灵魂深处的东西,是一个思想问题。人是有意识、有感情、有思想的社会存在物,人的行为是受思想观念支配的。因此,解决思想问题,是解决一切问题(包括信仰问题)的关键。毛泽东明确提出:"掌握思想领导是掌握一切领导的第一位"。我们要使大学生在思想上真正成熟起来,单单有专业知识和技能是远远不够的,单单有一般的社科人文知识和素质也还不够,还必须通过马克思主义意识形态教育培育和提升他们的马克思主义思想政治素养,这是社会主义优秀人才必不可少的思想灵魂,是确保我们培养的人才拥有正确的世界观、人生观和价值观的重要思想基础。方志敏同志有句名言:"在理论的政治的认识上,站稳着脚步,才不至于随时为某些现象或谣言而动摇自己的崇高信仰。"因此,辅导员发挥自身的优势,开展有针对性的思想政治教育(包含马克思主义意识形态教育),引导大学生树立马克思主义崇高信仰,这是解决大学生个人信仰、信念等一切问题的有效途径。从这个意义上说,辅导员主动担当开展大学生思想政治教育主力,着力解决当前大学生信仰危机,对于培养造就千千万万具有高尚思想品质和良好道德修养、掌握现代化建设所需要的丰富知识和扎实本领的优秀人才,对于使大学生们能够与时代同步伐、与祖国共命运、与人民齐奋斗,对于确保实现全面建设小康社会进而实现现代化的宏伟目标和实现中华民族伟大复兴都具有重大而深远的战略意义。

(二) 高校辅导员担当大学生思想政治教育主力对保持高校和社会稳定和谐具有重要保障作用

高校在保持我国社会和谐稳定的工作格局中占据重要的地位。高校大学生由于在社会、家庭中具有较高的地位,所以他们对社会也有着重要的影响,是社会情绪的晴雨表。正如有人说的那样——"社会稳定看高校,高校稳定看大学生",可见做好大学生的安全稳定工作,对于保持高校稳定与和谐乃至对整个社会的稳定和谐都具有重要的现实意义。当前,我国高等教育进入大众化发展阶段,高校内外部环境发生着深刻的变化,影响高校的不稳定因素不断增多,高校中各类突发事件时有发生,这不仅影响着高校自身的安全稳定,而且带给社会明显的震动。这是由于社会对大学生的高度关注和现代传播媒介追求轰动和放大、辐射等"涟漪效应",加上国际敌对势力在其中的推波助澜,某个高校内的一些突发性事件很容易引发成同一城市中的其他高校群体性事件乃至全国性事件,危害社会和谐稳定大局。近几年来,各高校在应对大学生突发和群体事件的实践中积累了大量成功经验,形成了重要的维稳工作理念:"重应急,更重预防,重事后,更重事前"。在预防与事前的工作中,思想政治教育包括马克思主义意识形态教育发挥着不可忽视的思想保障作用。大量事实表明,大学生思想政治教育尤其是马克思主义意识形态教育做得好的高校,发生影响本校稳定的事件明显比其他高校少。而辅导员不只是高校突发性事件中的"救火队员",更是预防工作上的急先锋。他们通过日常思想政治教育,特别是马克思主义意识形态教育,将马克思主义的科学世界观方法论、彻底的唯物主义、无产阶级的党性原则、全心全意为人民服务的精神和促进人全面发展的人性关怀思想等灌输、陶冶大学生,能够帮助他们正确认识个人、集体与社会之间的关系,认清社会发展的规律和主流,还能帮助他们走出个人小世界、突破心理障碍、用更宽广的眼光观察事物,而且还能教会他们自己运用马克思主义指导解决自身的信仰迷茫、思想困惑、信念不坚定等问题,能有效地提高他们对真假、善恶、美丑的辨别判断能力等。有了这些素质和能力,他们不仅不会危及高校和谐稳定,而且还会成为维护校园和谐稳定的帮手。

(三) 高校辅导员担当大学生思想政治教育主力对于开发利用大学

生人才资源和建设人力资源强国具有深远的影响

马克思曾指出:"理论只要说服人,就能掌握群众;而理论只要彻底,就能说服人。但人的根本就是人本身。"强调了人的根本是人的自身。毛泽东同志在《唯心历史观的破产》则强调了人的价值:"世间一切事物中,人是第一可宝贵的。在共产党领导下,只要有了人,什么人间奇迹也可以造出来。"中共中央、国务院在《关于进一步加强和改进大学生思想政治教育的意见》中强调:大学生是十分宝贵的人才资源,是民族的希望,是祖国的未来。所谓人才资源指的是人力资源中素质层次较高的那一部分人,是那些管理水平高、技术能力强、有智慧、有能力、思想解放、勇于创新、可使效益最大化的人才。

我国的大学生群体,就是我们国家潜力无限的人才资源宝库。如何开发和利用好这些人才资源,发掘他们的创造潜力,对于我们建设人力资源强国具有战略性的重大意义。首先,从大学生素质构成来看,大学生的素质包括思想政治素质、专业素质、文化素质、身体素质等方面。大学生的知识水平高,仅仅只是表明专业文化素质高,尽管专业文化素质与思想政治素质有些关联,特别是人文社会科学专业与人的思想政治素质的关联度更高,但二者之间毕竟不是直接的决定与被决定的关系。所以,思想政治素质的形成,具有某种相对独立性。思想政治素质的这种相对独立性,就要求对人的思想政治素质进行培养。开展马克思主义意识形态教育,有助于拓展他们的思维视野,增强对党的路线方针政策的理解力,更重要的是有助于提升他们辨别是非、善恶、美丑的能力和树立坚定的马克思主义信仰,这是他们在思想和理论上成熟的集中体现。其次,从马克思主义功能来看,马克思主义的诞生是人类意识的大觉醒,是人类认识世界和改造世界的强大思想武器,也是开发和利用大学生人才资源宝库的一把钥匙。马克思主义一旦和大学生结合在一起,就必然能激发起这一年轻的知识群体所蕴藏的巨大创新潜力和热情,必然会变成强大的改造世界的物质力量。20世纪以来,马克思主义和中国实际相结合产生的两大理论成果——毛泽东思想和中国特色社会主义理论体系,作为党和国家的根本指导思想,有力地改造了中华民族的命运,使我们的民族自立于世界民族之林。同样地,马克思主义与大学生结合在一起,也必将激发大学生作为国家最宝贵的人才资源的巨大潜力,转化为促进社会主义现代化事业的物质力量。因此,在开发和利用大学生人才资源的过程中,辅导员作为将马克思主义与大学生结合起来必不可少的"中介"——马克思主义意识形态教育者,无疑是开发大学生人才资源的助推器,在其中发挥不可或缺的作用。辅导员的教育不仅有助于提升大学生人才资源的质量,提高开发和利用的效率,甚至对我国建设人力资源强国都具有深远的影响。

第三节　新媒体背景下辅导员担当大学生思想政治教育主力的独特优势

开展大学生思想政治教育工作，是辅导员的职责所在，是这个岗位的题中应有之义。辅导员由于身份特点、工作性质、工作职责及工作内容特点，决定了他们在思想政治教育中具有其他教师无可替代的独特优势，进而也决定了他们能够胜任"大学生思想政治教育主力"的角色。拥有和发挥好这些优势，是辅导员能够出色地承担大学生思想政治教育主力的基本前提和重要条件。从理论与实践两方面来看，高校辅导员开展大学生思想政治教育的主要优势大致可以概括为以下六个方面：

一、高校辅导员的工作优势

所谓工作优势，是指辅导员具有在教学工作上的教师身份，又具有在学生管理工作上的干部身份，以及由这双重身份所规定的工作职责，使他在大学生思想政治教育中具有比其他教师更为有利的形势或优越地位。也可称之为身份优势。《普通高等学校辅导员队伍建设规定》（以下简称规定）中明确指出：辅导员是高等学校教师队伍和管理队伍的重要组成部分，具有教师和干部的双重身份。辅导员是开展大学生思想政治教育的骨干力量，是高校学生日常思想政治教育和管理工作的组织者、实施者和指导者。辅导员应当努力成为学生的人生导师和健康成长的知心朋友。还指出：专职辅导员可兼任学生党支部书记、院（系）团委（团总支）书记等相关职务，并可承担思想道德修养与法律基础、形势政策教育、心理健康教育、就业指导等相关课程的教学工作。在高校里面，相对于其他教职员工而言，高校辅导员多了一重身份，即辅导员具有双重身份：教师和干部。这一身份的独特性，也决定了其工作的独特性：承担双份工作，一是教育——主要是思想政治教育工作，除了自己亲自教育之外，他还可以根据需要和可能组织或邀请其他教师进行培训或授课；二是管理——学生管理工作。辅导员身份上的优势就是工作上的优势。而工作上的优势，是建立在辅导员良好的素质基础之上的。所以，针对辅导员工作的性质和特点，规定设置了从事辅导员工作的高门槛——辅导员选聘的标准：①政治强、业务精、纪律严、作风正；②具备本科以上学历，德才兼备，乐于奉献，潜心教书育人，热爱大学生思想政治教育事业；③具有相关的学科专业背景，具备较强的组织管理能力和语言、文字表达能力，接受过系统的上岗培训并取得合格证书。这为从源头上保证辅导员队伍的整体素质提供了制度保障。辅导员可以在不同场合，以教师或管理干部的身份开展教育、管理工作。比如开展谈心活动，有针对性地帮助学生处理好学习成才、择业交友、健康生活等方面的具体问题，提高思想认识和精神境界；深入学生宿舍、课堂了解和掌握高校学生思想政治状况，针对学生关心的热点、焦点问题，及时进行教育和引导，化解矛盾冲突，参与处理相关突发事件，维护学生合法权益；落实国家有关政策，开展经济困难学生资助等相关工作，组织好勤工助学，积极帮助经济困难学生完成学业；积极开展生涯规划指导、就业指导和服务工作，为学生提供高效优质的就业指导和信息服务，帮助学生树立正确的就业观念；深入班级，组织开展主题班会、政治学习，发挥学生班集体在大学生意识形态教育中的组织力量等。在这些工作中，辅导员都将其与思想政治教育结合起来，有意识、有目的、有计划、有针对性地将马克思主义思想融入其中，在润物细无声中发挥"意识形态"的凝聚、整合、育人等正面功能。由于辅导员的这些工作，大多数是与大学生切身利益密切相关的，因此，在这些工作中融入思想政治教育甚至是意识形态教育，不但不会引起学生的反感，而且还容易引起他们的兴致。在这样的情景下开展教育，效果往往较好。辅导员要发挥工作优势推进大学生思想政治教育，就必须把思想政治教育与管理工作、服务工作统一起来，将主流意识形态元素（信仰、理想、信念等）融入具体的或日常的工作中。同时，还要有意识地引导大学生学会运用马克思主义基本原理、方法论思想指导开展工作和活动，拓展思路和视野，从而使大学生感受到马克思主义的强大力量，提升他们对马克思主义意识形态的兴趣和亲近感，进而达到自觉学习马克思主义和学以致用、学至能用、学达善用的目的。

二、高校辅导员的思想优势

所谓思想优势，是指辅导员由于自身的一些独特性而在大学生思想政治教育各环节及其过程中所具有的思想交流上的优越地位或有利条件。从思想政治教育有效实施的思想前提和条件来说，辅导员开展教育至少具有三个方面的优势：一是辅导员总体上是高校中最年轻的一支教师、管理队伍，他们与大学生年龄相仿，生活圈子类似，思想方法和行为方式相近，因此在思想上更容易与大学生进行沟通，不会产生思想交流上的"代沟"，相反在思想上有更多的共鸣之处，更了解大学生所思所想所需。这为辅导员有效开展思想政治教育提供了有利条件。二是辅导员处在学生工作的第一线，经常深入学生当中，更了解学生的思想动态，因而，这使他们在开展思想政治教育时更有针对性。在实践中，一些高校学工部门要求辅导员经常性开展"三下"（下宿舍、下课堂、下教室）、"三谈"（谈学习、谈工作、谈思想）、"三提"（提问题、提意见、提建议）活动，使辅导员更全面地了解大学生的学习、生活及思想状况，这无疑为辅导员有针对性地开展教育提供了重要的参考。三是辅导员尽管年轻，但他们大多是来自高校的优秀学生干部，或是教学一线优秀的青年教师，是同龄人中的佼佼者，因此，他们的政治觉悟较高，思想素质过硬，在大学生中容易产生榜样、示范效应和发挥引领作用，这无疑为他们开展大学生思想政治教育提供了得天独厚的思想交流上的优势。从思想流动的整个过程来看，高校辅导员在思想政治教育过程中参与或主导了教育信息的接收、筛选、加工、传播、反馈等过程，扮演着组织者、实施者和指导者等多重角色，发挥着载体、中介或主导的作用，与其他教育者相比具有一定的相对优势。如果把某一特定或具体的教育信息比作是一件"思想产品"，那么，就会涉及生产环节——产品的设计或制造者，流通环节——产品的传送或运输者，消费环节——产品的接收或消费者，评估反馈环节——教育工作者对产品在接收者或消费者中的反应进行评估并将有关信息反馈到相关环节。生产环节涉及思想产品的来源，来源把好了关，错误或偏激的思想产品就难以流入高校学生群体。可见，这一环节十分重要。但生产环节的重要，并不能由此否认其他环节也具有重要作用，相反，没有诸如流通、消费、评估反馈等其他环节，生产环节将难以发挥其应有的作用，甚至失去其存在的意义。辅导员在日常思想政治教育中的优势，就在于他不仅参与了思想产品的生产环节，而且还直接参与甚至主导了思想产品流通、消费、评估反馈等环节。在思想产品流动的整个过程中，一些主流意识和观念经过辅导员消化吸收、加工和包装之后，变成了有血有肉有灵魂的"思想产品"，以更加贴切大学生的创新方式展现在大学生面前，这宛若老树上开出新花朵，散发出诱人的魅力，吸引着广大学生来"采蜜"。另外，有部分辅导员随着知识、阅历的积累和理论素养的提升，成为思想产品的生产者、创新者。由于他们长期从事学生工作，具有大量的一线工作经验，因此，他们生产的思想产品更切合大学生的需要，是大学生成长成才和触动灵魂的上佳精神产品。总之，如果把大学生思想政治教育作为一个思想产品流动的过程来看，辅导员无疑在其中占据着较为有利的优势地位。

三、高校辅导员的情感优势

所谓情感优势，是指辅导员身处学生工作第一线，负责大学生日常思想政治教育和管理工作，在与大学生的交往中结下深厚的情谊，成为高校教师与管理干部队伍中最亲近大学生的一个群体，从而使辅导员开展大学生思想政治教育时在情感上具有其他教育者无可比拟的优势地位和有利形势。从辅导员角度看，辅导员由于工作职责所在，他们必须经常深入学生宿舍、课堂和教室，甚至在日常工作中逐步与大学生打成一片。在长期面对面的交往和日常管理工作中，辅导员往往和大学生们尤其是学生干部结下了深厚的情谊，并在交往与工作中进一步接近大学生、了解大学生、关心大学生，逐步深入大学生的精神世界，知道他们所思所想甚至他们的一些内心秘密,这为辅导员开展有针对性的教育提供了有利条件。从大学生角度看,在与辅导员的日常交往中,随着了解的深入和情感的加深,大学生逐渐体会到了辅导员的良苦用心,从而产生了对辅导员的亲切感和信任感,进而主动地向辅导员敞开了心扉,使辅导员的言传身教得以有效而顺畅地开展。在实践中,我们发现在许多大学生心目中,一名好的辅导员对他们来说是"可亲、可信、可敬、可学"的良师益友,他们对于这些辅导员的思想政治或意识形态教育不但没有抵触情绪,反而有一种主动接触和接受的愿望。这无疑大大提高了辅导员开展教育的实效性。从某种意义上说,一名优秀的辅导员,不动而敬,不言而信,其身上所散发的人格魅力就是一种无形的教育。辅导员要想在思想政治教育中充分发挥自身潜在的情感优势,就必须要树立以学生为本的教育理念,热爱辅导员这一特殊工作、热爱自己的学生,不断提高工作热情,不断增强工作责任感,努力培养对学生的大爱精神和深厚感情,努力提高自身综合素质和理论素养,形成具有个性特点的人格魅力,这样才能使教育真正建立在情感优势的基础之上。

四、高校辅导员的资源优势

所谓资源优势,是指辅导员作为日常学生工作的组织者、实施者和指导者,掌管着较为丰富的教育资源,从而使他们处于通过利用调配资源的手段和机会调动大学生参与思想政治教育的积极性主动性的有利形势和优越地位。从当前高校学生管理的实际情况看,辅导员是高校学生工作的直接负责人,他们能够掌控的教育资源,不仅包括物力、人力、财力等有形资源,也包括辅导员管理工作产生的无形资源,比如人脉资源、权力、信息资源。这些资源,一方面使辅导员在意识形态教育中提供有利条件,另一方面也使辅导员在教育中处于更主动的优势地位。比如:在财力资源方面,学生的活动经费一般都是由辅导员直接管理,大学生开展的活动项目要想取得经费上的资助,必须经过辅导员的同意或审批。在权力资源方面,辅导员拥有批假、各级各类评优及推优、入党、内部处罚等一定权限,这对个体大学生来说具有"生杀予夺"意义。总之,辅导员的特殊身份及工作职责使其拥有了在管理和教育大学生方面较为丰富的资源,而这些资源又关乎大学生的切身利益,因此,辅导员具有将这些资源优势转化为思想政治教育优势的可能性和有利条件。辅导员要充分发挥资源优势推进思想政治教育,就应当遵循利益诱导性原则。所谓利益,就是在一定的生产基础上获得了社会内容和特性的需要。通俗地说,利益就是对人们未来有好处的事物。人们对利益的追求来源于人的本性。人们都是在一定的意识形态笼罩下生活的,而意识形态伴随利益要求产生,意识形态体现利益的存在。所以,辅导员在关于大学生对待利益的问题上,要一分为二地看待,不应一味地批判他们追逐自身利益的言行,反而应该好好利用和引导他们追逐利益的这一本性和欲望，通过发挥辅导员的资源优势吸引大学生进入预设的教育情境之中，在无声无息之间达到主流意识形态渗透和灌输的目的。

六、高校辅导员的手段优势

所谓手段优势，是指辅导员在思想政治教育过程中，由于其拥有的身份特点及资源、平台等优势，他们既可以像其他教师利用课堂这个主渠道对大学生进行"灌输"，也可以采取诸如文艺表演、辩论比赛、歌咏比赛等渗透、示范、启蒙等教育手段，在手段选择的灵活性和多样性方面比其他教师拥有更多更灵活的选择余地和有利条件。

在开展大学生思想政治教育尤其是开展马克思主义意识形态教育中，辅导员可以选择的教育手段要比其他任课教师更多更灵活，其中主体人格感召、有益活动引导、环境氛围熏陶、大众传媒牵引等无意识教育的手段，能够有效消除受教育者的逆反心理，能够有效覆盖思想政治教育的全过程，能够和大多数中国人的思想特点相适应，有助于增强思想政治教育的非权力性影响，达到无意识接受教育之效果，凸显了辅导员具有得天独厚的手段优势。当然，我们在选择教育手段时，必须坚持为社会主义服务和为人民服务的原则，必须坚持以正面引导教育为主、负面警示教育为辅，尽可能做到教书与育人、教育与自我教育、政治理论教育与社会实践、解决思想问题与解决实际问题、教育与管理、继承优良传统与改进创新等有效地结合起来，在继承党的思想政治工作优良传统的基础上，积极探索新形势下大学生思想政治教育的新手段、新办法，努力体现教育的时代性，把握教育的规律性，充分发挥辅导员教育在手段选择上的多样性、灵活性、针对性等优势，进一步增强思想政治教育的实效性。

第四节　新媒体背景下辅导员发挥大学生思想政治教育主力作用的原则要求和路径选择

高校辅导员要充分发挥大学生思想政治教育中的独特优势和主力作用，就必须首先选择好实施教育的路径，包括教育载体、教育时机、教育场所、教育呈现方式等。如何避免在教育实施过程中与其他教育者"撞车"——出现教育内容上的重复与雷同及时间上的冲突，这就必须在路径选择中遵循一定的原则和要求，并由此确立更有利于发挥辅导员特长与优势的教育路径。

一、辅导员发挥大学生思想政治教育主力作用的原则和要求

辅导员发挥大学生思想政治教育主力作用的原则是：一要扬长避短；二要保

证教育到位；三要善于补上缺位；四要不越位、不错位、不抢位，避免与其他教育者发生"撞车"。在这个总原则的前提下，还要遵循以下三项要求。

（一）有所为、有所不为

制约辅导员开展大学生思想政治教育成效的重要因素有四个：一是辅导员自身的素质与能力以及时间与精力，二是思想政治教育"思想产品"的数量与质量，三是当代大学生整体素质及思想观念，四是外部社会风气及环境。在这四个因素中，辅导员可以决定或选择或改变的是第一和第二个因素。辅导员只有利用好这两个可选择可改变因素，才可能实现教育成效的最优化。从第一个因素来看，由于辅导员工作内容庞杂，而个人时间和精力总是有限的，如果辅导员没有重点、"四面出击"，眉毛胡子一起抓，而不是抓住主要矛盾和矛盾的主要方面，那么，很可能陷入被动应付的局面，其教育效果必定不佳。从第二个因素看，思想政治教育"思想产品"五花八门，但真正适合某一学生群体的并不多，若辅导员只是做简单的复制工或搬运工，那也必定效果不好。所以，对"思想产品"还得辅导员发挥创造性，在现有产品的基础上根据自己学生的特点"量身定制"，进行再加工、再创新和重新包装，才能提供给学生感兴趣和让他们眼前一亮的"精品"。总之，辅导员在教育路径选择上，一定要遵循有所为有所不为的原则，不要四面出击把"战线"拉得太长，而应坚定地专注于自己的主业，做到"辅"有重心、"导"有特色、"教"有专长、"术"有专攻，这样才更有利于实现辅导员自身的专业化、职业化。

（二）以人为本、统筹兼顾

以人为本是科学发展观的核心，统筹兼顾是科学发展观的根本方法。坚持以人为本、统筹兼顾原则是辅导员在开展大学生思想政治教育中贯彻落实科学发展观的体现。以人为本，就是要求辅导员要把促进学生成长成才作为一切工作的出发点和落脚点，要尊重、热爱学生，要相信、依靠学生，在选择教育路径时要服从和服务于大学生成长成才这个根本需求出发，深入了解学生心声、紧密联系学生实际，选择那些有利于充分调动大学生自我教育的积极性、主动性、创造性的教育路径，着力促进他们全面发展。"兴趣是最好的老师"，提高学生参与思想政治教育的积极性和趣味性，最终都要落脚在受教育者身上。以受教育者为中心是教育的出发点，也是教育的归宿。一切教育都必须以人为本，尤其是思想政治教育更是如此。思想政治教育的对象是大学生，必须以他们为出发点，关注他们的思想动态、心理特点、成长规律及变化趋势，关注其特有的思维方式和行为方式。要从大学生普遍关心的社会问题和迫切需要理解和解答的思想政治问题入手，发挥学生主体的主动性，以学生为中心，以促进他们成长成才为宗旨，贴近实际、贴近生活、贴近学生，开展有针对性的思想政治教育，只有这样才能提高教育的实效性。统筹兼顾就是要求辅导员自觉地把思想政治教育当作一项系统工程来抓好，学会协调处理好院系辅导员之间、辅导员与各相关教育部门、其他教育主体尤其是其他思想政治教育工作者之间的关系，加强合作，形成教育合力，取得最优化效果。这就要求辅导员在选择教育路径时要有全局观，要学会以遵循统筹兼顾的方法合理安排好同一院系内各辅导员之间的分工合作，并且要处理好辅导员与教师、导师、党政管理干部和心理辅导中心、职业发展中心、学校宣传机构及党团组织之间的关系，明确自己在整个教育系统中的优势与定位，并根据大学生个人利益与集体利益、局部利益与整体利益、当前利益与长远利益适时安排有意识教育与无意识教育、意识形态教育与非意识形态教育、主流意识形态教育与非主流意识形态教育、马克思主义意识形态教育与非马克思主义意识形态教育之间的教育重点、内容、手段之间的转换，使教育及其过程更有针对性、更有实效性。

（三）适合学生特点和教育规律

在如今的高校里，"00后"新生代大学生已经成为占绝大多数的学生主体。这些新生代大学生，一般具有"学习能力强、知识丰富，但道德与意志力相对薄弱""个性独立张扬，但情感生活的依赖性较大""新事物接受能力强，但是非与善恶之间的分辨能力较弱""有追求美好理想的意愿，但行动上却又倾向于功利的现实主义""身体生理发育快，但心理发育相对缓慢"，以及"更关注自我，少顾及他人想法，个人主义倾向明显"等特点。他们多数人比较厌烦说教式的教育，对政治性强的教育内容不太感兴趣，尤其不喜欢枯燥乏味的马克思主义经典原著。因此，在对他们开展思想政治教育尤其是马克思主义意识形态教育时，我们所选择的教育路径必须尽可能切合他们的特点，在不违背社会主义育人方向及意识形态教育规律的大前提下，按照"知其所欲、善施于人"的策略，从"理""法""境""情"等多个方面入手，选择适合他们特点的教育路径，尤其是善于利用新媒体平台，拉近辅导员与大学生的距离，使思想政治教育在新生代大学生面前也能焕发出诱人的"芳香"和魅力。这一原则还要求辅导员长期不懈地推进马克思主义意识形态教育的生活化。所谓马克思主义意识形态教育生活化，也叫马克思主义意识形态生活化教育，就是把被人为抽取出来的马克思主义意识形态"元素"还原回它生长的原生态之中，放到大学生真实的学习、工作和生活环境的各个方面、各个领域，即不要刻意把马克思主义思想、观点从各学科知识及社会实践生活中分离出来，而是以其原生态方式呈现给大学生，让事实说话，让意识形态自身的闪光点吸引人、教育人，引导大学生在相互辩论、师生谈心等生活场景中得到理性的教育，让大学生在日常的生活工作学习中自然而然地、无意识地接受马克思主义意识形态的渗透、熏陶和浇灌。这要比在课堂上的理论灌输及说理教导更能调动大学生的兴趣，其效果自然也会好一些。马克思主义意识形态教育生活化的路径就好比把盐放到水里后让人去喝这杯淡淡的盐水，而理论说教式的教育路径则相反，把盐水中的盐抽出来，直接拿盐让人吃，自然让人难以下咽。显然，前者更容易被当代大学生所接受。而前一种教育路径，正是辅导员优势所在。

二、辅导员发挥大学生思想政治教育主力作用的路径选择

根据辅导员发挥思想政治教育主力作用的原则和要求，我们认为在新媒体时代，辅导员可优先选择以下路径开展大学生思想政治教育，确保发挥辅导员的主力作用。

（一）配合第一课堂的理论教学，为主渠道发挥辅助性作用

高等学校思想政治理论课承担着对大学生进行系统的马克思主义理论教育的任务，是对大学生进行思想政治教育的主渠道。近年来，我国高校思想政治理论课教师在第一课堂上发挥主导性作用，努力开展理论教学工作，引导大学生坚定对马克思主义的信仰、对社会主义的信念，增强对改革开放和现代化建设的信心、对党和政府的信任等方面，发挥了重要的作用，使第一课堂成为马克思主义理论灌输名副其实的主阵地。但是，在思想政治理论课第一课堂的教学中，也存在着教学方式方法比较单一、教学的针对性和实用性不强、教育内容和教育手段跟不上形势发展变化，以及教师在课堂教学过程中，注重理论体系的完整性有余，而对实践中的热点、难点以及学生感兴趣的问题关注不足等亟待解决的老问题。在《首都大学生信仰状况的调查》资料中，只有13.7%的学生表示其信仰状态受到"课堂教学"的影响。可见，第一课堂上的教学还有不少不到位或缺位的情况。因此，作为学生日常思想政治教育和管理工作的主要负责人，辅导员应该及时补上缺位，配合思想政治理论课教师开展第一课堂理论教学，以辅助性角色发挥对第一课堂的辅导作用，确保教育全面到位。如何补缺，各校存在的情况各不相同，辅导员只能因地因时制宜了。比如，在思想政治理论课教师由于课程内容设置等原因没有及时跟上形势发展及一些重大国际国内事件教育学生时，辅导员就可以利用政治学习时间组织学生学习、讨论；针对任课教师上课侧重于理论灌输，与实践结合较少、学生不感兴趣等情况，辅导员除了可以组织开展一些有针对性的社会实践活动之外，还可以利用上时事与政策课以及上团课、党课等途径，以更紧扣实际、紧扣实践的方式对大学生进行马克思主义意识形态教育，一方面调动学生学习思想政治理论课的热情，另一方面引导学生巩固和消化第一课堂的理论知识。此外，辅导员还可以组织学生干部就第一课堂存在的问题进行调研，收集

学生的意见及建议，再反馈给相关任课教师，为他们进一步提高第一课堂的教学针对性及实效性提供参考与服务。总之，在不越位、不抢位、不错位的前提下，辅导员要大胆补上任课教师留下的缺位，积极配合第一课堂的主渠道，主动发挥辅导员的"辅渠道"作用。

（二）主持第二课堂的思想政治教育，发挥思想政治教育对大学生的引领作用

高校第一课堂主要在周一至周五的七小时之内，在八小时之外以及双休日，就是辅导员和学生自主的天下了。这无疑给辅导员开展思想政治教育提供了充足时间。在第二课堂里，辅导员是整个教育活动的主持人或主导者，通过策划和实施思想政治教育项目或主题活动发挥思想政治教育对大学生的引领作用。辅导员要对第二课堂做出合理规划和安排，利用好这七小时之外的时间，采取多种措施引导大学生参与到第二课堂的教育中来，把思想政治教育融入第二课堂的各项活动中，从而把第二课堂变成思想政治教育的另一个主战场。辅导员还要善于利用现有的教学资源，选好教育载体，以项目和活动为纽带，针对不同学生群体设置教育内容及方式，深入推进思想政治教育。

（三）发挥党、团、班和社团等组织作用，引导大学生进行自我教育

在高校学生管理工作中，辅导员负责指导学生的党团组织工作，具有发挥党的政治优势和组织优势开展思想政治教育的便利条件。高校辅导员在指导学生党支部建设过程中，创新学生党支部活动方式，丰富活动内容，增强凝聚力和战斗力，使其成为开展大学生思想政治教育的坚强堡垒，成为思想政治教育的辐射源之一。辅导员利用培养入党积极分子、开展党课培训以及与发展入党对象谈心等形式，对大学生开展有针对性的思想政治教育，尤其是进行马克思主义信仰教育、中国特色社会主义理论体系解读以及党的基本知识教育和实践锻炼，以此提高大学生的政治觉悟和党性意识。同时，辅导员还可结合当前全国上下开展的"两学一做"学习教育，将思想政治教育融入其中，提高学生党员运用马克思主义指导开展工作及活动的能力，在工作及活动中培育一批先进党支部和优秀学生党员典型，充分发挥其在思想政治教育中的带头示范、榜样影响作用。在指导分团委（团总支）、学生会和研究生会等团学组织的工作过程中，辅导员可以充分发挥共青团和学生组织自我管理、自我教育的作用，推进思想政治教育，提高思想政治教育的针对性和实效性。辅导员可利用共青团及学生组织在教育、团结和联系大学生方面的优势，发挥它们的中介、桥梁和纽带作用，把思想政治教育的触角伸向学生工作的各个层面和领域，在为大学生成长成才服务的过程中融入思想政治

教育的元素，化整为零，积少成多，争取达到潜移默化的效果。还可针对不同类型的学生群体，引导团学组织实施有针对性的大学生素质拓展计划，开展丰富多彩的思想政治教育活动，把思想政治教育融化到各项活动中，将教育与实践活动有机结合起来，争取达到自我教育的效果。还可利用培养优秀团员和推荐优秀团员入党等工作深入思想政治教育。由于这些工作涉及学生的切身利益，尤其是政治利益，此时介入的教育一般效果都比较好。此外，辅导员还可以依托班级、社团等组织形式，在开展活动过程中融入思想政治教育。

（四）发掘社会实践的思想政治教育功能，促进思想政治教育与社会实践相结合

理论联系实际是党的优良传统和作风，教育与生产劳动和社会实践相结合是党的教育方针的重要内容，理论教育和实践教育相结合是大学生思想政治教育的根本原则。在思想政治教育中，这一原则显得尤为重要。思想政治理论具有很强的实践性，它强大的生命力来自它与人民群众及其社会实践相结合，因此，在社会实践中学习思想政治理论，是提升思想政治教育实效性的有效途径。对即将迈入社会但又还不太了解社会的大学生而言，社会实践无疑是大学生了解社会、了解国情和提高思想政治素质的重要环节。通过组织大学生开展"三下乡"等假期社会实践活动，引导他们深入基层、深入农村、深入企业，让他们在与人民群众相处与生活中发现真理，让他们用自己的亲身体会领悟"物质决定意识，意识具有反作用力""人民群众是历史的创造者"等一系列辩证唯物论和唯物史观的科学论断，通过现实与理论对比感悟马克思主义等思想政治理论的独特魅力。近年来，一些高校辅导员除了利用假期组织大学生开展社会实践活动之外，还利用课余时间组织广大大学生到高校周边的社区、街道办、城中村挂职锻炼和开展专业实习，促进了社会实践活动由精英化向大众化转型。在各个社会实践点，逐步建立了相应的校外辅导员基地、党员服务工作站等，为广大学生锻炼成长提供了重要平台。在实践中，广大学生受教育、长才干、做贡献，逐步形成了正确的世界观、人生观和价值观，树立了坚定的马克思主义信仰。这显然是推进思想政治教育生活化和实现马克思主义大众化的一个重要途径。

（五）实施大学生骨干"十百千"培训计划，培育思想政治教育优秀团队

大学生思想政治教育是一个庞大的系统工程。要做好这项工作，单靠辅导员单枪匹马单打独斗是难成气候的，况且辅导员事务性工作繁杂，就算他有三头六臂也远远不够用。因此，辅导员除了配合第一课堂理论教学和开展有针对性的思想政治教育之外，还必须培育一支优秀的学生团队协助和共同承担教育的任务，这是当前推进大学生思想政治教育深入发展的重要途径。要以共青团中央正在全国范围内实施的"青年马克思主义者培养工程"为契机，实施大学生骨干"十百千"培训计划，即从学生党员、学生干部等学生骨干中筛选10名学生精英作为兼职辅导员进行系统的思想政治教育专题培训，用马克思主义中国化的最新成果武装他们，提高他们的马克思主义理论素养，并把他们组成大学生思想政治教育的团队，指导他们带领、影响和培训100名学生党员和学生干部，进而再组织指导这100名学生党员和学生干部带动、影响和教育1000名大学生积极分子乃至全体大学生，形成以点带线、以线带面的格局，由此扩大思想政治教育的覆盖面和影响范围。实施大学生骨干"十百千"培训计划，最关键的是选人，选10名重点培训骨干更是关键之关键。尽可能选那些有较好思想政治素质、理论基础扎实、态度积极上进、政治立场坚定，并且有做学生干部经历的学生精英或学生领袖作为重点培训的对象。在培训方式上，除了利用课余时间组织进行集中的理论学习之外，还要通过社会考察、素质拓展、互学互检、实践锻炼等行之有效的方式不断提高他们的思想政治素质、政策理论水平、创新能力、实践能力和组织协调能力，使他们成为"政治强、业务精、纪律严、作风正"青年马克思主义者，成为"招之能来、来之能战"的优秀团队，并从中培育出大学生思想政治教育领头雁——思政"网红"队伍。在教育培训初见成效后，再以这些青年马克思主义者为"火种"，指导他们发挥自身的学习示范和思想引领作用，组织他们教育培训其他学生，形成由辅导员幕后指挥而青年马克思主义者台上"唱戏"的以学生教育学生、以学生带动学生、以点带面的联动机制，逐步把思想政治教育尤其是马克思主义意识形态教育覆盖到每一位学生，从而汇成"星星之火，可以燎原"态势，实现思想政治教育和马克思主义意识形态教育普及化。应该说这也是实现马克思主义大众化的一种有效传播方式。

除以上路径之外，辅导员结合所在学校的实际情况，还有许多可供选择的路径，需要广大辅导员在实践中进行大胆探索和创新。

第八章 新媒体背景下高校思想政治理论课教学

新媒体技术的快速发展，使大学生思想政治教育产生了巨大变化，同时也改变着高校思想政治理论课教学的内容、方法手段以及考评体系等诸多方面。新媒体时代，高校思想政治理论课教学要增强其吸引力、感染力和说服力，就要适应时代发展的新特点，利用新媒体作为载体，在坚持传统的有效的教学方法、手段的基础上，不断拓展思想政治理论课教育教学的渠道和空间。

第一节 新媒体时代加强高校思想政治理论课教学的意义

一、加强思想政治理论课教学是实施高等教育大众化的题中之义

思想政治理论课是我国高校数以万计的政治理论课教师每天都在从事的事业，是数以百万、千万计在校学生正在接受的教育课程，在各级各类学校中像这样人数众多的教师教同一门课，所有的学生都上同一门课的情形是不多见的。特别是在高等教育办学模式也呈多样化的形势下，伴随着我国多种层次、多样形式、结构庞大、人数众多的高等教育体系，思想政治理论课教学要想体现针对性和实效性，要想在帮助青年学生确立正确的世界观、人生观、价值观和树立崇高理想、坚定信念方面发挥重要作用，就必须创新教学理念，充分利用新媒体技术，改革教学手段和方法，以优化教学效果。

二、加强思想政治理论课教学是新媒体时代的开放性以及价值多元化的必然要求

随着新媒体技术的发展，大学生获取信息的渠道空前广泛，速度异常迅速，各种各样的媒体成了大学生生活中不可或缺的一个重要组成部分。这也使大学生接触社会的方式具有广泛性和多样化。大学生们可以通过电话、互联网、各种宣

传媒体与社会进行广泛的联系，他们再也不是躲在象牙塔里的"两耳不闻窗外事，一心只读圣贤书"的另类群体，而成为虽身居校园，却"家事、国事、天下事，事事关心"的群体，并乐于通过新媒体的各种手段参与其中。

新媒体时代是一个多样的时代，多元的时代。信息的开放度大为增强，来自不同地域、不同国家的声音，在同一个空间传播，代表着不同的政治观念、文化观念、道德观念以及价值观念，代表着不同的行为方式以及生活方式，呈现出多元化的特点，这不但最大限度地满足了学生的多样化学习需求，也为学生的日常生活带来了巨大的便利，但同时其开放性以及多元化也给某些不科学的、非主流意识和信息的传播打开了方便之门，使大学生的思想受到了国内外多元文化和价值观的冲击，造成了他们在价值观选择上的困惑。高校的思想政治理论课教学肩负着对大学生进行思想政治理论教育的重要任务，是对大学生进行科学世界观、人生观、价值观以及道德观的宣传教育的主要阵地，其及时发挥自身的导向功能，充分占领和运用新媒体平台，责任重大。

三、加强思想政治理论课教学是促进大学生成长成才的迫切需要

新媒体时代成为高校思想政治理论课的重要背景。新媒体已经成为大学生生活的一部分。他们易于接受新事物，喜欢追求新鲜好奇，乐于游戏娱乐。各种视听媒体的到来，手机媒体作为电视、电脑之后的"第三屏"，通过一方小小的屏幕向大学生展示和开放了精彩的外部世界，对大学生的生活全面介入，成为大学生获取信息、交流信息、感知世界等的重要渠道。但同时，新媒体的开放性和虚拟性也极易导致大学生忽视现实社会的道德约束而放纵自己，形成新媒体内外的不同人格，不利于大学生的成长成才。在新媒体技术高速发展、信息瞬息万变的今天，高校必须紧跟时代发展步伐，把握时代脉搏，坚持正确的政治方向，弘扬红色的主旋律，从解决大学生思想实际问题入手，不断优化思想政治理论课教育教学，做到"以科学的理论武装人，以正确的舆论引导人，以高尚的精神塑造人，以优秀的作品鼓舞人"，使大学生真心喜爱思想政治理论课程，终身受益，健康成长。

第二节 新媒体时代"以学生为本"的教学理念

思想政治教育是教育人、说服人、塑造人的工作。关注人的自身发展、解读人的存在意义、建构人的精神家园，进而促进人的全面自由的发展是思想政治教育的重要任务，为此，思想政治教育的价值和归宿就是以人为本。思想政治理论课教学作为大学生思想政治教育的重要组成部分，只有坚持"以学生为本"的核

心教学理念，才能产生影响力和亲和力，才能提升教学效果。为了适应新媒体时代对人的发展的要求，高校思想政治理论课教学必须坚持"以学生为本"的核心理念为指导。

一、坚持"以学生为本"是思想政治理论课教学理念的核心

教学理念是教学的核心和灵魂。新媒体时代，思想政治理论课教师已不再是政治理论信息的中心和权威的代表，而是大学生思想成长的启蒙者和领路人。思想政治理论课教学必须坚持"以学生为本"的教学理念。"以学生为本"的教学理念的内涵包括以下几个方面。

第一，尊重学生的主体地位，充分关注学生的需求。高校的思想政治理论课教学应当让学生做主角，尊重学生的个性差异、充分考虑学生丰富多样的个体需求，将大学生视为能动的、自主的、独立的个体，尊重他们的独立人格，充分肯定他们的自身价值。强调"以学生为本"就是说学生的主体地位带有基础性。教师的一切教学活动都应该以满足学生的需求为根本目的，这就必须从学生的实际出发，引导学生参与教学过程，发挥学生的主体地位，使学生"在知识上从'少知'向'多知'转化，在方法上从'学会'向'会学'转化，在态度上从'要我学'向'我要学'转化"。

第二，以实现学生自由而全面发展为目标。即一切教学活动都应该从学生本身的发展出发，从学生的现实出发，从学生的现实需要出发，因此，教学活动中，师生之间的地位是平等的，要相互尊重、平等交流，从而启发学生的内在需求，实现学生主体意识、自主能力以及创造力的提升。要充分认识到，教师的"教"只是手段，而学生的"学"才是目的。教师的"教"是为了促进学生的"学"，要树立"一切为了学生，为了一切学生，为了学生一切"的教学理念。在思想政治理论课教学中，教师的"教"既要重视理论的学习，又要重视学生实践能力和创新能力的培养；既要教书又要育人。同时，在思想政治理论课教学过程中要注意学生个体内在价值的发展需要，从而引导学生在实现自身价值时注意与社会价值相一致，这样才能有助于学生的个体成长，从而促进大学生的自由全面发展。

思想政治理论课"以学生为本"的教学理念，确立了学生的主体地位和教师的主导作用。它充分认识和肯定了学生的主体地位，有利于发挥学生的主体地位，激发学生学习的积极性、主动性和创造性，从而能够克服教学中仅仅把学生看成被动接受的对象、忽视学生个体主观能动性的弊端，这也有利于教师和学生之间确立平等的关系，更有利于理论课教师发挥自身的主导作用。

是否真的热爱和尊重学生是教师的主导作用有效发挥的前提。作为教师，应该从大学生的生活、思想和学习的实际出发，认真研究他们的身心特点，关心和

维护他们的切身利益，发挥自身的主导作用。爱一个学生就等于培养一个学生。"师者，所以传道授业解惑也。"这里就讲出了为人师的职责，不仅仅是把知识从一个头脑移到另一个头脑中，教师"教"的过程还应该抓住学生的心灵，是师生之间心灵的接触，从这个意义上讲，"以学生为本"的思想政治理论课教学的核心和精髓就是要达到：以人格教育人格，以性情培育性情，以心灵感动心灵。

二、坚持"以学生为本"教学理念的必要性

高校的思想政治理论课是对大学生进行思想政治教育的主阵地和主渠道，其质量直接影响大学生综合素质的培养和提高。新媒体时代，是价值多元、凸显个性的时代。在这样的环境下，坚持"以学生为本"是提高思想政治理论课实效性的必然要求。

第一，坚持"以学生为本"的教学理念是实现培养人才的教学目的的需要。高校思想政治理论课是对大学生进行系统的思想政治教育的主战场，其最终目的就是培养适应时代发展的高素质大学生。因此，高校思想政治理论课教学必须面对新媒体时代的社会开放和价值多元的现实，通过课内课外、网上网下给予学生正确引导，使学生能够正确运用新媒体，识别纷繁复杂、良莠不齐的网络信息资源，从中选择有利于自己身心发展、成长成才的信息。当今的大学生视野开阔、思想前卫，但是他们缺乏人生阅历以及经验，崇尚自我个性的张扬，与强烈的求知欲相比，判断力比较弱，新媒体环境下纷繁复杂的信息资源，很容易影响他们的世界观、人生观以及价值观。因此，思想政治理论课教学要以学生为出发点和归宿，突出学生的个性发展，满足学生成长成才的合理需求，及时给予他们帮助和引导，引导他们正视道德冲突，解决道德困惑，尽一切努力用服务的意识去实现教学的目的。

第二，坚持"以学生为本"教学理念是完成高校思想政治理论课教学任务的需要，人是教育的出发点，也是教育的归宿，高校教育的根本任务是培养人才。高校思想政治理论课教学的根本目的就是立德树人，以促进人的全面发展。因此，必须改变长久以来高校思想政治理论课教学以"传道"和灌输为主要抓手，忽视学生能力和个性培养的局面。高校的思想政治理论课教学要贯彻和落实中央科学发展观、科教兴国和人才强国的战略，进一步强化大学生思想政治教育的任务性，以立德为基础促进立德树人。坚持以学生为本，在培养他们自觉明辨是非、自主选择和自我修养能力的同时，培养他们坚持正确的政治方向，自觉抵制各种有害信息的浸染，健康成长，全面发展。

三、坚持"以学生为本"教学理念的基本要求

新媒体时代，高校思想政治理论课确立以学生为本的教育理念是合目的性与合规律性的有机统一。思想政治理论课教学坚持"以学生为本"的教学理念，就要研究作为接受主体的大学生的心理特征，了解他们的心理需求，以增强思想政治理论课教学的可接受性，强化问题意识，体现教学的生活化关怀，实现"三贴近"，突出教学的针对性。

（一）强化思想政治理论课教学中的问题意识

在思想政治理论课教学中，关注大学生的思想理论热点问题和难点问题是坚持"以学生为本"教学理念的具体表现。大学生关注的思想理论热点、难点问题是指与思想政治理论课教学内容密切相关的、大学生们关注程度和频度都比较高且比较难于理解的问题。认真研究和客观分析大学生关注的疑难热点问题及成因，关注和启发性地回答这些疑难热点问题，是提高思想政治理论课教学的吸引力、感染力、说服力，进而优化教学效果的重要举措。问题是进步的起始，思考催生成长。在新媒体环境下，信息的海量性和复杂性使大学生用鼠标轻轻一点，就可以接触到纷繁芜杂的价值观念、生活方式和社会思潮，其中不乏腐朽的价值观念和社会思潮等，这些价值理念以及社会思潮，使大学生的思想空前活跃，热点疑难问题也林林总总。了解、分析和把握这些问题及其成因，有效干预大学生对这些问题的认识和解决，有针对性地加强马克思主义理论与思想政治教育，对于促进大学生的成长、进步，实现高校培育"四有"新人的培养目标具有重要意义。

（二）突出思想政治理论课教学的针对性

在强化问题意识的基础上，全面突出思想政治理论课教学的针对性，是落实"以学生为本"理念的深入表现。在新媒体环境下，信息内容丰富海量，方方面面、林林总总，信息形式综合多样，它展现给人们一个五彩斑斓的世界，使人们几乎处于一片毫无藩篱的开放的信息海洋中。在这种情势下，从社会、高校和大学生的实际出发，强化问题意识，有针对性地将教材的理论体系和教学实际结合起来，并利用新媒体技术对教学内容适当补充，合理整合，提升教学的针对性和实效性尤为重要。要突出教学的针对性必须做到以下几点。

1.坚持贴近生活、贴近个体、贴近心灵

思想政治理论课教学要与学生的需要相适应，首先就必须坚持贴近大学生的现实生活，道德的本质是实践的，也是生活的，活生生的现实是最好的教学工具。在新媒体环境下，大学生有很多现实的生活困境，思想政治教育必须考虑他们的现实问题，而不是只说一些理论的东西。就一定意义说，大学生今天所面临的生

存压力与长辈在这个年龄段时遭受的压力状况是不同的,"说得严重一些,物质层面的压力已严重挤压了他们精神上的追求空间,何况他们也没有多少精力和闲暇来更多地思量精神层面的东西,人的思想变得浅薄了,物欲更重了,不要说是个人,就是社会也变得这样了。"因此,思想政治理论课教师要精心选择和组织课堂教学内容,从大学生的实际生活中挖掘道德教育的素材和契机,并融入他们的个体生命中,这样才能有的放矢,帮助大学生形成对思想政治教育活动的愿景一体化,达到"建立共同愿景"的境界,提升教学内容的现实意义,引发大学生学习的积极性和主动性。此外,要坚持贴近大学生的心灵,思想政治教育的核心是以爱育爱。爱是教育的源泉,而心灵深处是教育的源头。没有诚挚的爱,就没有教育。思想政治理论课要真正发挥实效,教师就要做到真正关心学生、了解学生、信任学生,与学生推心置腹、平等交流。教育只有触动心灵,才能引发感动,从而引领精神成长。

2.坚持结合学生的专业施教

即思想政治理论课教学要针对不同的专业进行不同的调整,思想政治理论课是高校公共基础课,要想让思想政治理论课在所有学生中具有吸引力,就必须针对不同专业调整教学内容,切不可以不变应万变,尤其要注意文理专业差异问题。由于学习环境不同,文理科学生对思想政治理论课的接受能力也不同。文科生由于在高中时一直学习政治,其基础知识比较扎实,对授课内容较为容易理解和接受,所以施教的内容可以深些。而理工科学生由于高考不考政治,很多学生对其中较为浅显的理论知识,学习起来都感觉困难,因而施教内容可略浅些,由浅入深循序渐进。而且,文理科学生在学习、生活中遇到的一些问题也有所不同。比如,在学习过程中,文科生更担忧个人前途,而理工生多苦恼眼前的学习压力;在心理问题上,文科生的自我调适能力相对较强,而理工生的则较弱等。因此,针对这些问题就要求理论课教师在授课时要根据文理科学生的多方面差异,适时调整教学内容,使教学内容具有针对性,从而提高理论课教学的魅力。

3.坚持"滴灌式"影响与循序渐进相结合

思想政治理论课教学应该是一种潜移默化式的影响,让学生在不知不觉中受到教育、得到启发,即它更强调"春风化雨、点滴入土",从而达到"润物细无声"的效果。同时,思想政治理论课教学是一个长期渐进的过程,而非一朝一夕之事。这种教育应该注意从一点一滴入手,不间断地积累,要适时、适情、适度,从而达到教育的渗透性的渐进性累积。在教学过程中,思想政治理论课教师要从学生的思想实际和心理特点出发,不放过任何一个施教契机和细节,充分运用新媒体与学生进行有效互动。在课下,作为思想政治理论课教学的拓展和延伸,思想政治理论课教师也要利用各种新媒体平台,有针对性地加强与学生的交流,不失时机地促进教学内容的潜移默化,使之点滴入微,以期"在今天的社会环境中,在大众传媒也注意不断细分受众的时候……格外注意渗透性和弥漫性,把教育与学生的特点及需求相契合,将运动式与渗透性相结合,将注重面上效应的'漫灌'和注重深入影响的'滴灌'相策应,将明白的'主义'教育和暗隐的'问题'教育相结合,将显性教育与隐性教育相勾连,充分注意有形教育与无痕教育影响的相匹配",即为了形成明显的社会心理气氛,既利用传统的强势宣传手段造声势,又注重细节,讲究细致入微,重视教学内容和教学方法的细微周到,以情感人,使思想政治教育影响深层地、持久地发生作用。

(三)增强思想政治理论课教学的鲜活力和生动性

思想政治教育是一种政治教育性很强的活动,但是它不一定非要以严肃、冷峻、矜持和规整的面目来展现,它可以而且必须展现它本身所具有的生动性和鲜活性才能具有吸引力,才会被大学生接受和喜爱。因此,思想政治理论课教学要根据时代发展的新情况、新变化,结合当代大学生成长需求,充分利用新媒体技术,让理想信念教育内容富含时代气息、注入新意,以学生喜闻乐见的形式体现出来,创造一种轻松、活跃的氛围,让学生在形象、生动、直观的教育形式中感受教育的魅力,学有所思、思有所悟、悟有所得,增强思想政治理论课教学表现力和生动性的重要手段是善于灵活有效地运用新媒体技术这种载体。新媒体技术为思想政治理论课教师改变传统思想政治教育单调的内容及形式,提供了工具上的便利。在教学中,思想政治理论课教师可以充分利用新媒体技术,全面地、精心地构建或筛选思想政治理论课的教学信息,并精心设计与制作课件,使其集声音、文字、图像、数据等为一体,实现教学内容视听结合、图文并茂、声情融会,使其更富有艺术性和感染力。这样不但坚持了理论正面灌输的原则,还增强了思想政治理论课教学的可接受性。要以校园生活为基点构筑新媒体与传统优势相融合的立体化思想政治教育新阵地,使教学活动延伸到课外,而不仅仅局限于学校、教师和课堂。思想政治理论课教学不但要"进教材、进课堂",更要"进媒体"。利用新媒体技术,凭借"媒体联动""资源共享"等方式,使思想政治理论教育内容"从一种媒介终端传递至另一种媒介终端,促进电脑网络与手机网络、各类阅读器之间的连通,从而形成'流媒体'现象",进而提升思想政治理论课的渗透力和辐射力,实现思想政治教育的全员覆盖、全程融入以及全面渗透。另外,要运用新媒体技术打造具有思想性、知识性、趣味性和服务性的思想政治教育专题网站,为引导大学生树立正确的世界观、人生观、价值观努力营造积极健康的学习环境。

新媒体开启了个性化时代,新媒体语言也推动了学生自由个性的张扬。转变话语范式也是增强思想政治理论课教学的鲜活力和生动性的体现。话语范式是具体的教学内容体现，也是形成思想政治理论课教学影响力的技术保障。在传统的思想政治理论课教学的话语范式中，学生被当成单向度的被教育、被塑造的对象，其学习能动性、自主性、创造性被忽视，限制了教学本身功能的发挥。在新媒体环境下，网络化生活方式已经成为现代人尤其是大学生生存的重要方式，而语言则是虚拟空间存在的重要工具。新媒体语言是青年群体改变传统话语范式的一个重要体现，新媒体语言具有混杂性、简洁性、直观性、模糊性等特点，但是这种语言却深受大学生青睐，并形成了群体表达的有力传播途径。因此，大学生的思想政治理论课教学也必须面对新媒体语言的挑战，并利用新媒体语言的"话语优势"，进行理论课教学工作的展开，从而才能真正使大学生思想政治教育被大学生群体接受。要实现思想政治理论课教学话语范式的转变，一是要实现话语语境的转变。思想政治理论课教学话语必须符合大学生的政治生活和道德生活的需求，要扎根于学生的生活世界中，只有这样，思想政治理论课教学的话语才能为处于现实生活世界的学生理解和接受。二是要实现话语内容的改变。思想政治理论课教学话语内容应该贴近学生的现实生活，即强调教学话语要更加贴近学生的思想、心理、生活现实，只有这样的语言才容易被学生接受。三是要实现话语方式的多元转换。传统的思想政治理论课教学话语方式常用"应该""一定""保证""必须"等这样的命令式的祈使句。这种话语方式令受教育者完全处于被动接受的地位，令学生们很是反感，他们很难接受教育者的这种说教式话语。在新媒体时代，思想政治理论课教学要立足于学生的主体意识，话语方式必须进行多元转变，变传统的控制方式、劝导方式为平等交往的话语教学方式，就是在尊重学生的主体意识的基础上，实现教师与学生之间、学生与学生之间平等的对话交流。只有在教师与学生真诚、平等的对话中，教学话语才具有沟通性，教师也才能从一个控制者、支配者转变为一个真诚的对话者。在新媒体技术和多元文化背景下，思想政治理论课教师只有了解学生，恰当运用话语方式，才能调动当代大学生的思想、行动的积极性，实现教学效果的事半功倍，否则将使教学效果大打折扣。

第三节　新媒体时代高校思想政治理论课教学方法创新

"思想政治理论课教学方法，就是思想政治教育工作的主体为达到认识和改造受教育者而采取的方式和手段，或者说，是教育者在思想政治教育过程中为达到一定目标、完成一定任务，而对受教育者采用的认识方法和实施方法。"现代教学论认为，教学有法，教无定法，贵在得法。好的思想政治理论教学方法，有助于教师与学生之间良好的沟通、交流、引导、教育的关系的确立，否则会导致二者之间僵化、互逆与对抗，从而导致思想政治理论课教学功能的丧失。

现代社会科学技术及其经济的发展，尤其是新媒体技术的出现，对思想政治理论课教学方法也提出了新的要求。思想政治理论课教学方法的创新是克服和解决思想政治理论课教学针对性和实效性不强，确保思想政治理论课教学价值实现的有效途径和手段。思想政治理论课教学方法的不断创新，既是时代发展的要求，也是思想政治教育自身规律的要求，更是新媒体环境下思想政治教育的要求。

一、新媒体时代思想政治理论课的教学方法

从思想政治理论课教学实践上看，改革和创新教学方法是提高教学效果的桥梁和手段，它有助于思想政治理论课教学更具有针对性、实效性，可以使教学内容更具有吸引力、感染力。然而，长期以来，在思想政治理论课教学方法上存在很多问题。

（一）创新课堂讲授法教学

讲授法是传统思想政治理论课教学的基本方法，采用讲授法可以通过教师大量、集中、直接的讲解，帮助学生在有效教学时间内短、平、快地掌握课堂教学知识，不失为提高教学密度的一种简捷途径。但讲授教学也存在着致命的弱点和局限，主要表现在教师独占课堂、学生成为被动接受单一教学信息的受众体。在这种教学方法的教学模式中，讲解与倾听成了教与学双方主体各自的主要任务，其结果必然造成学生学习被动、缺失学习积极性与热情；学习方法机械呆板，实践和创新能力低弱。在大学生思想十分活跃，形象思维高度发达的新媒体条件下，传统的、单一的思想政治理论讲授教学必须改革。

1.专题式讲授法+轮班讲授法

专题式讲授法是以北京大学马克思主义学院的思想政治理论课教学为代表进而推广的。这种讲授法是在严格遵循统编教材的主要内容和逻辑结构的基础上，既依据教材，又不拘泥于教材，以"专题"为单位整合教学内容。采用专题式教学讲授法，能够达到术业有专攻的效果。因为教师各有所长，也各有所短，一位教师知识水平有限，纵然使出浑身解数也很难完美准确地把握并教好一整门课程。而采用专题式讲授法，则可以最大限度发挥教师专业所长，而且更有利于教师形成集中的研究方向与深化教学内容，也有助于教学团队的团结协作力量的发挥。比如将"思想道德修养与法律基础"这门课程整合为人生观、价值观、道德观和法制观这四个大专题，每组三人，各自集中力量准备一个专题，进行轮换教学。从教师角度来看，这种方法打破了统编教材画地为牢的章节目，以专题为基础设计教学内容，有利于教师集中精力、时间关注学生现实生活中实际问题，深化教

学内容和方法研究，减轻了教师的负担；从学生的角度来看，在一门课程中感受不同教师的教学风格，激发了学生学习的热情，满足了求知要求，增加了学习兴趣。专题式讲授法容易出现的问题是，打破了原来一门课比较完整的整体教学体系，调整原有教学内容设计中相互的逻辑关系，如若处理不好，会造成教学体系结构混乱与松散，导致理论因无法相互证明而丧失说服力。这就要求思想政治理论课教师必须根据专题教学的实际需要，深入了解和把握教学体系内容，合理统筹，加强理论整合力，使之既体现专题的针对性，又能反映知识内容的相互连贯性，从而使教学体现出时代性、完整性和逻辑性。以"思想道德修养与法律基础"为例，利用新媒体技术通过拼图块的无缝连接体现人生观、价值观、道德观和法制观这四个大专题的相互补充及其不可分割性，加上教师生动地讲解会一目了然，形象直观。

2."一多结合"的讲授法

新媒体技术的发展，改变了传统的"一支粉笔一张嘴、一块黑板一杯水"的课堂模式，使教学方法手段有了多样的选择。思想政治理论课教学中的所谓"一多结合"，是指同一个教学内容由多个教育主体、采取多个（不同的）理论视角，选择不同的理论工具，分别阐释的教学方法。其主旨是，在思想政治理论课堂教学过程中，多角度切入某一重点教学内容，如请不同专业的教师或专家同堂对话并对学生进行讲授、交流。"一多结合"讲授有利于增强高校思想政治理论课的理论魅力，增加了教学内容的科学性与深刻性；有利于受教育者对教育内容的理解加深和从多种角度学习理解知识的水平、能力，增强学生的学习主动性。例如，在讲"思想道德修养与法律基础"的绪论"珍惜大学生活，开拓新的境界"这部分内容时，对于大学生应该如何更好地适应人生的新阶段这一课题，授课教师结合新媒体课件在对具体内容进行深入浅出、细致的分析之后，为了让学生对教学内容有更深的体会，可以请来本校在校或毕业的优秀大学生有针对性地介入，讲述自己是如何适应大学生活和学有所成的。这样既有助于大一新生对大学生活的认识加深，更有助于自身实践能力的提高。

（二）推进案例式教学

案例式教学实质上是理论联系实际的一种具体表现形式。这种教学方法是在理论课教师的指导下，围绕着一定教学目的，把实际生活中的实例引入课堂，有利于提高学生分析问题、解决问题的能力，从而使学生自觉或不自觉地学到了知识。要想很好地实施案例式教学，最关键的问题是要处理好教材和案例之间的关系，案例和教材必须结合起来，既不能脱离教材运用案例，也不能用案例代替教材，只有这样，才能保证这种教学方法的可行性、系统性和生动性，从而更好地实现教学目的。案例式教学的核心在于组织课堂讨论，形成师生之间互动、学生之间互动的一种动态的、开放的教学模式。但是，在实施案例式教学的过程中，课堂上教师的理论引领和提升是非常必要的，在实际的教学过程中，学生在分析案例时，很难找到案情与教学内容的契合点，他们对案例不能上升到一定的理论高度进行分析。所以，在具体组织和实施教学的过程中，任课教师可以根据教学目的、教学内容以及授课对象的不同，灵活掌控教学模式，既可以在理论内容讲授之前抛出案例，启发学生思考，引出要讲的内容，也可以先进行系统的理论内容的讲授，之后再抛出案例，引导学生学以致用。案例式教学丰富和发展了传统的思想政治理论课教学方法与手段，对于提高思想政治理论课教学的实效发挥了重要作用，尤其提升了学生实践能力，是现代思想政治理论课教学设计的一大亮点。案例式教学法中的案例既可以选择视频案例，也可以利用PPT制作图文并茂的案例。尤其是利用新媒体技术，更易于大学生接受，并能深刻体会教学内容。

（三）突出实践教学

实践教学是深化思想政治理论课堂教学的关键环节，是学生获取、掌握知识的重要途径。思想政治理论课实践教学近些年受到了政府相关部门和高校的更多关注，也涌现出许多成果与经验。实践教学是切实提高思想政治理论课教学实效性的一种理论联系实际的教学方法。它打破了传统课堂教学的单一教学方式，使学生走入拓展性教学空间——社会生活，丰富的社会实践可以巩固所学知识，开阔视野，拓宽生活范围，深化对社会的认知，提高独立思考解决问题的能力。思想政治理论课实践教学是寓教于行的教学过程和教学方法，它的有效载体包括社会调查、生产劳动、志愿服务、公益活动、科技发明和勤工助学等社会实践活动。思想政治理论课教学实践尤其要抓住重大活动、重大事件、重要节庆日等契机和暑假、寒假的机会，紧密围绕一个主题、集中一个时段，广泛开展特色鲜明的主题实践活动。

为增强实践教学的实效性，要根据学生实际设计实践教学形式。大多数情况下，大一新生要开设思想道德修养与法律基础课、中国近现代史纲要课以及马克思主义基本原理课，这就应根据新生特点，尽可能地使用一些体验式、交流式、竞赛式的实践教学形式，比如演讲比赛等。而大二年级主要开设"毛泽东思想、邓小平理论和'三个代表'重要思想概论"课，则可以使用调查式、辩论式等实践形式培养学生观察、思考和解决问题的能力。总之，思想政治理论课教师在实践教学过程中，只有以学生为本，结合学生的具体特点，灵活机动地运用各种不同的教学方法进行教学，才能真正地增强教学效果。同时，强化实践教学，还要求学校为实践教学提供必要的机制与后勤保障。保证机制有动力、有活力，反馈迅捷。而加大经费投入是提高实践教学实效的物质保障。强化思想政治理论课实践教学必须做好这两点，才能保证实践教学计划的真正落实，才能保证实践教学实效作用的进一步发挥。

（四）有效采用情境式教学

情境式教学模式就是指思想政治理论课教师依据教学目标、教学内容以及学生的实际情况而创设的特定的教学情境，从而引导学生自主探究的教学方式。具体来说，"它是指在教学过程中，教师有目的地创设或引入一个相关问题的情境，使学生产生身临其境之感，以引起学生一定的心态和情感体验，扩大学生的知识视野，刺激学生思考的积极性，从而促使学生以最佳的情绪状态，主动投入，主动参与，主动探究，主动发展，从而启发、帮助学生掌握、理解知识，提高分析问题、探求问题和解决问题的能力"。情境式教学模式是以学生的"实践"为中介，通过指导学生参与社会实践活动，亲身体验并启动心智去感悟和内省，或是通过科学的、有目的的典型情境的设置，让学生在"做"中体悟，在"参与"中反省，从而实现情感的整合和认知的建构，并将思想政治理论的学习转化为政治情感和道德素质的践行。

思想政治理论课情境式教学方式强调学生的自主体验，不是灌输抽象概念和规则；重视创设适宜的教学情境，充分发挥情感在教学中的作用，是一种启发学生学习兴趣的开放的教学模式。这种教学模式的构成环节一般有创设情境、确定问题、自主学习、协作学习、效果评价等，包括角色扮演、行为实践、多媒体设备创设情境等方式，集言、行、情三者于一体。思想政治理论课教学引入情境式教学模式能够从根本上改变思想政治理论课传统教学中单一的泛泛讲解。例如，"毛泽东思想和中国特色社会主义理论体系概论"教学运用多媒体手段，可以打破时间、空间的限制，以千变万化的表现手法和丰富多彩的电视画面，栩栩如生地再现了中国社会主义现代化建设和改革开放的历史进程，使抽象的文字、说理变成有声有色、有血有肉的鲜明形象，图文并茂，极大地刺激了学生的感官系统，加深了他们对理论形成的深刻理解和把握；"思想道德修养与法律基础"课情境式教学既可以在课堂上由学生们参与教学，也可以录制大学生扮演的相关教学内容角色片段设计情境教学。

（五）持续推进多媒体辅助式教学和网络式教学

运用多媒体技术以及网络辅助开展教学活动是现代化教育的重要标志之一。教师的语言组织能力、肢体语言和个人魅力是传统的思想政治理论课教学方式中常用的教学手段。多媒体辅助式教学与传统的教学模式相比，具有更直观、更生动形象、趣味性强等特点，正日益成为一种被广泛推进且有效的教学方法。因此，进行多媒体辅助式教学，特别是反映时代、思想主题的思想政治理论课教学不仅在形式上要用先进的现代教育技术手段武装自己，在内容上也必须深刻地体现时代感和现实性。从这个意义上讲，思想政治理论课教师应当具有自主研发多媒体课件的意识和常用常新的水平。首先，要注意以理论为主线，精心设计，力求内容简明、形式生动、富有个性。例如，画面构图简洁大方，字幕清晰准确，背景颜色协调；画面主题应该鲜明、突出，符合认知规律；画面切换方法应当基本一致，以免令人眼花缭乱，分散注意力，影响教学效果。为调动学生学习积极性，强化学习效果，课件应预置课堂讨论等学生活动空间，并在每一章节后设计相应的单选、多选、辨析、讨论等练习题及标准答案。这样，就会使多媒体辅助式教学通过生动活泼的直观手段恰到好处地体现具有较强的理论性、系统性、严谨性的思想政治理论教学内容。其次，要正确处理、使用多媒体与不同教学方法之间的关系。在教学过程中，要善于将多媒体辅助式教学方法与其他教学法有机地融合，从而在整体上提高思想政治理论课教学实效。此外，思想政治理论课教师对现代教育技术的掌握程度及机器的硬件性能指标等都是教学中应予以关注的重要问题。如果机器性能较差，分辨率不好，会使教室内可视度降低，由于门窗紧闭，窗帘遮掩，空气流通不好，不利于学生记笔记，有碍用眼卫生，并影响学习效果。选择性能好、高流明的投影机，可以使学生在观看投影的同时，自如地看教材、记笔记，并保持良好的学习情绪。需要指出的是，多媒体终究是用来支持教学活动、提高课堂教学效率的一种辅助性的教学手段，它不是教案的简化，也不是专题录像及教学电影的替代物；不能取代教师的讲授，更不能代替理论的论证和师生情感的交流。

当网络以惊人的速度走进人们的生活时，网络式教学以其独特的优势、作用，对传统教学产生了不可抗拒的有力冲击。与其他媒体相比，网络在信息传递、储存、生成上具有明显的快捷、便利、丰富、生动等优点。思想政治理论课教学引入网络，有利于改善和提高思想政治理论课教学质量。由于新媒体网络信息传播的"时空无屏障"，它既可以发挥传统教学方式的优势，又可以突破时空界限、宏微观限制，创新教学方式，使封闭的"填鸭式"教学转变为开放的互动式教学。集图、文、声、影于一身的网络技术为高校思想政治理论课堂教学提供了理想的教学环境，给大学生的学习方式带来了深刻变化，使思想政治理论课的课堂教学焕发出新的生命活力。思想政治理论课网络式教学的最大特点就是利用网络中丰富的信息资源吸引学生们主动参与教学活动，使学生成为教学活动的主角。思想政治理论课教师要精心策划和设计教学活动，充分利用各种交流式教学方式，使学生发自内心地投入教学活动中，喜欢它并热爱它。这种寓教于乐、寓教于学的体验式、交流式、参与式教学方法提升了学生的主体地位，从而实现了由强制被动的"要我学"转为主动积极的"我要学"。

总之，思想政治理论课教学方法创新要体现多样性。要综合运用课堂讲授，采取情境式、案例式、实践式、多媒体辅助式以及网络式等教学方法开展教学活动，使不同的教学法互相配合，优势互补，努力创新各种教学方法，达到灵活运用和综合运用

二、创新思想政治理论课教学方法应坚持的基本原则

（一）坚持启发性教学原则

启发式教学是指受教育者在教育者的启发诱导下，主动获取知识，发展智能，陶冶个性，形成完美人格的过程。它符合教育教学规律和人才成长规律，具有从学生实际出发、尊重学生主体地位、注重学生能力培养等特征，是思想政治理论课堂教学的基本思想和基本原则，无论采用何种方法教学都应当坚持启发式教学原则。实施启发式教学应遵循如下要求：一是要立足学生实际。运用启发式教学的基本前提就是要立足学生实际，全面了解学生的生活、学习、思想和心理实际，包括学生的认知水平、知识结构、学业成绩、心理需求、兴趣爱好等。二是要激发学生的问题意识。坚持启发性教学原则，思想政治理论课教师在课堂教学活动中就要避免简单训导倾向，从重说教、轻启发，重灌输、轻交流，满足于传授知识，讲大道理，而不太关注学生是否喜欢，是否能吸收和内化，转向针对思想政治理论课教学实际内容由情入理的引导，从大学生所关注的视角，认真设计富有启发性的问题，运用启发性的语言，启发学生的思维，进而激发学生的主动探求欲望，从而达到提升学生认识、分析、解决问题能力的目的。特别是要根据教学实际，利用新媒体技术载体，适宜地选择和灵活地运用不同的启发式教学策略，并在教学实践中努力实现它们的灵活运用与创新。比如，在教学环节把握上，利用视频、PPT制作案例等多媒体，"作为开篇，引出教学内容；也可以作为结论在教学结束前观看；还可以在教学中间激情引智，作为引发讨论的话题"等。

（二）坚持继承与创新相结合的原则

在新媒体环境下，传统的思想政治理论课教学方法存在一定的问题是毋庸置疑的，但它经过若干年的积累沉淀，并经过时间和实践检验保持传承至今，说明它还是有一定科学性和成效的。这就要求当代思想政治理论教学方法在创新的同时对传统的教学方法给予充分的肯定和保留，并适当地注入现代元素，也就是说全盘否定和全盘继承都是不正确的，传统的思想政治理论教学方法与创新教学方法是相互补充的关系而非替代关系。有效结合和运用新方法与传统方法，取长补短，思想政治理论课教学的实效性才能充分实现。

（三）坚持形式服从内容的原则

思想政治理论课教学方法的创新要坚持政治导向的正确性和科学性。新媒体是科学技术发展的结果，是思想政治理论课教学的一种载体和形式，这种形式是为思想政治理论教学内容服务的。要强化形式为内容服务的意识，但这种服务不是生拉硬造、牵强附会的，更不能本末倒置，避免出现"形式上热热闹闹，表面上花里胡哨，实际效果看不到"的尴尬局面，应该使新媒体技术成为为学生的发展而服务的资源，而非负担和腐蚀剂。思想政治理论课教学肩负着"育人"的历史责任和社会责任，因而，它不能为了迎合新媒体技术，而丧失了自身的教育责任与功能。

（四）坚持合理性原则

思想政治教育的本质是理解人、鼓舞人和引导人，使人全面发展，成为适应和促进社会主义发展的自由人。教学方法的创新，是新媒体时代发展对思想政治理论课教学提出的新的、更高的要求和挑战。利用新媒体技术优化教学内容、教学过程和教学效果，要避免功利化倾向，不能为迎合学生的口味而急功近利，不能一味地追求新、奇、特。要符合学生发展的实际，符合主流社会价值，符合社会发展规律，符合教育规律。

总之，新媒体技术为思想政治理论课教学开辟了新途径、新领域，同时也对教学方法提出了新问题、新要求，要较好地完成这一课题和要求，就必须遵循新媒体环境下思想政治教育的基本原则，否则新媒体时代的思想政治教育就很难收到实效。

第四节　新媒体时代思想政治理论课教学考评体系

思想政治理论课考评是对教学效果进行的价值判断，同时也是改进和提高教学效果的重要手段。新媒体时代，高校思想政治理论课要通过考评体系的建立，增强学生接受思想政治教育的主动性和自觉性，使考评体系对学生正确思考与行为产生积极的引导作用。

一、思想政治理论课教学考评体系存在的主要问题

当前，我国高校还没有十分完善的思想政治理论课教学考评体系，已有的教学考评基本上都是借鉴其他学科的经验，是一种套用的方法。我国高校思想政治理论课教学评价存在的主要问题如下。

（一）考评的目标定位失衡

思想政治理论课教学效果是要通过学生学习效果检验的。根据思想政治理论深课程性质和教学规律，思想政治理论课考评应坚持考评目标与课程目标的同一性。然而，在当前的思想政治理论课考评中，却存在导致考评目标与课程目标丧失同一性的问题。一是考评目标片面。通常情况下，思想政治理论课对学生学习状况的考评，既要考评学生对知识的理解掌握情况，也要考评学生的能力和素质，它要求学生能够达到对知识、能力和思想政治素质三个方面的综合检验。但是当前思想政治理论课的考评目标仅仅是对基础理论知识的考查，忽视了对能力以及素质等方面的考查。这种考评只需要一份试卷即可达到目的。二是考评目标形式化。考评目标的片面性导致了考评流于形式，走过场。

（二）考评方式单一

由于长期的应试教育背景，我国高校思想政治理论课的考评方式还是以知识考评为重点的闭卷或开卷的考评方式。这种考评方式一卷定乾坤，重视对概念、原理的考评，强调对知识点的记忆，忽视学生能力和素质的培养，是一种"重理论，轻实践""重记忆，轻能力""重结果，轻过程"单一的考评方式。

（三）考评导向激励功能失灵

考评的导向功能指挥着教师的教，引导着学生的学。而当考评都被量化为分数，并且仅凭分数对学生进行评价时，就会导致学生在学习过程中，只注重知识的死记硬背，分析解决问题的能力低弱。思想政治理论课考评的激励作用调节着学生学习的积极性和态度，促进教师改进教学方法，提高教学实效。思想政治理论课考评的激励作用包括动力激励和压力激励，这两种激励都是一种极大的促进力量，但是当前所实施的考评内容片面，考评方式单一，导致对学生考评结果的失真。一旦考评结果不作为衡量学生能力的标准，考评的导向和激励功能也就都失灵了。

（四）考评内容的比例不合理

思想政治理论课考评内容所占比例迄今没有统一的标准。在思想政治理论课考评中，关于卷面成绩、平时成绩、实践成绩的比例如何规定，始终很随意，没有理论依据，更没有实践依据。有的实行"三七开"（将平时成绩和实践成绩合为一个整体，占据30%的比例），有的"四六开"（将期末卷面考试成绩所占比例调为60%）。而且在实际操作过程中，最后的成绩都可以进行相应的"处理"。这样得出的成绩也不具备公平性。

(五) 忽视考评反馈

考评反馈是整个考评过程的最后一个环节，主要是通过对考评结果的质量分析，以期提出合理的考评改进意见，目的就是使思想政治理论课教学和考评进一步科学化。虽然当前思想政治理论课考评大多有卷面分析环节，但是由于学校监管不力，这种活动基本流于形式，即使对卷面考试成绩有所分析，也是简单总结优秀率、及格率，而缺少对试卷的信度、效度、难度等的分析，所以，也就失去了思想政治理论课考评对于提高思想政治理论课教学实效的作用。

二、新媒体时代完善思想政治理论课教学考评体系的思路

新媒体时代，加强思想政治理论课考评体系的研究，建构思想政治理论课考评体系，对于提高思想政治理论课教学质量和效果，促进思想政治理论课教学的针对性和实效性具有重要意义。

(一) 与时俱进，加快转变考评理念

考评理念是指对考评所持的基本看法和基本观点。考评作为教学的一个重要组成部分，对教学起着重要的导向作用，有什么样的考评观念和考评方式，就会有什么样的教学观念和教学方法，教学观念和教学方法不同，就会产生不同的教学效果：传统的思想政治理论课的考评理念是通过考试考查学生对于某一知识点的掌握程度，以此作为考评标准，进而分出层次，排出顺序。因为传统的教育理念是以传输知识为主的"精英式"的教育，而这种教育所培养出来的学生能力低下，所以，对学生考评采取的手段是应试教育背景下的考评方式，即是以闭卷考试为主要考查手段，以卷面分数作为考评学生的主要标准，这种考评方式更注重书本知识的再现能力，忽视学生的实践能力和创造能力的培养。新媒体时代必须转变考评理念，摒弃那些已经过时的考评理念，树立符合新媒体时代发展要求的考评观。

1.坚持"以学生为本"

这要求制定思想政治理论课的考评模式与方法时应从学生发展需要的实际出发，而在考评内容的选取上，要导向大学生的全面发展，这就要求注重选择那些对学生发展和能力提升有帮助的内容。

2.把学生的新媒体素养作为一项考评指标

媒介素养是指人们面对媒体各种信息时的选择能力、理解能力、质疑能力、评估能力、创造和生产能力以及思辨的反应能力，其核心能力是培养人的认知能力。新媒体素养是新媒体时代人的基本生存能力，在新媒体时代，高校思想政治理论课应该将媒介素养纳入教学目标和教学考评体系之中。

3. 坚持科学的、开放的、动态的、全程化的网上道德考评理念

思想政治理论课考评的目标是随着时代的发展以及学生的实际情况的变化而变化的，因此考评目标也要保持开放性，给学生能够发展但尚未发展出来的能力留有一定的空间。考评本身应该是一个不断完善的循环过程，也就是说，当一轮考评结束后，对在此过程中遇到的问题进行讨论解决，对其中产生的有效做法予以保留并加以完善，而对于那些不适合的做法予以抛弃。在一轮考评结束后，对考评在实践中遇到的问题进行讨论解决，对考评中的有效性做法予以保留并加以完善。具体来说，这种考评体系的建立可以通过完善学生评优评奖体制，改变评审办法，实行评优评奖，学生网上申报，同时配合科学有效的奖惩措施来建立。

（二）开拓思维，健全灵活多样的考评方式

考评方式是通向考评目标的桥梁。考评方式不同，由此得出的结果也可能大为不同。思想政治理论课考评目标的多重性，要求考评方式必须多样。为了适应新媒体时代的发展，高校思想政治理论课更要在继承传统有效的考评方式基础上创新考评方式。当前高校思想政治理论实践中，主要包括以下几类考评方式。

1. 平时考查

它通常包括考勤、课堂发言、课堂测验、课后作业、社会实践等。考勤是平时考查必备项，这也是体现学生自我约束、自我教育、遵规守纪的表现之一。课堂发言是体现学生积极参与课堂教学的体现，也是参与式教学的表现形式之一，它能激发学生主动思考解决问题的能力，更是体现学生创造性的方式。课堂活动中，学生参与课堂讨论的次数和发言的质量，需要教师亲自负责记录，以作为考评依据。课堂测验，计入平时考查范围，是教师随堂考查学生理解和掌握所讲内容到何种程度的方式。课后作业，一般以社会调查报告、论文、资料整理的形式呈现，是教师根据本课重难点和社会实际留给学生的任务。可以通过互联网，让学生在网上完成课后作业。通过课后作业，既可以考查学生的学习态度，又可以考查学生理论联系实际解决问题的能力。这里的"社会实践"是指在思想政治理论课教学过程中，就本课所要求的范围内的实践，而非学生在校的一切行为和活动。在这里要区分思想政治理论课考评范围与大学生思想政治教育考评范围，思想政治理论课强调的实践行为一定是思想政治理论课教学所激发出来的，而像那些志愿者服务、学生社团工作、科技服务等积极的实践行为未必是思想政治理论课教学激发的。

2. 基本理论水平测试

针对理论知识和运用能力的考评，可采用闭卷、开卷、口试、讨论会和读书报告等多种卷面考评形式相结合。闭卷是应用最为广泛的一种笔试，试卷考题具有较高的区分度。这种考试方式，有利于考查学生对理论知识的记忆和理解，能够促使学生看书理解，并记忆相关知识。开卷也是笔试的一种，它重点考查学生对理论的运用能力及综合概括能力。考题难度一般高于闭卷，否则易流于形式。有些院校可能以课堂或课后作业、读书报告、调研报告、论文等方式考评计分。闭卷、开卷的考核方式，都可以尝试统一在网上完成，这样既可以在最短的时间内考查出学生的成绩，又可以避免学生作弊，应该在思想政治理论课教学中推广使用。当然，这样的考评方式需要建立在有完善的网络课程的基础之上。口试是课题常用的考试方式，一般分为期末综合口试和案例分析口试。学生当场应试，考评知识水平的口头表达能力。通过连续追问，考查知识深度，观察应变能力，可以杜绝作弊。但是口试存在缺点，即考试的效度、信度较低，耗时耗力，且主观性强。这种测试方式在有些院校的思想政治理论课考试实践中一般以课堂讨论、情景模拟案例、答辩、读书报告、知识竞赛等方式考评计分。

3.引入民主评议方式

这种考评方式在目前的思想政治理论课考评中尚未普及。民主评议方式是提高学生思想道德修养的一种考评方式，它以批评和自我批评为主要方法，将学生自我评价与学生相互评价相结合，可以真实评价学生思想表现，提高考评的信度。这种考评方式坚持教育和自我教育相统一，能帮助学生形成自我意识。而且，这种考评方式也是一种多主体考评方式。我们通过建立相应的思想政治理论课网络课程，在对学生的道德评价中引入这种考评方式。这样做既便捷，又可以清晰有效地凸显学生自评和他评的结果。

在新媒体时代，为了提高思想政治理论课教学效果，高校要根据课程的具体情况，不断创新考评方式，并完善原有的考评方式，从而发挥思想政治理论课考评方式的导引作用。

（三）加大力度，深化实践教学考评

思想政治理论课教学的效果如何，最终体现在学生身上，既包括学生在校的表现，又包括学生步入社会后参加工作实践的表现。因此，对于思想政治理论课教学效果的评价固然需要运用一定的知识标准进行检验，但这些知识能否真正为广大学生所掌握，转化为其分析、解决问题的能力，最终还需要接受实践标准的检验。然而，在思想政治理论课的实际教学中，思想政治理论课考评一直存在一种倾向，即重理论知识考评，轻实践教学考评。之所以出现这种倾向，就在于思想政治理论课实践教学考评机制不完善，难以量化。因此，要深化实践教学考评，就要采用行之有效的考评方法，使思想政治理论课实践教学可以考评。思想政治理论课实践教学包括基地教育、研究实践、校园文化实践等多种形式。

要深化实践教学考评,一是要确立科学的实践考评目标。"在具体的考评目标上实现由重理论概念考评向重应用能力考评转变,由重书本知识考评向重社会实践考评转变,由重考评结果向重学习过程转变,由重简易经验测试方法向重科学考试制度规范转变。在教学考评中适当引入社会成果评价的价值标准,利用考评'指挥棒'培养和引导大学生自觉学习马克思主义,并能够在实践中灵活运用,形成良好的创新精神和能力。"二是要制定实践教学考评体系。对学生社会实践既要有"量"的标准也要有"质"的标准。从实践的"量"上看,包括实践学时、实践报告的字数与格式、实践报告上交时间等;从实践的"质"上看,包括选题质量、实践态度、实践收获、实践报告的质量、实践手册的填写质量等。围绕着这些标准,定性评价与定量评价相结合,进行综合考评。三是要优化考评方法,坚持自评与他评相结合。在新媒体环境下,更有效的办法是用学生自我评价与学生间的评价、教师对学生的评价相结合的考评方式取代单一的教师考评。这种考评方法,有助于学生间的相互监督、自我约束,是教育与自我教育的统一,有利于培养学生的自律能力。实践教学考评方式的实现要建立在网络课程的教育平台上,要实行网上与网下结合的方法。关于"量"的考核,都可以在网上进行,而具体到"质"的考核,就需要学生们按照考核目标去做,主要由教师来把握,并结合学生的自评和他评,多种评价结合,得出学生的最终成绩。这是一种综合、全面、立体的考核。

(四)解放思想,推进拓展时空考评

新媒体时代,要解放思想,推进拓展时空考评,这是一种全程式的考评方式。这种考评方式更需要网络平台。"所谓的拓展时空考评就是指扩大考评空间,延长考评时间,加强全程考评,使教学的实效能贯穿在教学的全过程中"。当前,我国高校的思想政治理论课课程基本上都设置在大一和大二。因为这个时期是大学生角色转换的重要时期,同时也是大学生的世界观、人生观、价值观形成的重要时期。这个时期,大学生会面对很多困惑,比如适应大学生活、专业学习与思想成长、交友与恋爱等的困惑。而且当学生们面对这些困惑的时候,也特别渴望从这些课程的学习中找到摆脱困惑的方法。然而,当前的思想政治理论课常用的考评方法是终结式的,对学生而言是"一考定成败"的考评方式。虽然它高效、直观地反映出学生的成绩,但是这种考评方式得出的成绩,只是简单考查了学生对书本上基本理论知识的掌握情况,随着教育的深入发展,这种考评方式根本无益于学生困惑的解决,从而导致了思想政治教育的无效。这种终结式的考评方式,根本无法体现出学生的政治素质、世界观、人生观等深层次的内容,因而它是一种适应应试教育的静态的考评模式。要想实现通过考评检测出学生真实能力的目标,就必须终结当前这种终结式的考评方式。关键是要解放思想，下功夫"拓展考评空间，延长考评时间，加强平时考评，变终结性考试为全程性考评，分阶段将考评情况积累才能综合反映出学生的知识、能力和道德素质"。这就要求每个学生的每个阶段的表现都要有网络的跟踪记录，通过这样的跟踪记录，从而得出大学四年学生的最终成绩。

全程性的考评是一种过程中的考评，是用发展的眼光看待学生。学生不是一成不变的个体，而是发展着的个体。所以，学生的理论修养和品德修养也是发展着的。虽然每个学生的修养完善都有自己的发展过程和发展状况，但是大学阶段是学生正处于上升的发展阶段，因而仅仅凭借一次考试成绩评判学生，是对学生个性的泯灭，同时也是对学生成长发展的无形扼杀。同时，全程性考评也是对学生思想政治教育可持续性的巩固。此过程，既对学生的课程学习、为人处世进行了全面考评，又为学生就业准备了比较客观的资料，以便于用人单位能全面地了解毕业生情况。

第九章 新媒体背景下高校思想政治理论课教学的优化策略

新媒体时代，随着科学技术、经济贸易的快速发展，加之新媒体技术的催化，人类文化的全球性交往已成为一个不以人的意志为转移的社会历史过程，人类的文化交往也在不断地促使各民族从封闭走向开放。马克思和恩格斯认为各民族之间文化的交往是全球性的，显示了马克思主义的文化理论具有一种前所未有的全球性视野，也为当今中国高校思想政治教育内容结构的优化提供了一种战略上的指导意义。在当今的全球化时代，面临着世界多元文化的互动和发展，中国高校思想政治教育内容建设应具有全球性视野，要把全球化作为优化思想政治教育内容结构的重要契机和推动力。我们要始终坚持文化开放，面向全球，主动融入全球文化交流、融合、发展的潮流中，加强对全人类的优秀文化成果的吸收和整合，取长补短发展自身。当然，在这一过程中，我们的思想政治教育必须保持马克思主义的先进性，同时要不断与时俱进，开拓创新，增强其自身的吸引力，用先进的主流文化占领社会主义思想阵地，从而实现文化的创新发展与人的全面自由发展的相互促进。

可以说，新媒体在形式和内容上体现了高度的统一性。新媒体背景下的思想政治教育除了搭建新媒体平台、积极抢占宣传教育高地外，还必然涉及思想政治教育内容的建设，寻求当代视野下与大学生成长、发展密切相关的具有普适性、时代性、引领性的内容。

第一节 拓展思想政治教育的内容

一、加强大学生科学素养的培养

科学素养是人才的基本素养，是其他素养产生和建立的基础。素养不同于素质，素质是人们应该具有和已经具有的素养，是人的能力结构的静态肯定；而素养更强调后天修习涵养的作用，即学习提高的重要性，加入人的能力结构的动态性。但是，关于科学素养的内涵确定，直至今日也没有实现统一。经济合作与发展组织认为："科学素养包括运用科学基本观点理解自然界并能做出相应决定的能力，科学素养还包括能够确认科学问题、使用证据、做出科学结论并就结论与他人进行交流的能力。"在世界范围内，由于人们接受教育的程度不同，社会信息的流动和接收程度不同，获得科学信息的手段和持续发展能力不同，人们的科学素养的内容和程度也有所不同。但是，总括起来，科学素养的内涵主要涉及以下三个部分，科学术语和科学基本观点、科学的探究过程、科学对个人和社会的影响。

科学基本素养包括科学基本词语和科学基本原理素养，这是科学素养的基础和范式表现，它在整个科学素养中发挥着基础作用和工具作用。其中，词语是科学素养概念的高度概括，它直接表示着科学素养内容的基础知识。掌握了科学素养词语，就等于在宏观的角度具有了科学素养。而且，由于词语是内容的浓缩，又是人们进一步提高科学素养的工具，离开了这个工具，就无法打开科学素养的知识大门，就无法构建科学素养的能力体系；原理是科学素养核心内容的高度概括，它直接宣示了科学素养的能力体系内容。掌握了原理，就掌握了科学素养的逻辑结构与核心精神，具备了科学素养的真正底蕴。因此，高校首先要注重对学生进行科学素养的基础知识教育，包括科学素养的基本概念、历史发展、基本理论以及逻辑工具知识的教育。这是科学素养构建的开始。没有这个"开始"，就不会有后来的"过程"和"结果"。

除了科学基本素养外，科学伦理素养即科学道德素养也是今天我们必须要关注的一个问题。科学伦理是指科技创新活动中人与社会、人与自然和人与人关系的思想与行为准则，它规定了科技工作者及其共同体应恪守的价值观念、社会责任和行为规范。科技伦理规范是观念和道德的规范。它要规范什么呢？简单地说，就是从观念和道德层面规范人们从事科技活动的行为准则，其核心问题是使之不损害人类的生存条件（环境）和生命健康，保障人类的切身利益，促进人类社会的可持续发展。

在授课的过程中，思政教师首先要讲清楚"科学技术是第一生产力"。马克思根据当时的生产力发展水平，提出了科学技术是生产力的一部分、生产力中包含科学的论断，强调科学技术是生产力和社会发展的强大动力。我国领导人都非常重视科学技术在国家经济社会发展中的地位和作用，并在科学技术和社会发展实践中丰富和发展了科学技术是生产力的理论。其次思政教师要在课程中讲清楚科学与伦理的关系。历史上关于科学技术与伦理道德关系的理论研究，主要有四种观点：一是科学技术与伦理道德等同论，二是科学技术与伦理道德相斥论，三是科学技术与伦理道德无关论，四是科学技术与伦理道德善恶并进论。

当我们运用马克思主义科学技术观和辩证唯物主义原理，分析科学技术与伦理道德之间的关系，我们看到两者之间既不是等同的，又不是相斥的，更不是不相干的。科学知识是对客观世界及其规律的正确反映，而道德作为人们行为规范和准则，是对人与人之间伦理关系的反映。它们分属于不同的认识领域，因而社会作用不同。科学用于指导人们改造世界的实践活动，而道德用于调节人与人之间的社会关系，但两者又是密切联系的，都是对客观实际的正确反映，统一于真善美的追求之中；科学技术与伦理道德也是辩证统一的，从根本上来说，科学技术的发展是人类社会发展的重要推动力，对于伦理道德的发展也是同样具有革命意义的推动力量，表现为科学技术的发展，决定了人类道德前进的基本趋势，促进了新的道德规范的形成，深化了人们的道德认识、更新了人们的道德观念等。同时进步的社会伦理道德，对科学技术的发展也发挥了重要的精神动力和文化支撑作用。两者相互制约、相互作用，推动社会向前发展。

目前来说，科学技术发展与伦理冲突表现在如下几个方面。

（一）当代科技发展引发的伦理冲突具有深层次的影响

例如克隆技术，克隆技术的诞生将使人类能够操纵基因，打破种属的界限，人类可以改变物种的基因构成和机能，但是从伦理道德角度来看，克隆人将干预人类自然发展，改变人类亲缘关系，打破人类生育概念和传统生育模式。这些冲突比曾经生命技术带来的冲突更加严重和深刻。

（二）当代科技发展引发的伦理道德冲突涉及领域更加广泛

例如，安乐死、人工授精等研究带来的生命伦理问题；网络技术带来的网络伦理问题，利用网络的虚拟、无序、开放等特征导致的网络问题等；核能、核武器的和平利用引发的伦理问题；等等。

（三）当代科技发展引发的冲突更加直接，更加尖锐

例如，高科技应用导致的生态环境污染问题，克隆技术引发的人类身份确定问题，核能的开发引发的安全以及世界和平问题，这都是直接关系人类生存和发展最基本也是最关键的问题。通过上述问题的讲解帮助学生明确协调发展科学技术与道德伦理的问题。

二、关注大学生信息素养的培养

将信息素养引入高校思想政治教育中，既适应了教育信息化的需要，又有利于克服大学生自身发展和思想政治教育本身的缺陷，是新媒体时代高校思想政治教育内容结构优化的一项重要内容。对大学生进行信息素养教育，就是要指导他

们正确理解传媒及其信息，建设性地享用媒体传播资源，培养健康的媒介解读和批判能力，使其能够在多元的媒体环境中，充分合理利用网络资源完善自我、参与社会发展。

思政教师在讲授"网络生活中的道德要求"时，要强调三个方面的信息素养教育内容：一是信息解读教育。信息时代的特点，就是每一天人们都要面临海量的信息和"数字海啸"，因而思政教师要通过典型案例展示和剖析，让大学生学会分析、解读信息，理性辨别信息的真实性与社会现实性，获取有效信息，过滤无效信息和有害信息，告诉学生不要盲目传播有害信息。二是加强网络法律素养教育。增强大学生的法律意识，恪守现有的法律法规，在网络交往中做到诚实无欺，不侮辱、诽谤他人，引导学生成为一定范围内的"舆论领袖"和正面信息的传播者。三是加强信息伦理教育。网络是一把双刃剑，很可能会出现因为使用不当和缺乏规范而损害社会公德和妨碍社会发展的问题。因此，网络的健康发展不仅需要高科技作为重要条件，而且离不开伦理道德作为其发展的支撑力量。思政教师要树立"把关人"的理念，为网络的净化、健康化担负起应尽的社会责任。

网络的开放性使文化和价值观各异的人们参与到网络中来，一系列其他新的社会问题诸如网络病毒、网络黑客、垃圾邮件、网络安全、信息垄断、网上知识产权，以及利用信息网络进行危害社会、国家公共利益等行为随之产生，这些都引发了计算机网络技术与信息伦理的激烈冲突，因而要加强学生信息伦理的培养。

信息伦理的特征包括行为约束的自控性、评判标准的规范性、道德主体的自律性、承受对象的全球性。目前，信息伦理问题主要表现为信息犯罪、隐私权受扰、知识产权受损、信息垄断、信息安全、信息污染等。信息伦理是一种软性的社会控制手段，它的实施依赖于人们的自主性和自觉性。这种自主性和自觉性是维护网络道德规范的基本保障。大学生要在网络生活中培养自律精神，在缺少外在监督的网络空间里也可以做到自律而不逾越，这才是构筑信息安全的第一道防线。

相关专家指出，新形势下要构建信息伦理，必须在四个方面有所突破，这也是思政教师在课程教学中要努力做到的几个方面：一是提高公民的信息伦理意识，二是制定出清晰的信息伦理准则，三是超前预示各类信息伦理问题，四是进行信息立法，互补信息伦理。

三、突出政治教育的主导性内容

高校思想政治教育的内容丰富，其中政治教育居于主导地位，起着决定和支配的作用，决定着思想政治教育的方向和性质，影响和制约着思想政治教育的其他内容，是思想政治教育的核心内容与灵魂。政治教育主要是进行政治理想、政治信念、政治方向、政治立场、政治观点、政治情感、政治方法、政治纪律等方面的教育，重点是解决对国家、阶级、社会制度等重大政治问题的立场和态度。政治教育体现了思想政治教育的根本属性，是教育的重要组成部分，它既为党的政治路线所制约，又为党的纲领、路线服务，具有鲜明的政治性。政治教育贯穿思想政治教育的始终，对思想政治教育过程和其他思想政治教育内容起指导和支配作用，指引思想政治教育沿着正确的方向发展。

当前，面对复杂的国际国内形势，我国高校思想政治教育工作面临的主要任务是，以政治教育为主导，加强社会主义、爱国主义和集体主义教育，帮助学生自觉树立正确的政治观，增强国家归属感和社会责任感。在对待坚持什么样的指导思想、举什么旗帜、走什么道路、依靠谁来领导等诸多政治问题上，真正"讲政治"，坚持中国特色社会主义不动摇。

旗帜决定方向，道路决定命运。我们党的旗帜是马克思主义，我们党的道路是中国特色社会主义，在党的十九大报告中，习近平总书记从中国特色社会主义进入新时代的战略高度强调"道路自信"，我国高校思想政治教育应引导学生以厚重的理论底气、高远的政治底气和豪壮的实践底气坚定道路自信；认识到中国特色社会主义道路，是实现社会主义现代化的必由之路，是实现人民日益增长的美好生活需要的必由之路。

第二节　优化思想政治理论课教学内容

一、强调社会主义核心价值观教育

价值观是人类在认识、改造自然和社会的过程中产生与发挥作用的。核心价值观承载着一个民族、一个国家的精神追求，体现着一个社会评判是非曲直的价值标准。正如习近平总书记所说："文化自信是一个国家、一个民族发展中更基本、更深沉、更持久的力量。必须坚持马克思主义，牢固树立共产主义远大理想和中国特色社会主义共同理想，培育和践行社会主义核心价值观，不断增强意识形态领域主导权和话语权，推动中华优秀传统文化创造性转化、创新性发展，继承革命文化，发展社会主义先进文化，不忘本来、吸收外来、面向未来，更好构筑中国精神、中国价值、中国力量，为人民提供精神指引。"

社会主义核心价值观既是个人的德，也是国家、社会的大德，大学生积极培育和践行社会主义核心价值观，对于推动国家发展、社会进步和自身的成长成才，具有重要而深远的意义。具体来说富强、民主、文明、和谐是国家层面的价值要求，回答了我们要建设什么样的国家的重大问题，揭示了当代中国在经济发展、政治文明、文化繁荣、社会进步等方面的价值目标，从国家层面标注了社会主义核心价值观的时代刻度；自由、平等、公正、法治是社会层面的价值要求，回答了我们要建设什么样的社会的重大问题，与国家治理体系的治理能力现代化的要求相契合，明确了每个社会成员应共同遵守和践行的价值标准；爱国、敬业、诚信、友善是公民层面的价值要求，回答了我们要培育什么样的公民的重大问题，涵盖了社会公德、职业道德、家庭美德、个人品德等方面。在教学过程中要准确把握基本内容、精神实质、重大意义和实践要求。

二、加强大学生人文素养的培养

新媒体时代，是一个信息膨胀的时代。新媒体的迅猛发展及快餐时代的到来，使传统的人伦关系和人际道德面临着非常严峻的挑战。就文化层面来看，在文化多样化的发展大趋势下，包括中国在内的各国传统文化的生存和发展在不同程度上受到了挑战，从而给文化素质教育的根基带来冲击。马克思指出："人们自己创造自己的历史，但是他们并不是随心所欲地创造，并不是在他们自己选定的条件下创造，而是在直接碰到的、既定的、从过去继承下来的条件下创造。"因此，优化新媒体时代高校思想政治教育内容结构，必须大力继承和弘扬中国思想道德教育的优良传统。

习近平总书记曾经对于领导干部应如何学习运用优秀传统文化有过具体的阐述，他认为领导干部要通过研读历史经典，看成败、鉴是非、知兴替，起到"温故而知新""彰往而察来"的作用；通过研读文学经典，陶冶情操、增加才情，做到"腹有诗书气自华"；通过研读哲学经典，改进思维、把握规律，增强哲学思考和思辨能力；通过研读伦理经典，知廉耻、明是非、懂荣辱、辨善恶，培养健全的道德品格。总之，要通过研读优秀传统文化书籍，吸收前人在修身处事、治国理政等方面的智慧和经验，养浩然之气，塑高尚人格，不断提高人文素养和精神境界。因此，当代大学生要正确借鉴和吸收世界思想道德教育的优秀成果，赋予所继承内容以时代内涵，使之具有时代价值；赋予借鉴国外思想道德教育内容以中华民族底蕴，使之具有中华民族文化特色，增强大学生的人文素质，弘扬民族精神。

由于一些高校存在着技术主义和功利主义的价值取向，一些高校单纯注重学生操作技能的训练，片面强调专业技能的培养，仅仅满足于让学生获得从事某个职业所需的实际知识和技能，而对于培养学生独立人格、健全心理，以及较强的创新精神和社会适应能力的人文教育重视不够，对学生的人文知识教育、人文精神培养没有给予应有的重视。

科学素养在改造客观世界方面是一支不可缺少的工具性力量。但是，它不能自动地发挥作用，必须通过其载体、通过"活化"的人，作用于客观世界。因此，人们如何去发现科学、运作科学就变得十分重要了。人们在树立科学素养的同时，还要建立良性的人文科学。

所谓人文，是指以人为对象的文化能力和科学能力；所谓素养，则是人的能力要素和精神要素的有机统一。因此，人文素养就是"人文科学的研究能力、知识水平和人文科学体现出来的以人为对象、以人为中心的精神——人的内在品质"。与素质不同的是，人文素养的灵魂，不是"能力"，而是"以人为对象、以人为中心的精神"，其核心内容是对人类生存意义和价值的关怀，这就是"人文精神"，这其实是一种为人处世的基本的"德性""价值观"和"人生哲学"，科学精神、艺术精神和道德精神均包含其中。它追求人生和社会的美好境界，推崇人的感性和情感，看重人的想象性和生活的多样化。主张思想自由和个性解放是它的鲜明标志，它以人的价值、人的感受、人的尊严为万物的尺度，以人来对抗神，对抗任何试图凌驾于人的教义、理论、观念，对抗所有屈人心身的任何神圣。总之，它强调的是人，以人为中心，强调人对其他素养的养成和运用。

我们需要的人才是德智体全面和谐发展的人才，具有创新精神且能与时俱进的人才，他们应该是科学素养和人文素养得以充分且均衡发展，具有专业技术和完善人格的人，而一个没有人文素养的"科技人"，不仅不会给人类带来福祉，反而有可能带来危害。就此意义上讲，越是科技发达的社会，人文教育越显得重要。因此，高职教育必须是人文精神与科学精神高度结合的教育，缺一不可，这是现代教育的真谛所在。

三、加强公民道德教育

道德一词在我国可以追溯到先秦时代，在思想家老子所著的《道德经》一书中老子曾说，"道生之、德畜之，物形之，势成之"。在中国古代道与德是两个概念，"道德"一词并不存在。"道"与"德"连用是在荀子《劝学》篇："估学至乎礼而止矣，夫是之谓道德之极"。在现代社会中，道德由一定社会的经济基础决定，并为一定的社会经济基础服务，是人们在社会实践中以善恶为评价标准，依靠自身的内心信念、社会舆论、传统习惯来调整个人之间以及个人与社会之间利益关系的行为规范的总和。道德素质是个人在先天素质的基础上通过后天接受道德教育和自身道德修养所形成的相对稳定的、内化为个人内心信念的道德品质。

习近平总书记非常重视道德建设，强调"道不可坐论，德不能空谈"，要始终把弘扬中华民族传统美德"作为极为重要的战略任务来抓"。他认为"国无德不兴，人无德不立，一个民族一个人能不能把握自己很大程度上取决于道德价值"。"德者，本也"，我们"必须加强全社会的思想道德建设，激发人们形成善良的道德意愿、道德情感，培育正确的道德判断和道德责任，提高道德实践能力尤其是自觉践行能力，引导人们向往和追求讲道德、尊道德、守道德的生活，形成向上的力量、向善的力量"。

高校道德教育是我国高等教育中提高大学生综合素质的一项基础性工程，也是我国大学生道德教育的基础性内容，是加强和改进大学生思想政治教育的主要任务之一。道德素质是民族精神的重要内容，道德水平是社会文明程度的重要标志，高尚的道德是凝聚和激励全国各族人民团结奋斗的重要力量。一名合格的大学生，必须具备良好的道德情操和道德修养，能够自觉遵守道德规范，进行道德自律。这是大学生适应社会的基本要求，是大学生自我发展和完善的客观需要，也是大学生成长为中国特色社会主义事业建设者和接班人的必然要求。

大学生所处的年龄段正是世界观、人生观、价值观形成的重要时期，也是良好的道德品质、行为习惯和健全人格形成的重要时期。在这个时期形成的思想道德观念对他们一生的影响很大。以基本道德规范为基础，深入进行公民道德教育，对于帮助和促进大学生形成良好的道德素质和道德修养具有重要的意义。

要引导大学生认真学习贯彻《公民道德建设实施纲要》，广泛开展社会公德、职业道德和家庭美德教育，积极开展道德实践活动，把道德实践活动融入大学生学习生活之中，引导大学生自觉遵守爱国守法、明礼诚信、团结友善、勤俭自强、敬业奉献的基本道德规范，养成良好的道德品质和文明行为。

要加强对大学生进行为人民服务思想的教育，深化对为人民服务思想的认识，积极探讨为人民服务的实现形式，从大学生的现实思想觉悟和实际道德水平出发，教育、引导大学生不断地追求更高的道德目标。

要引导大学生深刻领会集体主义精神，正确认识和处理集体和个人的利益关系，提倡个人利益服从集体利益、局部利益服从整体利益、当前利益服从长远利益，把个人的理想与奋斗融入广大人民的共同理想和奋斗之中，在为社会奉献中体现自己的价值。

要加强法制教育和诚信教育，增强大学生的法律意识和守信意识，使大学生提高守法守规的自觉性，认识诚实守信的品德是立身之本、做人之道，树立守信为荣、失信可耻的道德观念，讲诚信，讲道德，言必信，行必果。

要充分利用我国人民在长期社会实践中孕育的传统美德和我国五千年文化史积累的丰富的思想材料，按照古为今用、去粗取精的要求，熏陶和教育大学生。

在大学生中深入进行以基本道德规范为基础的公民道德教育，必须充分发挥学校道德教育主阵地的作用。高校要把教书与育人紧密结合起来，把道德教育渗透到学校教育各个环节；要结合大学生的年龄特点和文化层次，开展丰富多彩的学习教育活动和社会实践活动，使大学生在社会实践中形成道德理念，强化道德素质，升华道德境界；要引导大学生遵守日常行为规范，从身边的事情做起，从具体的事情做起，着力培养良好的道德品质和文明行为。

对大学生进行公民道德教育还是一项系统工程，需要全社会的共同努力。因此，要开拓社会、家庭德育资源，优化社会环境，使家庭、学校和社会在道德教育方面各有侧重，各有特点，紧密配合，相互促进，从而形成功能互补的机制合力，帮助和促进大学生形成良好的道德情操和道德修养。

新媒体时代，让大学生接受社会公德教育，就是要发扬社会主义人道精神，养成爱岗敬业、忠于职守、尊老爱幼、见义勇为的行为规范和道德准则；接受以"八荣八耻"为主要内容的社会主义荣辱观的教育，让大学生明确是非、善恶、美丑的界限，知荣明耻，践荣拒辱。

四、进行心理健康教育

传统观点认为，健康是指人体生理机能正常，没有缺陷和疾病。世界卫生组织对个体健康做了全新的诠释，即个体健康包括生理健康和心理健康。身体健康是心理健康的基础和载体，心理健康又是身体健康的条件和保证。为此，在思想政治教育中要加强心理教育。

身心健康的标准主要表现为：①智力正常。衡量关键在于其是否正常地、充分地发挥了自我效能。②情绪健康。其标志是情绪稳定、心境良好，既能克制又能合理宣泄自己的情绪，情绪的表达既符合社会的要求又符合自身的需要，在不同的时间和场合有恰如其分的情绪表达；情绪反应与环境相适应。反应的强度与这种情境相符合。③意志健全。强调当学生在遇到问题时能通过控制，勇于面对困难并敢于挑战。④人格健全。能正确地认识到自身存在的问题和自身与外界的关系。对周围的人与事均有独立自主的见解，不盲从，热爱并专注于自己的学习，有强烈的责任心，并能在负责的工作中体验生活的充实和自己存在的价值。⑤人际关系和谐。能与他人建立和谐的人际关系。乐意与人交往，与人为善，对他人充满理解。⑥社会适应正常。既能进行客观观察以取得正确认识，以有效的办法应付环境中的各种困难，不退缩；又能根据环境的特点和自我意识的情况努力进行协调，或改变环境适应个体需要，改造自我适应环境，从而最大限度地满足自己的需要，实现自己的人生理想。

心理健康教育是根据学生生理、心理发展的规律和特点，运用心理学的教育方法和手段，培养学生良好的心理素质，促进学生整体素质全面提高的教育。高校心理健康教育是对学生进行有关心理健康方面的知识性教育、咨询性教育和良好的行为训练，主要目的在于培养学生良好的心理素质，提高他们的身心健康水平，培养学生坚韧不拔的意志、艰苦奋斗的精神，增强青少年适应社会生活的能力，促进大学生全面和谐的发展。将心理健康教育纳入我国高校思想政治教育的内容，是我国高校思想政治教育改革的时代要求和现代社会发展的历史需求。现阶段我国高校心理教育的重点应"进行心理健康教育和指导，提高受教育者的心理健康素质，是受教育者形成良好的个性、健全的人格、健康的情感、乐观的心态、坚强的意志，特别是要增强受教育者在激烈的竞争中勇于进取、不怕挫折、自强自立、艰苦创业的意志品质和能力"等。

五、开展素质教育

大众对于素质教育的认识大体上有两种：一种认为素质教育就是贯彻党的教育方针，培养德智体美全面发展的人；另一种认为素质教育致力于人的全面发展，但它是与专业教育既有区别又有联系的一种教育观念和活动。

素质和素质教育虽然有联系，但他们是两个不同的概念。素质教育的重要任务是促进人的优秀品格的形成。这种优秀品格应该是基于社会共同的价值观，被绝大部分社会成员广泛接受的。素质教育包含如下三个层面的内容：

第一层，养成学生良好的职业道德和职业精神（社会责任感）应该是职业院校素质教育的基本出发点。培养学生人文精神、艺术修养等是重要的，但最重要的是要养成良好的思想品德和精神品格，所有的教育活动都要围绕这些养成展开。

第二层，增强学生的信心、信任和诚信可以是职业院校素质教育的重要切入点。无论中职、高职，在现有的传统文化背景下，到这里来学习的，自信心多少受到一些打击，对他人、对社会，包括对自己的信任，多少受到一些损伤。从增强信心、信任和诚信切入，可以打开职业院校素质教育的一扇窗户。

第三层，重视课堂和活动中的"言教"，更重视实践中的"身教"和"养成"，其是职业院校素质教育的基本途径。重视"身教"和"养成"是职业院校素质教育区别于其他学校素质教育的重要方面。

职业素质教育是高校思想政治教育内容的拓展。素质教育是我国教育改革和发展的主旋律，在我国贯彻实施素质教育的背景下，高校要以学生职业素质教育为切入点，拓展高校思想政治教育新领域，并且将其纳入高校思想政治教育工作体系，不断深化职业素质教育。通过建立实践育人的长效机制，完善激励、组织、培训和保障体系，积极探索和建立社会实践与专业学习、服务社会、勤俭助学、就业创业等相结合的机制。要充分发掘社会实践、第二课堂等传统实践项目的内涵，不断丰富社会实践的形式，组织大学生积极参加社会调查、生产劳动、志愿服务、公益活动、科技发明和勤工助学等方面的社会实践，切实增强职业素质教育的吸引力和感染力，是高校学生思想政治教育内容拓展的重要组成部分。

六、对大学生进行中华民族优秀传统文化的教育

习近平总书记多次论述中华优秀传统文化的思想内涵、道德精髓、现代价值和传承理念，形成了系统的传统文化观。在优秀传统文化的价值定位上，他强调"优秀传统文化是一个国家、一个民族传承和发展的根本，如果丢掉了，就割断了精神命脉"，指出"中华优秀传统文化是中华民族的精神命脉"，"中华传统美德是中华文化精髓，蕴含着丰富的思想道德资源"。中华民族有着悠久的历史文化，形成了源远流长的优良道德传统和精神传承，而这些对于培养大学生的人文素养具有重要的作用。社会主义道德的基本要求如下。

（一）注重整体利益，强调奉献精神

"公义胜私欲"是中国传统道德的根本要求。中国古代思想家强调在"义"和"利"发生矛盾时应先"利"后"义"，见"利"思"义"。《诗经》里讲"夙夜在公"，认为日夜为公家办事是一种高尚的道德品质。尚书讲"以公灭私，民其允怀"，认为朝廷官员应当以公心灭私欲，这样就可以得到老百姓的信任和依附。古时候范仲淹的"先天下之忧而忧，后天下之乐而乐"，贾谊的"国而忘家，公而忘私"，现代的雷锋、焦裕禄，当代的郭明义、师昌绪都显示了强烈的为国家、为民族、为整体献身的精神。

（二）推崇"仁爱"原则，追求人际和谐

"仁爱"是中国传统伦理思想的具体体现，强调"仁者爱人"，"推己及人"，关心他人。中国古代思想家推崇社会和谐，讲求和谐相处，倡导团结互助，追求天人和谐、人际和谐、身心和谐。孔子强调"己所不欲，勿施于人"，认为凡是自己不愿意别人施加于我的一切事情，我应当自觉地不施加给别人。孟子讲"亲亲而仁民，仁民而爱物"，认为亲爱亲人而仁爱百姓，仁爱百姓而爱惜万物。荀子讲"仁者自爱"，认为一个有仁德的人一定是自爱、自尊、自立的人。

（三）追求高尚的价值追求

中国古代思想家强调社会、民族、国家的责任意识和奉献精神。无数志士仁人"为天地立心，为生民立命，为往圣继绝学，为万世开太平"，他们心怀天下，利济苍生。现代的雷锋、焦裕禄，当代的郭明义、师昌绪都显示了以民为本的人文精神、深厚绵长的家国情怀等，集中体现了中华优秀传统文化的人民性，反映了广大人民群众的基本价值追求。

（四）遵守诚信的准则

在中国古人看来，诚是指一种真实无妄、表里如一的品格，也是道德的根本；

信是指一种诚实不欺、遵守诺言的品格。诚信既是个人的立身之本，也是一个民族、一个国家的生存之基。加强中华优秀传统文化教育，就是要开展以诚实守信、正心笃志、崇德弘毅为重点的人格修养教育。

（五）重视人生境界和社会理想

"大同"是古人最高的社会政治理想，激励了一代代仁人志士为其矢志不渝，奋斗不息，"大同"理想是中国梦的文化根基。习近平总书记指出："实现中华民族伟大复兴的中国梦，就是要实现国家富强、民族振兴、人民幸福，既深深体现了今天中国人的理想，也深深反映了我们先人们不懈追求进步的光荣传统。"

中华民族有着悠久的历史文化，形成了源远流长的优良道德传统和精神传承，认真研究和吸取传统伦理观念中的合理因素，建立符合时代要求的伦理观念、道德规范和社会秩序，而这些对于培养大学生的人文素养具有重要的作用。

第三节 构建思想政治理论课专题化教学模式

在高校学生思想政治教育中，思想政治课是主渠道，专题化教学有利于教学内容的整合，有利于教材体系向教学体系转变，有利于教学资源的优化配置，从而提高教学感染力、吸引力、实效性以及针对性。在应用的过程中应注意归纳教学目标，整合教学内容，设计教学方法，改革考核评价机制。

所谓专题教学法，一般是指任课教师在遵守课程教学计划的前提下，打破章节的限制，按照逻辑关系与内在思想整合、充实、概括以及提炼教学内容，把教学内容按照一定的标准形成相互独立又先后连接的系列性专题，然后分成若干步把每个部分视为一个独立的专题进行备课和授课的教学方法，属于一种集中而深入的思政教学模式。

一、思想政治课中实施专题化教学的意义

高等学校思想政治理论课承担着对大学生进行系统的马克思主义理论教育的任务，是对大学生进行思想政治教育的主渠道。大学生正处于人生观、价值观形成的关键时期和重要阶段，习近平总书记在北京大学师生座谈会上讲道："青年的价值取向决定了未来整个社会的价值取向，而青年又处在价值观形成和确立的时期，抓好这一时期的价值观养成十分重要。这就像穿衣服扣扣子一样，如果第一粒扣子扣错了，剩余的扣子都会扣错。人生的扣子从一开始就要扣好。"新的形势对思想政治理论课的教学方式提出了新的任务和要求，《中宣部教育部关于进一步加强和改进高等学校思想政治理论课的意见》中指出："要多用通俗易懂的语言、

生动鲜活的事例、新颖活泼的形式，活跃教学气氛，启发学生思考，增强教学效果"，"要精心设计和组织教学活动，认真探索专题讲授、案例教学等多种教学方法。"文件中把专题讲授作为增强思想政治课教学效果的一种重要方法明确提了出来，为高职院校思想政治课改革指明了方向。

专题化教学法的特点在于，它是在立足于教材和学科要点的前提下，重构教材内容和改革教学方法，针对学生的思想实际、时政热点、社会现实问题和学科前沿，进行理论联系实际的专题性讲解。这种方式突出了思想政治理论课的要求和特点，既有利于学生从总体上把握马克思主义理论体系，又有助于任课教师转变教学理念和方式，促进教师教学与科研相结合，最大限度地调动学生学习积极性。这与习近平总书记在全国宣传思想工作会议上的讲话精神高度契合，会议指出："意识形态工作是党的一项极端重要的工作"，"提高质量和水平，把握好时、度、效，增强吸引力和感染力"，"抓好理念创新、手段创新、基层工作创新"。可见，提高和改进思想政治理论课的教育教学，不仅需要设置科学的课程方案，还需要方法论层面上的理论指导，更需要联系实践教学的实证研究。

二、思想政治课中实施专题化教学的可能性和可行性

（一）构建专题式教学法有利于整合教学资源

高等学校的思想政治理论课是高中政治课的延伸，内容上是相互衔接的，但是我们也发现有一些内容是重叠的，为此就应注意处理好与高中已学内容知识交叉部分的讲授，防止学生产生大学思想政治理论课就是高中课程的重复的思想，从而产生厌学心理。专题式教学是解决这一问题的很好途径。专题设计紧密结合学生特点，以问题为导向、以关注社会问题为特点，同时要求教师要打破教材体系，从纵横两方面整合课程内容，这样才符合大学生思想具有社会性、认知具有能动性的特点。与此同时，我们发现高校思想政治理论课之间也存在知识的重合。例如，"思想道德修养与法律基础"中有关于核心价值观的内容，而在"毛泽东思想和中国特色社会主义理论体系概论"中也有相关的表述，专题式教学可以根据教材体系，挖掘教材内容之间的逻辑联系，对学生进行有针对性的思想政治理论教学，在不同课程的重合内容设置不同的专题，既有效确立不同课程对同一内容的不同要求，又凸显不同课程对不同层次学生的不同要求。

（二）构建专题式教学法有利于教材体系向教学体系转化

高校思想政治理论课教材具有高度压缩、表述抽象、理论性强和跨度较大等特点，尤其是"毛泽东思想和中国特色社会主义理论体系概论"，如果仅仅按照课本内容照本宣科，忽略教学时数、学生层次、院校特点等因素的影响，很难达到

教学效果。因此,在实际教学中教师应熟知教科书的逻辑体系,在此基础上打破章节的限制,对教材进行必要的"二度创作",形成内容上具有相对独立性、主题突出而鲜明的若干教学专题。

(三) 构建专题式教学法有利于教师资源的优化配置

从教师个人角度来说,应注意教师资源的优化配置。每个人都是不同的个体,家庭环境、学校教育、社会影响和个性特征的不同,决定了每一个人迥然不同的思维方式、说话方式和行为方式,对于教师来说也就形成了不同的讲授风格。教师根据自己的特点选择不同的专题,这样可以把每一位老师的特长和个性充分体现,课程具有了个性特征,才更容易打动学生。

从专业知识的角度来说,应注重教师的优化配置。思想政治教育课程涵盖的知识面极广,涉及政治学、经济学、历史学、心理学、社会学、法学等多学科的知识,这对于原来分别以哲学、政治经济学、科学社会主义和历史学为学科背景和知识结构的思想政治理论课教师来说,无疑具有一定难度。专题式教学将教师从现有的教学任务繁重、"一人一讲到底"式的教学模式中解放出来,个人只需完成所负责的教学专题,这也就意味着一位老师一个学期只准备一个或两个专题,备课时间充足,甚至可以弥补教师本人在某一学科领域的不足。只有这样教师才有可能把相关问题讲精、讲透彻。因此,专题式教学是解决教师知识结构与教材的理论结构矛盾的有效手段。

三、思想政治课中实施专题化教学应注意的问题

(一) 研究教学大纲,归纳教学目标

专题化教学注重教材体系向教学体系转化,因而会对教材进行"二次创作",但是这个创作要有标准和依据,这个依据就是思想政治课的教学目标。思想政治理论课所有课程都有其各自的教学目标,每门课程的教学目标又各有偏重,因而为了更好地实施专题化教学,所有思想政治课教师首先要做到研究教学大纲和教材内容,共同归纳出若干个教学目标,这个教学目标应该是原有教学目标的整合和提升。

(二) 针对教学专题,整合教学内容

要达到预期的教学效果,教学内容不仅要符合教学专题的主旨,更重要的是要把教材中的重点、难点与疑点理出,然后重点讲授,理论本身要系统而彻底,也就是要有马克思主义的理论根据,观点正确而清晰,这样我们的教育才有说服力。但仅仅把课本教学内容进行简单的整合还远远不够,如果在实际教学中发现教学内容与社会实际相脱节,与大学生现实思想状况大相径庭,达不到学生听课

期望，即使是专题教学也不能达到应有的教学效果。这就要求老师要根据自己讲授专题收集资料，深入研究，备好课。在确定专题内容时，教师应尽可能考虑学生的专业、学历层次等具体因素，在特殊情况下可适当对专题内容和方向做出调整。

（三）根据教学内容，设计教学方法

根据各专题内容的不同，选择与其相适合的教学方法和手段。实施专题教学法，目的就是为了增强思想政治课的教学效果，但要有先进的教学方法与手段才能达到预期的效果。因此，在实施专题式教学过程中从大学生的主体条件、学习能力和认知规律等要素出发，改变原有的灌输式教学方法，坚持启发式、研究讨论式相结合的方法，突出师生双向交流，建立一种民主、平等、协商的师生关系，营造共同探讨问题的互动式教学氛围，使学生真正对这门课程有兴趣学习，学习的内容入脑、入心，增强思想政治理论课教学的说服力和感染力。

（四）结合专题化教学，设计考核评价机制

从教学与考核的内在关联来看，考核是检验教学成效的主要手段。科学、合理的考核方式，一方面，有利于调动学生学习的积极性、主动性和创造性，提高教学效果；另一方面，可以客观、真实反映学生的学习效果。高职院校思想政治理论课考核的方式非常灵活，其注重学生的实践性考核而对于知识性考核稍显不足，而本科院校更加注重知识性的考核，实践性考核相对薄弱。专题式教学将教学内容打破教材体系，教学不再关注平面化的、零散性的知识点，更着眼于知识的整体性与系统性。因此，结合专题式教学设计动态考核机制弥补传统考核方式的不足，使思想政治课的考核既能突出知识性，检测学生掌握的程度，又能体现实践性，检测学生应用的效果。

四、新媒体时代思想政治理论课专题教学模式构建的基本思路

（一）利用新媒体，打造思想政治理论课专题教学平台

新媒体教学比传统教学具有很大的吸引力和优势。因此，在思想政治理论课的专题教学中，任课教师应该引用更多的新媒体技术和网络信息，打造多层次、多维度、覆盖广的网络专题教学平台，以适应新媒体时代的发展。首先，每个思想政治理论课教师都要建立自己的网络平台，通过微博、QQ、微信等新媒体工具与学生即时交流，有效沟通。其次，每所高校的思想政治理论课教学管理部门要积极推进思想政治理论课二级网站建设，及时上传教学的相关资料，包括教学大纲、教案、课件等，并在网站上建立网络论坛讨论交流系统，使其成为集理论性、服务性、思想性、趣味性、参与性于一体的专题教育教学网站，也可以开设微信

教学平台,让学生及时发布"微言微语",进一步反馈教学内容,真正形成"多媒体+网络+专题"的教学方式。

(二)利用新媒体,整合思想政治理论课专题的教学内容

在思想政治理论课专题教学的过程中,任课教师要以提高教育教学质量为核心,为学生设定专题的主要问题,树立问题导向,提升育人的实效性;同时,教师要利用新媒体等网络教学平台,提供足够的教学辅助资料,每个专题都有各自的内容,而且专题之间相互联系,融为一体。学生能够通过网络教学平台查询网络资源,丰富自己的知识面,深化对专题内容的理解。教师不仅可以利用新媒体开设专题讨论平台,为学生提供相关的教学案例,引导学生的思考方向,也可以在课堂上,为学生提供自我展示的机会。一般情况下,高校的思想政治理论课程都是大班教学,学生人数比较多。教师可以通过分组安排学生讨论,每个小组发言之后,小组之间还要相互点评。这样不但可以活跃课堂气氛,还可以提升学生的思维和表达能力,进而提升教学的实效性。

(三)利用新媒体,实施思想政治理论课讨论式专题教学

任课教师依据每个专题的教学实际情况,提出教学内容中的难点、重点及热点问题,将这些问题布置给学生。学生可以先在课下分组查找相关资料和案例,并讨论这些问题,内容可以涉及经济、政治、文化、历史等各个方面,真正将理论知识与现实充分结合。在课上,每个小组的学生可以通过PPT的形式,进行汇报,分享自己的讨论成果。教师根据学生汇报的情况进行总结,可以结合目前国内外发展的热点,从多个角度和层面进行梳理和分析,给学生正确的引导。通过实施讨论式的专题教学,可以充分调动学生学习的积极性、主动性,以达到教学目的。讨论式专题教学可以深化扩展教学内容,获得更好的教学效果,加强师生之间、学生之间的交流和互动,也有利于学生参与科研,开阔学术视野。

第四节 探索"微课"的开发和应用

随着社会的发展和网络信息技术的日新月异,高校思想政治理论课的育人环境发生了巨大的变化。"微课"以其自身优势,适应了学习者碎片化、移动化的新趋势。在这种背景下,寻求"微课"资源建设的问题,探索"微课"建设的途径、方式和方法等,能够有效发挥"微课"在高校思想政治理论课教学中所起的作用。

高校思想政治理论课承担着"立德树人"的根本任务,随着信息时代、微时代的到来,大学生的生活和学习环境有了巨大的变化。慕课、网络公开课等网络学习平台出现,学生在各种场合只要借助移动数据端设备就能随时学习,而不仅

仅局限于课堂上。而微博、微信则加强了教师与学生线上与线下的交流，甚至一些微信公众号可以实现教学辅助和管理的功能。反观现在的思想政治理论课，依旧是一个教师在掌控着上百人的大课堂。在这样的课堂上，学生能否有效学习，几乎无法进行有效考察，更不用说因材施教。而"微课"的出现，可以满足不同学生的不同需要。因此，思想政治理论课要适应社会发展，适时开发优质"微课"，引领青年大学生的价值取向和舆论导向。

一、新媒体时代开发思想政治理论课微课的可能性

"微课"全称"微型视频课程"，与传统意义上的课堂不一样。它具有主题突出、指向明确、资源多样、情景真实、短小精悍、用途广泛、交互性强、使用方便等典型特征。而且"微课"的核心是"微视频"，有声音、图像，有简洁、美观、动态的PPT，还有或简或繁的视频剪辑与后期制作，这些都增强了视频的观看效果，更能吸引学生的眼球与听觉，让学生驻足。

"微课"时间比较短，每一个视频都针对一个特定的问题，具有较强的针对性，其常常围绕某一个知识点进行形象、生动、透彻的讲解，内容是多种多样的。但"微课"的讲授绝不是把各个知识点进行简单的割裂，相反它会在每门课程各个模块内部和不同模块之间形成层次清晰的关联结构。在这个关联结构中，教育者把学生的兴趣和日常教学活动中常见的问题作为出发点，结合思想政治理论课中的知识点（重点、难点），结合教学目标（知识目标、能力目标、素质目标），根据课堂教学中的具体教学环节，通过精心设计、反复锤炼，开发形成"微课"，从而满足不同学生的学习需求，开阔学习视野，提升学习能力。

相对于传统的课程教学来说，由于"微课"是网络视频，而且时间较短，因而可以实现随时随地在线观看教学视频和查阅教学资料的需要；也可以将其下载保存到终端设备上，使学习者的学习时间更加灵活机动。"微课"丰富了教学形式，化解了教学难题，提高了学生的自我管理和学习能力，有利于提高学生思考问题和解决问题的能力。

除了知识的传授，教师还可以通过网络互动平台及时了解学生的学习状况与需求，并与其进行交流。教师也可以通过布置"作业型微课"，让同学通过"微课"的方式把自己针对某一问题的理解展示出来，还可以鼓励同学把学习中的疑问制作成"微课"上传到网络平台中让同学们共同思考，让学生成为问题的提出者，与此同时也是问题的解决者。"微课"以全新的模式改变了传统的教育方式、学习方式，教学针对性强，实效性强，能在一定程度上解决思想政治理论课教学变革中存在的一些问题。

二、新媒体时代使用微课过程中出现的问题

（一）"微课"开发和设计的水平不高

"微课"的设计与制作是一个系统性工程，需要多部门的配合。但是因为学校的重视程度不同，很多学校在"微课"的开发和制作上还是单打独斗，没有协同合作，老师既是"微课"内容的设计者，又是"微课"的录制者甚至是后期制作者，从而严重影响了"微课"的教学水平。以思想政治理论课为例，从"微课"的内容设计上来说，首先，需要思想政治理论课教师设计完整的教学过程，包括导入、授课、互动、检查等，绝不是课程视频的简单截取；其次，"微课"的特点是短小精悍，因而需要思想政治理论课教师有足够的理论支撑，能够在短短的几分钟之内，把相应的问题阐释清楚，而且整个过程要语言准确、逻辑结构清晰，这对于老师来说要求很高，如果达不到相应要求就会出现良莠不齐的现象，严重影响"微课"质量。

"微课"的好坏不仅仅体现在内容设计上，还包括录制、环境和技术。在现实教学中经常会出现"微课"教学视频画面和声音不够清晰的情况，这主要是因为拍摄设备不够专业；有些"微课"画面单一，缺乏转换，这主要是由于拍摄者拍摄技术和后期制作不专业导致的；与此同时，"微课"对拍摄环境要求极高，最好在专用的多媒体教室，排除外界干扰，只有这样才能达到最好的效果。

（二）"微课"与传统课堂教学结合的程度不够

微课作为一种新的教学方式，有其自身的优势，也存在不足。但是在实际应用中有一部分老师片面夸大了它的优势，致使它在课堂中被过度使用；一部分老师只看到了它的缺点，致使其在课堂中无视这一新的教学方式，无法适应新的教育环境；还有一部分老师虽然能够正确地看待它，但是在实际应用中不能准确处理"微课"教学与传统课堂的关系，使"微课"教学与传统课堂教学不能有机融合，这些现象都影响"微课"的实施效果。

"微课"以其形式新颖、短小精悍、使用方便，资源多样、情境真实、内容生动形象而受到追捧，这是其自身优势，是传统教学做不到的。但是教师的职责并不仅仅是传授知识，还包括"传道授业解惑"，要教授学生为人处世的道理与主动学习的可贵品质，这些是需要在传统课堂上才能实现的，所谓"亲其师，信其道"就是这个道理。传统课堂师生面对面情感的交流、观点的触碰、学术的魅力、人格的影响更能深入细致地帮助学生学习。因此，在教学中需要将两者有机地结合起来，在传统课堂中，让"微课"起到画龙点睛的作用。例如，课程的重点、难点可以通过"微课"来呈现。这样既能克服传统教学乏味无趣的不足，又能充分

发挥"微课"形象生动的优势。

(三)"微课"在应用过程中课堂互动出现问题

在"微课"中,一些教师为了提高学生的积极性、参与性,经常把一些形象性、趣味性的素材加入其中,这本身无可厚非,但是如果一味追求轰动效应,以课堂气氛热闹为先,忽略了"微课"的知识性,就会致使课堂互动出现问题。正常情况下"微课"在思想政治理论课教学中的应用可以强化师生的交流互动,活跃课堂气氛。一旦"微课"出现"形式化""空洞化",同学对于知识点的把握出现问题,有些学生就会认为自己知之甚少,不敢畅所欲言,反而制约了课堂的互动性。

三、新媒体时代开发与应用思想政治理论课"微课"的方法和路径

(一)加大宣传力度,提高对"微课"的认同感

"微课"作为一种新兴事物,要广泛合理的应用到思想政治理论课程中,首先,学校应做好培训学习工作,通过讲解让教师知道什么是"微课",它有什么样的特点和优势,可以给自己的课堂带来哪些变化。通过现场演示,让教师充分体验到新的教学模式怎样弥补传统教学的不足,如何让自己的课堂变得高效,只有这样才能最终获得教师的认可。其次,鼓励教师参加各级别的"微课"大赛,在比赛中相互学习,相互借鉴,加大对优秀成果的表彰、鼓励和宣传,以此推动更多的人了解、支持、使用"微课"。

(二)加强"微课"资源开发,开展培训,组建团队

"微课"的开发是一个较为复杂的系统工程,一般要经过宣传鼓励、技术培训、选题设计、课例拍摄、后期加工、在线报送、审核发布、评价反馈等环节,才能确保其质量。因此,无论是从保证"微课"开发质量还是从教师的个人精力来说,这绝非是教师个人能够完成的。首先,必须加强团队意识,思想政治理论课教师要以教研室为单位进行"微课"的选题与开发,在注重单个知识点把握的同时,要宏观把握课程的完整性、系统性。其次,要注意不同部门的协同合作,"微课"的后期制作需要专业的人员,相关专业教师可以提供技术上的支持,这对于提高"微课"的质量非常重要。最后,学校对于"微课"的开发要给予必要的支持和保障,专业的设备和人员、专业的拍摄场地以及在"微课"开发过程中的经费支持,这也是微课在开发和应用过程中不可缺少的部分。

(三)拓展"微课"类型,加强思想政治理论课中"微课"与实践

活动的融合

由于现代教育教学理论的不断发展，教学方法和手段的不断创新，"微课"类型在教学实践中不断发展和完善。随着"VR现实虚拟技术"的发展，势必影响"微课"的呈现方式，而思想政治理论课教师可以尝试将"VR现实虚拟技术"与"微课"相融合，把其应用于实践教学中。例如，在思想政治理论实践教学中，井冈山爱国主义教育基地是所有老师和学生应该去参观和学习的地方，但是因为距离、时间、经费和人员协调等问题，导致这一实践活动不能开展，如果将两者融合，同学们就可以在移动客户端感受这种红色的主题教育。

第十章　手机新媒体与高校思想政治教育教学

随着无线网络的兴起，使手机这一移动终端逐渐发力。其本身所具有的不受时间、空间限制，随时随地获取信息的优势，伴随着4G、5G带来的高速度、宽流量，使其更具有便捷性、互动性和即时性。手机新媒体改变了受众的媒体接触习惯和人们的阅读方式，它将是互联网出现以后，即数字化以后新媒体克服传统媒体不足并展露自身特色的一种方式，其人性化传播的特点代表着未来新媒体的发展方向，被誉为继报刊、广播、电视、互联网之后的"第五媒体"。

手机新媒体已经超越了传统通话和短信功能，成为新的信息传播终端。随着手机报、手机电视、手机微博、手机即时通信（微信）、手机WAP站点、移动终端APP（手机第三方客户端）等手机媒体业务快速崛起，使数字时代的新闻传播渠道、接收终端和阅读方式都在发生巨变，这给当今高校大学生的思想文化引导工作带来新的机遇和挑战，也提出了新的课题和要求。一方面，手机已经成为大学生几乎人手一台的移动媒体设备，吸引并占据了大学生信息获取、人际沟通、上网学习、媒体发布的大量时间和精力。高校思想政治教育工作者在手机媒体方面和大学生的互动尤其频繁，利用手机短信、手机软件、移动飞信等方式发布教育信息和引领内容。手机媒体已经和高校思想引领工作紧密契合，高校思想政治教育工作者通过手机新媒体开展工作也成为常态。

对于当代青年大学生一天的信息资讯和互动生活，可以有这样一个场景式描述：早晨起床后，通过手机看当天的新闻资讯；课堂间隙，通过手机微博关注身边好友的最新动向；午间打开电脑，第一时间登录QQ等与同学、好友保持及时联络，然后登录人人网等社交网站，看看又有谁加自己为好友；下午课堂内外，用微博记录和转发一天的所见所闻；晚自习结束，回到宿舍后，有些大学生或者登录网络学堂，或者更新自己的网络空间，用图片、文字将忙碌的一天留作记忆，也给不在身边但关心自己的朋友分享。随着智能手机等移动终端设备的普及，手机网络各项指标增长速度全面超越传统网络，手机已超越PC成为第一大上网终端。这个庞大的数据意味着手机用户数量正呈几何级数增长，而且手机新媒体正在悄然改变着国人的阅读生活。

第一节 手机新媒体的产生与发展

一、手机新媒体的产生

我们常说手机新媒体是名副其实的"5A"媒体。由此，使手机新媒体成为一种"弥合缝隙"的媒体，可以弥合时间、空间、内容、渠道以及传送或接受主体之间的缝隙如何理解这一"弥合缝隙"的媒体呢？手机媒体所具有的信息随时随地传播的特点，使手机具有时间和空间上的二元契合。

时间的缝隙，即手机可以在碎片式的时段，例如闲暇时段、移动进行时段、多任务交替空档时段等进行填充，满足获取信息的需求，提高获取信息的效益并创造价值空间的缝隙，则主要就是固定化和移动化的缝隙，手机的贴身便携性有效地解决了地点间转换问题，使获取信息和在任何地点保持联系都成为可能。内容和渠道的缝隙是指手机通信功能和移动互联网功能造就的手机新媒体是一种融合性的媒体，它和多元化大众传播内容便利地融合在一起。随着技术的完善和普及，手机新媒体对各种不同层次内容的提供将呈现跨越性的发展前景。

二、手机新媒体的发展

随着科技的不断发展，手机新媒体与互联网的结合已经使其成为一个重要的大众传播媒体。从目前最新的情况看，手机新媒体的范畴早已脱离了早期手机报刊、手机电视、手机WAP网站等初级过渡形态，而形成了一种以用户和分类信息为基础、以移动网络为驱动和平台、以手机用户需求为导向，为受众提供个性化、定制化信息，并且集合新闻、娱乐、生活、政务、商务等方方面面服务的多功能媒介平台。手机新媒体借助科技进步与经济发展的东风而日渐兴盛，具体表现为以下几大趋势。

（一）基于移动互联网的手机新媒体成为市场主流

随着科技发展和通信技术的革命，只具有通话和短信功能的手机逐渐被智能手机、平板电脑所取代，国内网络的发展如日中天，更是使中国手机新媒体的移动网络化趋势渐渐凸显。就全球范围而言，智能手机、平板电脑、手持阅读器等移动终端都已逐步超越个人电脑成为人们接入互联网的主要方式。手机的电脑化，电脑的手机化，促进了目前移动互联网和智能手机终端快速结合，形成了手机新媒体的快速发展。

（二）手机新媒体多功能化的推动与社会生活全方位的二次融合

在实现了与报刊、电视、广播、出版等传统媒体的交融与竞争后，当今的手机新媒体则更多地与我们社会日常生活的各方面开始二次融合。由于移动通信技术由2G到3G进而到4G、5G的快速演变，为手机终端创造了更大的数据量和更快的互联速度。手机新媒体得以与社会日常生活实现全方面的融合，进而在手机上自由搭配出不同的手机媒体形态。例如，与上网搜索结合成移动互联网，与阅读书籍结合成手机出版，与GPS地图结合成手机位置服务，与金融购物结合成手机支付工具，手机新媒体俨然成为当今个人信息处理的中枢。手机新媒体与社会生活的二次融合，走进了思想政治教育工作的视线。

（三）手机新媒体逐步实现社交化并覆盖生活

近年来，旨在为人与人建立社交联系应运而生的社交网络平台已经覆盖生活的方方面面，这得益于移动互联网的出现形成了一个不同于传统媒体的虚拟社会。社交化必然是手机新媒体发展的大趋势，手机新媒体的互动特征不仅在于人与终端机器界面的互动，更在于通过数据传输网络进行人与人之间的有益互动。专业化、即时化、移动化、开放化是手机社交网站的发展方向。随着整个手机新媒体行业的日趋社交化，社交化也将成为手机新媒体的一个整体特征。这种交互发展带来的明显变化是：移动互联网的未来将使手机社交网络服务比搜索引擎门户更加受欢迎。

诚然，手机新媒体的兴盛势不可当，因其发展壮大存在极大的必然性，包括如下几点。

1.高度的便携性

一方面，手机因为其小巧的外观使它携带方便，从而实现信息传播更为便利化。手机嵌套进我们的生活的程度已经很深，其便携性成为个人每时每刻每一地点都可以触碰到的新媒体。

另一方面，个人电脑与手机之间的距离逐渐拉近，智能操作系统让手机新媒体真正跨越了地域和电脑终端的限制，使手机可以成为一个功能简约化的便携移动电脑。

2.广泛的交互性

手机传播不单纯是传播主体与受众之间的单向灌输，而是二者的互动交流。短信回发、电话回拨等功能使手机媒体具备了信息收集、问卷调查、评论反馈等作用。例如，各大电视选秀栏目也可以通过观众的手机投票数为选手打分，生产商可以通过手机向用户发送调查问卷，央视春节晚会也通过手机投票的形式选出最受观众喜爱的节目。同样在大学，手机成为师生互动的新渠道。手机媒体实现了更广泛、更迅速地互动。

3.丰富的受众资源

目前，世界上拥有手机的人数远远超过所有报纸读者人数，同时手机用户也远远超过网民数。就用户通达性而言，手机具有无可比拟的优势。手机传播拥有广大的受众，使其传播的信息能够被更广泛地阅读。现如今，很多商家通过手机媒体发放产品广告，以扩大产品的影响力。在高校信息登记系统中，也可以实现统一发送短信至每一个学生的手机上的功能。这种受众渠道，其后续资源更加庞大。

4.快捷的更新速度

手机传播是移动数据的无线传播。传播速度快，从而使传播信息时效性强、传播范围大、传播过程的限制因素少。手机媒体的优势就在于它可以全天候服务，传播者可以随时随地把信息传输到用户，保证信息的更新频率。手机短信可以实现几秒内的准确到达，手机彩信也将最新资讯编辑发送，手机网络更实现了人到哪里信息跟到哪里的速度。

5.多媒体化

如今的手机传播是一种多媒体的传播。网络的发展为手机新媒体的成熟奠定了技术基础，从此手机可借助文字、图片、声音等的组合进行传播活动。这种多媒体传播组合可以更加真实地反映所报道的对象，给受众带来更加真实的视觉感受，同时也使手机新媒体更加趋于成熟化与一体化。我们可以随时随地利用手机完成拍摄、编辑、传输等，这也使手机成为一种采访工具。

有媒体研究人士认为，在目前新媒体繁盛的背景下，国家进一步强化手机出版资质的审批管理机制，着重改变现阶段手机新媒体产业链上鱼龙混杂的状况，从而实现手机新媒体产业的资源优化配置。只有这种形态上的突破，才会带来手机新媒体真正的春天。

三、手机新媒体在思想政治教育上的运用

随着手机新媒体的飞速发展，手机新媒体因其传递信息的及时、交互、虚拟和丰富性等特点迅速走入大众生活。据统计，我国高校大学生上网人数近100%，青年大学生已经成了手机新媒体用户的主体，高校成了我国手机新媒体运用的前沿。随着移动互联网信息技术的普及和推广，手机新媒体应用已经成为人们生活的一部分，通过新媒体营造的虚拟空间已成为人们的第二生存空间，手机新媒体逐渐成为思想引领工作中的一个新的重要阵地。

在新环境下，手机新媒体在思想引领工作方面出现了一些新特点和新问题，更需要突破传统思维，及时了解和掌握社会大众日常思想状况，特别是要把握住当前人们关心的热点、焦点问题，并针对这些问题进行及时教育和引导。如何与时俱进，借助手机媒体创新教育方式方法、提高思想引领工作的有效性，成为一个新突破点。目前，我国手机新媒体在思想引领上取得显著效果，其主要途径如下。

（一）高校借助手机新媒体与传统教育模式的结合

由于普遍年轻化和知识程度高，高校大学生已成为我国手机新媒体运用的主流群体，因而高校成为手机新媒体在思想引领工作中应当协调配合的首要阵地。手机新媒体的普及性、便携性、及时性和互动性等特点，可以将传统的灌输式教育转变为寓教于乐和渗透式教育。生活之中处处是教育，学生的日常思想政治教育很适合渗透式教育模式。手机的这种交互性可以充分调动大学生的主体意识，大学生可以畅所欲言。教师在与一些不善言辞的学生或不便当面沟通的话题时，可以借助手机短信和即时聊天工具进行深刻的思想沟通。手机的短信语言精辟短小，有时候一两句至理名言或启迪心智的点拨都可以打动大学生。在传统教育手段的基础上，借助手机新媒体可以优化各类主题教育、党团活动、社会实践、心理咨询的教育效果。

（二）搭建信息服务平台，满足社会发展需求多样化

手机服务机构应建立信息发布和引导的平台，建立手机权威发布平台，通过群团组织和学校官方的账号发送权威服务信息，起到"网络引路人"的作用。同时将手机的生活化优势植入传统的思想观念之中，如通过定期发送手机报、手机格言、手机主题视频，通过向大学生发布与工作、生活息息相关的信息，深入探析人们真正的内在精神需求，消除人与人之间的不信任感与距离感，将社会发展的多样化需求考虑在内，努力打破真实世界和虚拟世界的界限，缩小社会交往的心理距离，手机新媒体逐渐成为人们方便倾诉、适合倾诉且乐于倾诉的交流平台，引导热点消息，形成说实话、说真心话等生动活泼、健康向上的手机文化活动，从而满足人们发展的多种需求。

（三）引导人们文明使用手机新媒体，强化自律意识

在日新月异的社会环境中，应充分重视手机新媒体在社会文化建设中的作用，营造积极文明的手机社会氛围。首先，积极开设专门的手机知识讲座，开展手机使用培训，帮助人们加深对手机文化的认识，让人们形成科学的使用观和合理的消费观，增强对于不良信息的辨别力和免疫力。其次，要注重对学生健康、文明、积极的手机短信意识的培养，坚决抵制消极的、反动的短信，乐于传播积极正面的手机信息和健康向上的短信引导学生。最后,可以利用手机新媒体开展形式多样的手机文化活动,引导人们自觉参与到健康的文化活动中来,陶冶大众的道德情操,在活动中增强使用手机新媒体的社会责任感和道德自觉意识,提高自觉性,不主动传递和制造垃圾信息或不良信息。

手机新媒体巨大的传播优势和新型的传播理念使思想引领工作面临巨大的挑战。国内一些知名高校宣传部门顺应新媒体的发展,除了注重校报、电视、广播、网络等校园传统媒体的创新发展,还推出了短信、手机报、微博、校园WAP站点、移动终端APP等,实现了传统媒体与新媒体的有效联动和聚合传播。

手机新媒体作为一种无国界、开放性的传媒工具,所传递的信息浩如烟海,在给社会带来进步的同时,也因其极大的虚拟性和私密性,更容易摆脱传统社会的管理和控制。通过手机在移动互联网能"为所欲为",这对缺乏一定是非辨别力和约束力、好奇心较强又容易冲动的青年大学生来说,无疑是一种诱惑;新媒体环境对人们的学习、生活和思想的影响广泛且深刻,这对思想引领工作也提出了全新的要求。

面对新媒体发展特别是手机新媒体带来的机遇和挑战,作为引领社会文化传承创新阵地的高等学校必然要顺势而为、积极应对:一方面要积极开发构建新媒体文化传播平台和阵地,把握新媒体特别是手机新媒体快速崛起的重要契机;另一方面要培养和建立高素质的专业队伍,提高大学生的媒介素养,使其在新媒体环境中保持"慎独"之心和道德自律,积极推动社会思想引领的新发展。

第二节 手机报——全覆盖全天候

手机报是手机新媒体中发展较快也是最主要的一种考现方式,其独特的传播模式和良好的受众基础使其迅速发展,《中国妇女报》先发制人,首先推出手机报服务。之后,手机报凭借着传播速度快、不受时空限制、互动性强等优势迅速发展,无论是电信运营商还是传统媒体都纷纷抢滩手机报市场。随着4G技术的普及,手机报更以惊人的速度进入快速发展阶段,而其作为新媒体的重要载体也已经实现了全覆盖和全天候两大优势。

一、手机报的模式

据通信专家介绍,目前在手机上传播信息,可以通过短信、彩信、WAP、IVR、客户端等通信技术手段来实现。事实上,以彩信形式为主体的手机报,是当前手机媒体的主要代表。手机报是指将纸质报纸的新闻内容,通过移动通信技术平台传播,使用户能通过手机阅读到报纸内容的一种信息传播业务,手机报可以分为短信手机报、彩信手机报和WAP手机报三种模式。短信手机报指的是可通过用户个人短信点播或短信定制，获取所需要的短信资讯服务，这是手机新媒体最早的媒体目的性传播方式。而在丰富色彩和图文、音画的彩信手机报发展之后，手机终端上接收到的资讯具有了新的形式，更满足用户对于传播媒介的需求，手机报的模式也逐渐丰富起来。在信息来源渠道上，WAP手机报成为真正移动数据带来的手机新媒体。用户既可以在WAP专设的手机报频道在线阅读，也可以通过链接选择订阅。与彩信手机报相比，WAP版的手机报不仅收看方便，而且自由度也较高。由于网页本身内容的多元化，WAP手机报也较受用户喜爱。

手机报的三种模式目前各有发展，也体现了各自的不平衡性。手机短信作为个人最直接的信息传递，呈现信息直接、个体社交的特质。彩信手机报由于运营和发送成本较高，需要官方和组织的实力作为发展保障。WAP手机报由于属于移动互联终端中的网页式报刊，除了给用户增加手机上网的移动数据流量外，具备更大的收缩空间和自由度。一方面，电信运营商对手机媒体发展起到巨大的推动作用。三大运营商不仅承担了手机报的技术后台电信设备建设，还投入大量的营销成本，包括免费赠阅等，手机报的相关技术也在飞速发展。另一方面，正是因为手机报的形式与载体特殊，导致了采编和发行脱节，目前市面上的手机报一般都是由传统媒体和运营商联合推出，整合传统媒体的内容，利用运营商的技术平台发行。这样的合作受制于商业和用户群体锁定的不确定性，制约了手机新媒体像传统媒体那样做大做强、建立专属编译出版社。

二、手机报与受众全覆盖

手机报实现了受众在空间上的全覆盖。传统媒体属于大众媒体，要面对的是大众化的读者，而新媒体的出现并未削弱这一优势，手机报在受众中的全面传播便是最好的例证。手机报在追求个性化要求的同时，以"一对一"的服务，使其在受众中广泛订阅。受众可以根据自己的需要，通过发送短信或登录相关网站，订阅不同类型的信息，这样既保证了手机报对应的受众类型，又争取实现了在此范围内的受众全覆盖。手机用户可以根据自己的需要和喜好定制不同内容和形式的手机报，手机用户开始渐渐掌握选择权。

手机报增强了新闻信息与受众之间的互动性，实现了信息传播流程的影响反馈。传统媒体的主要弊端之一就是不能够与受众进行即时有效的互动，从而影响了传播效果。手机报的编读互动可以带动读者订阅数和反馈率的提升，也可以为手机报提供新闻线索，培养新闻评论员，增加新闻观点。手机报的用户可以通过手机短信、视频和照片等方式参与互动。例如"两会"期间，新华网与中国移动联手推出的《两会手机报特刊》，其中"亿万手机读者向总理提问，为总理分忧"

活动收到了数十万条短信，扩大了报道覆盖面，引起广泛讨论和重视。在吸引用户参与的同时，也增加了手机报的亲和力。这也增加了信息的"二次传播"，使受众有了参与的积极性，激发了读者的阅读兴趣，扩大了读者参与的广泛度。

此外，手机报还在加强分众化与个性化菜单定制上下足了功夫。随着时代的发展，人们的需求呈现出个性化、多样化的特点，不同职业的人群存在消费的差异性，这就要求新闻媒体细分受众人群，从而有针对性地开发潜在市场，使传媒产品适销对路。但现今媒介必须依靠创新来避免存在的媒介同质化现象，以获得更大的发展空间。例如，手机报可在高校受众细分的基础上，对大学生的价值取向、生活方式、认知模式、心理需求等诸多要素进行准确地把握，通过准确定位确定发展方向和风格。针对不同的目标用户发展个性化手机报服务，让读者自己选择内容、版式、色彩、发送时间等，并根据读者兴趣、职业的不同进行信息分类，推出新闻、体育、娱乐、文化、生活、财经等模块，针对不同需求进行个性化订阅，从而避免了"千人一面"。

三、手机报与信息全天候

手机报在信息传播方面基本实现了全天候。传统的报纸用户必须在特定时间和空间上通过新闻报纸接收新闻信息，而手机报的载体是手机，使用起来比报纸、电视、电脑等传播载体要便捷许多。目前，我国移动通信网络覆盖率达到100%，在国内任何地方几乎都能接收到手机报。所以，在面对突发性新闻事件的时候，手机报具有强大的即时发布能力和较强的时间弹性，它可以实现事件的动态传播，并且时刻跟进，使受众有身临其境的感受。手机报凭借独特的快速传播优势，抢先发布新闻资讯，用最新鲜、最热门的信息吸引受众的注意力。手机报可以保存在手机里，用户可以选择即时收看或推迟再看，即使手机关机了，但是开机后，手机报还是会发送到用户的手机中。用户可以随时享受手机报带来的信息和资源，使传播的全天候成为可能。

在传统信息传播中，一个人无法随时获取所需要的信息，即便是在互联网普及的今天，当离开个人电脑之后，我们在室外空间仍然无法立即获得所需要的信息；当我们关闭或者远离报刊书籍，更是难以补充学习。当大学生在上课过程中无法翻阅、浏览所需要的信息时，全天候的手机报为其提供方便。在手机报的时代，打开随身手机，全天候的短信都留在手机中，随时查看，随时搜索，这使真正意义上的信息全天候得以实现。

手机报在高校思想政治教育工作中，因其定期发送的机制，实现了信息全天候查看便利。大学生可以在一周内随时浏览手机报，查询本周校园资讯和实用资讯。而同样，借助手机报和手机飞信等媒介，任何紧急的通知事项都可以随时发送到相关同学手中。

第三节 手机新媒体高校思想政治教育教学的点对点范式

一、手机时代思想政治教育的范式初探

手机新媒体以便携性、成本低、速度快等特点深受人们的关注和喜爱，成为人们获取和交流信息的重要渠道。和谐的人际关系使人心情舒畅，是产生归属感和幸福感的基础；不和谐的人际关系易造成人际关系冲突与关系破裂，容易产生孤独感和焦虑感，人们的人际关系，直接影响其身心发展、学习和事业的成败。

面对手机新媒体给人们的工作、生活和日常联络交流方式带来的巨大影响，包括人际关系、健康安全和思想状态等，以各大高校为首，在全社会范围内都应积极创新正面宣传教育的工作方式，主动适应和努力增强运用手机新媒体开展思想引领和成长服务工作的能力，通过创办手机报、建立微博体系等方式，进一步拓宽思想引领工作的有效阵地和平台，增大工作的覆盖面、实效性和影响力。要做好思想引领工作，需要积极利用手机新媒体，引导人们文明使用手机，增强自律意识，探索出一条手机时代思想引领的新路子。

二、手机时代思想政治教育的点对点范式

（一）手机报点对点传递分众资讯

手机报，是最新电信增值业务与传统媒体结合的产物。换言之，就是将纸媒体的新闻内容，通过无线技术平台发送到用户的手机上，使用户能通过手机阅读到当天报纸内容的一种信息传播业。现如今，手机又被称为"第五媒体"，其具有即时接收和动态传播的特点，用户能随时随地接收相关资讯，并且成为资讯新闻的传播者，传播者依据不同个体自身的特点与状况筛选出适合的资讯针对性地发送给个体，接收者最大限度地利用个体所需的资讯，这就是"分众资讯"的实现，也是"点对点"的具体外化形式。"分众"传递避免了资讯传播过程中的盲目性，提高了资讯传递的利用率，最直接地减少人力物力的投入与消耗。

（二）手机移动网点对点分享价值观

我们正处于移动互联网初期，人们对于移动互联网的认识更多地停留在了APP应用上，移动应用正处于创业潮。手机移动网是信息传播的最主要载体之一，每一个智能手机用户通过他们的移动终端所接收到的资讯形式多样，不仅仅是文字、图像还有声音等多媒体。全国各大高校的思想政治教育工作者应当顺应时局，

开设学校专用的手机移动网点，定期上传学校新闻资讯以及高校思想政治教育工作者的主张，在校学子用户可通过移动网点及时地了解校方持有的价值观，并发表自己的观点，从而实现"移动网点对点"信息和价值观的交流。

（三）手机社交点对点联通青年情感

手机社交是一种真实的青年思想动态的反映。在手机社交网络中，大学生会针对一些普遍关注的校园和社会热点问题进行交流、讨论，甚至毫不保留地发表各自的观点、意见。我们则通过对其进行收集、整理、分析，找出学生的思想动态，从而更好地做好学生思想政治教育工作。青年是当下手机时代的主要用户，他们紧跟时代步伐，把握思想潮流方向，借助微信、QQ、博客、人人网等社交工具，随时随地联系好友，实时更新好友动态，联通青年情感，拉近了人际交往的距离。手机社交工具实现了个体对个体的交流联系、个体对群体的社交沟通，实现了从一点对一点再到一点对多点的跨越。

（四）手机二维码点对点挖掘教育菜单

随着手机、平板电脑等移动终端的普及，使二维码这种新的信息传递方式迅速发展，目前已被大量应用于商业领域，但在教育领域应用很少。因此，在教学教育方面发展新型信息传递方式——二维码，成为当今手机新媒体时代的必然趋势。高校思想政治教育工作者应当探索手机二维码在教育教学现实情境中的运行机制和模式，从而建立手机二维码在教育教学上的应用模型，将其具体化实施。例如，高校可以建立校园官方的二维码，大众即可利用随身携带的手机扫描其二维码，进而在短时间内扫描出学校的相关资讯，免去了网页搜索引擎逐级筛选的步骤和时间，教育高效化程度大大提升。手机二维码的应用使教育不仅仅局限于口授的"一对多点"，而是拓宽为"一对一点"的新形式。

（五）手机媒介点对点播报活动现场

手机媒介形式多样，但无论是以文字为主体的短信，还是以图像为载体的摄像，其都具有开放性和参与性、个体信息传递的交互性、空间时间的无限性等特性，这些特性都有利于资讯的即时传播与交流，以及现场活动的直播。手机多媒体软件支持手机视频直播、手机图文直播、手机社交媒体直播等多种方式，可以随时深入活动现场，发布最核心、最直接、最真实的信息。近年来，多起突发性事件、案件事故都是在手机媒介的播报下，传播了信息、保留了证据、播报了资讯。手机媒介不仅在基层群众中广泛被使用，也深入国家上层机关之中，所以手机多媒体在社会中的普及成为可能。

第四节 手机新媒体高校思想政治教育教学的发展预测

一、大学校园手机报的经验研究

（一）经验概述

手机因其便携性、传播快捷性等特性而成为当今人们交流联系的首要工具，人们的思想动态也随着手机新媒体的信息传递而发生变化。手机新媒体如何进行思想引领工作？下面以大学校园手机报为例进行简要分析。

校园手机报是学校为在校学生提供的一份顺应新媒体发展潮流、为在校学生量身定制的手机报纸。它正在慢慢地取代传统的黑板报和通知栏，成为学生了解校园的新选择。手机报的兴起，对于加强青年学生的思想引领而言是不可多得的契机。

大学校园手机报在经过诞生到改版的历程后，在学生中的受宠程度已远超各类纸质刊物，其潜在的信息传播和共享能力更是使其跃升为校园新媒体的新生力量。为反映校园青春生活、拓展思想教育渠道、提升团学宣传空间、探索扁平化管理模式，大学校团委力求将校园手机报打造成为一份内容更丰富、信息更实用、服务更周到、学生更喜欢的新兴媒体。

大学校园手机报每周以彩信的形式定时发送到订阅手机报的校园手机用户上。校园发生的大事小情尽在校园手机报，即使是分散的校区依旧沟通零距离。宿舍、食堂、图书馆、自习室等这些每天必经的地方都发生了什么好玩的事，一份校园手机报全部搞定，让订阅用户掌握最新鲜的校园资讯。大学校园手机报编委会力求做到资讯健康无污染，适合大学生阅读。不用上网便知校园风云，校园手机报在服务学生上的快捷和细致是其他媒体无法比拟的。它短小精悍却覆盖面广、语言活泼却不失严谨。及时、快捷，传递信息的"效率值"让传统媒体难以望其项背。

（二）经验分析

为了加强对大学生的思想引领，帮助他们成长成才，同时为广大学生提供及时、准确、精彩的校园活动信息，大学一直在思考如何运用大学生喜欢的交流方式创新开展工作。由于新兴媒体技术的迅猛发展，传统单一的课堂说教式的思想政治教育方法已不再流行。校园手机报的出现，通过免费为全校学生提供各类资讯服务，有效解决了这一难题。校园手机报是传统媒体和手机通信有机结合的重要产物，是在传统的纸质媒体的基础上充分利用网络通信跨平台的一种新型的传播新模式。

　　手机新媒体的意义不仅在于传达信息，更在于传递思想。手机报恰以其独特的传播方式，正以"润物细无声"的姿态贴近同学、贴近校园、贴近生活。思想引领是手机报的强化功能，即手机报媒体的宣传教育可以熏陶和影响大学生。高校手机报的思想政治教育内容生动、主题鲜明、覆盖广泛，能够促进广大青年学生切实掌握主导方向和主流思想。它顺应了新媒体的发展趋势，方便师生及时获得教学科研、学生培养、校园生活等方面的信息和资讯，有助于营造良好的校园文化环境和思想引导氛围。编委会从校园手机报的特点和特性入手，有效提升高校宣传教育新媒体和新载体的生命力。校园手机报的发行迎合了同学们快速获取信息资源的需求，弥补传统媒介的不足。通过手机短信的方式，不仅保证了新闻的时效性，而且易于存储，可以随时随地翻阅。它无疑是校园团学工作土壤中培育的良种，同时也是站在前沿平台上听取同学心声的聆听者。校园手机报不仅是展示校园生活的窗口，更是开展思想政治教育的有效形式，它正发挥着"四两拨千斤"的作用，成为共青团团结、凝聚、教育、引领青年学生的信息使者。

　　（三）经验的实现路径和启示

　　手机新媒体的建设经验展现了一种有效改变校园思想政治教育现状的实现路径：首先，走因地制宜、细分受众之路。手机媒体应充分挖掘校园手机用户入库实名制的优势，细分受众，有针对性地开展传播。其次，走凸显特色、呈现精华之路。手机报应转变编辑思路，紧贴重大新闻、突发新闻，紧跟校园大事记，凸显校园新媒体的"速度"特色和"亲和力"特色。再次，走拓展阅读、弥补深度之路。手机新媒体由于篇幅所限，必须挂靠后台网页媒体扩容信息量。可以在重大新闻之后建立"超链接"，或在重大新闻之后给出新闻来源，方便手机报读者进行拓展阅读。此外，还可针对重大新闻事件，有针对性地推出手机报特刊、专刊等，弥补手机报深度不足的缺陷。最后，走增强互动、彰显优势之路。通过与受众"亲密接触"了解受众所需所想，及时调整媒介内容，完善编辑策略。

　　1.手机报在校园宣传中的作用

　　大学的校园手机报以文字、图片、论坛等丰富多彩的表现形式，第一时间发布了学校的最新动态，全面展示了学校开展的各项重大活动，将校园浓缩成可以随身携带的"校园新闻台"。手机报成了传达校园最新动态资讯的全新平台，其开发是学校以手机为终端的无线网络宣传的里程碑，对于推进学校的校园宣传具有重要意义。下面将从"校园手机报如何推动学校宣传"入手，展开论述。

　　（1）创造全新手机宣传模式

　　青少年对新鲜的事务往往具有较强的好奇心，在手机上网热潮下，手机已经成为中国青少年最重要的上网工具之一。大学生已经成为互联网的主要受众群体。随着手机的大量普及和网络技术的日趋完善，上网收费的资费标准也日趋合理。大学校园手机报是适应了现阶段学生的阅读需求以及学校思想教育需求的网络传播平台。学生是校园手机报的主要阅读人群，校园手机报利用移动互联网进行各方面的信息传递与交流，推动了校园团学的宣传工作。与此同时，校园手机报能够充分利用手机的便携性、快捷性，为学生提供了便捷的阅读平台。

（2）充分利用"蝴蝶效应"扩大受众面

传统的校园宣传模式中，校园的最新动态资讯的知情人数与目标人数还有很大的距离，而手机报充分利用"蝴蝶效应"，其宣传的大众化、普遍性有效地扩大了宣传的受众群体。现阶段，大学定时定期地发送校园最新资讯，在学生用户的转发等免费推广过程中，像蝴蝶一样偶尔扇动几下翅膀，便卷起全校师生的校园资讯风暴。因此，校园手机报在校园宣传中具有不可取代的地位。

（3）校园手机报拉近了学校与学生的距离

校园手机报开创了学校与学生之间信息传递的新媒介。其一般的操作模式是：一种是彩信手机报模式。图文并茂的手机报改变了以往枯燥的文字叙述，也适应了当代大学生的阅读需求，使阅读更加有趣；另一种是WAP网站浏览模式。WAP简单的代码使宣传的手段更加灵活多变，网络网址的链接使链接的内容更为丰富多样。同样地，手机报简单的操作模式，使宣传过程简单化、及时化。因此，手机报成为学校宣传的重要方式之一。

2.手机报的劣势

手机报功能虽然强大，但还是存在一些未完善的缺点：一是新闻信息孤立，背景缺失。手机容量受限使传播的新闻信息只能"短小精悍"，具有局限性，从而使新闻背景缺失，容易造成受众的片面认识。二是形式庞杂，内容单薄。短短百余字的手机报，形式上虽五花八门、栏目众多，但内容单薄少了深度。三是偏爱八卦，引导失重。因为对受众定位不清晰，而又一味追求"雅俗共赏"，因此一些手机报上的娱乐八卦内容泛滥。四是互动性较少。手机报只能读者阅读，而不能进行任何的信息反馈。

手机报的推广与运用还有很长远的道路要走，现在仍处于一种不成熟的状态。关于内容的充实方面，手机报由于还处于发展起步的阶段，所以在内容方面，虽然不能达到成熟的产业化阶段，但是制作用心良苦，这也是报刊读物早期起步阶段的普遍特点，因此在这方面应长久保持这样的制作水平。在制作发行过程中，也要渐渐提高生产的系统化、批量化、专业化，让手机报在未来的发展中能与其他手机新媒体齐头并进，保持健康、稳定、快速的发展。大学在手机报领域勇于尝试，开创了高校在手机新媒体运用领域的先行案例。手机报的功能也应在全国各大高校中进行推广，高校教育与手机报相结合，可以更好地推动教育效果，吸引更多年轻学生的注意。手机报的前景被看好，手机报的积极功能更应该被充分运用，通过逐渐完善手机报的个性化订阅，使其在探索中不断成长。

3.手机报与大学生思想教育

手机报给大学生带来诸多的便利和更为全新的体验。它扩展了时间和空间，大学生们可以不受时间和地点的限制就可以上网点击获取学校的相关资讯，这从某种程度上增进了学生对校园情况的了解，也扩充了学生的知识面。但是，如今开放的教育，校园手机报虽然传递了健康积极的信息，但不可否认的是，在手机报中也掺杂着一些负面的消息，使学生产生负面情绪，这样，不利于大学生构建起自身价值体系。在以前，学校通过互联网，建立QQ群、飞信群，开设辅导员博客等多个平台开展大学生思想政治教育工作，并取得了一定的成效。但是随着移动互联网的迅速崛起，其覆盖范围之广、影响力之大，让高校的工作猝不及防。在报纸、刊物、广播、电视等传统媒介中，高校能够自主把握信息主导权，根据需要将不良的信息隐藏或删除，使主流思想始终成为思想政治教育的主心骨。即使在传统的互联网时代，高校也能够通过IP地址对校内的信息进行一定的掌控，一旦发现苗头和隐患则能立即通过IP溯源的方式惩处当事人，起到威慑效果。然而移动互联网时代，信息的传播有很大的自由性和随意性，高校对于网络的监管难度加大。

二、大学校园手机二维码的经验研究

（一）经验概述

当下，二维码的使用越来越广泛。有网友说她就读的大学食堂开通微信群，可以通过微信提前订餐。扫描食堂的二维码，加入微信群，可以提前预约伙食，到食堂凭借微信短信领取，然后直接拿走，解除了排队的烦恼。而天津的一些大学开始在录取通知书中添加二维码，学生收到通知书可以通过扫描二维码了解学校的详细信息，而录取通知书也是使用特殊材质的仿羊皮纸，既环保又防伪。南京航空航天大学的"高科技录取通知书"，使新生从下火车、上校车的那刻起，就能被自动识别"身份"，还有"校园导航"的作用。

（二）经验分析

二维码订餐节省了同学们排队的时间，节约了食堂的成本。可以减少食堂人力成本的支出。二维码订餐也很方便，有图片、有文字描述，可以将食物的价格和形态生动形象地展示在同学们的面前，供同学们选择。但微信群订餐同时也存在一些问题，同学们订餐还没有获得实名认证，所以容易出现订了餐不来领取，又因为不知道是谁,因而造成浪费。而微信群现在能提供的食物和图片也都是有限的,并不能将食堂的所有食物都展示在群里。

首先,二维码可以印在录取通知书上,同学可以通过扫一扫了解学校的信息,包括学校的地理位置、学校的宿舍情况等。其次,二维码可以印在考生照片旁,能够包含新生姓名、考号、出生日期、生源省份、所考院系等一系列信息。学生报到时,工作人员用扫描枪一扫就能了解新生的基本信息,从而杜绝"冒名顶替"事件。新生是否办理入宿手续、缴费是否完成,学校都能通过扫描条码获知。为了防伪,录取通知书的纸张是一种特殊的仿羊皮纸,既有防伪功能,也更加环保。

但是也存在一些问题:首先,二维码的普及程度还不够高、覆盖面不够广;其次,不是每个同学都能通过微信了解到信息。二维码的技术支持还存在一些难以攻克的问题。

(三) 经验的实现路径与启示

手机二维码应当协助参与校园管理。作为一种技术手段,成为新兴的一种媒体形态,将二维码的物理触点放置在校园场域,借助移动终端,自助式获取信息,这样的实现路径可以很大程度上推进校园人性化科技建设和文明建设。我们可以和有关技术部门、相关学院及研究院合作,攻克有关技术难题。及时收集同学的意见,并对采纳好的观点及时改进。例如,实名认证系统可以和学校相关的后勤部门合作,一起将餐卡和QQ号、微信号、电话号码或微信群进行绑定,从而实现微信号实名制管理。我们可以鼓励和支持同学们使用新媒体工具,提高微信和二维码在同学中的普及程度,最大化发挥新媒体技术的优势。

手机二维码应当成为大学生的智能生活方式。二维码投入使用的技术本身已不是关键,关键是如何构建各方合作共赢的手机二维码产业,促成二维码进入高校,成为大学生的智能生活方式。现在除了手机,包括一些电视节目、应用软件、网站的登录,都有二维码的运用。二维码结合手机的使用,使我们的生活发生了重大的变化,变得更加方便快捷。从二维码在订餐、资讯导航、防伪防盗等在日常生活应用的功能中可以得到关于手机新媒体运用的启示:我们应该积极利用新媒体技术,将现实生活中的实物与之相联系,真正运用到我们的学习和生活中来,为我们的生活提供实际的便利,而不是只是用新媒体技术聊聊天、发泄心情而已。我们应该发现生活中的细微处,注意观察生活中的点滴,引发灵感和激情,运用新媒体技术解决生活中的难题。

三、手机新媒体思想政治教育的发展预测

从某种意义而言,每一种新媒体的产生都是弥补之前媒体的不足。手机新媒

体所在的数字时代，选择信息实现了个人化。这一趋势与之类似的表现个人选择的载体在用法、目的、结果等方面会呈现新的发展趋势。它的传播介质将更加适于信息传播。小巧的手机几乎人手一部，它比笨重的电脑更易携带，多元的功能也更符合个体的需要。即使其受众群从时空上来讲也是广泛和分散的，但以手机号形式出现的受众比起以IP地址出现的电脑网民更加固定和容易确定，从而将受众与传者的隔离抹掉。它拥有两个相对独立的话语空间：一个是点对点的私人空间；另一个是连接互联网形成的点对面的公共空间，而"一网打尽"的互联网只有一个互联网空间；手机新媒体对病毒、黑客防范能力相对较强，互联网则比较脆弱，常常受到病毒和黑客的威胁。手机新媒体人性化传播和思想引领的特点代表着未来新媒体的发展方向。

利用新媒体影响青年、改变青年，关键是要立足于全新传播情境下青年信息接收体系的转变。这一转变构筑在以互联网和手机为主的新媒体信息来源之上，由于思想相对更加自由解放，在深刻认识当前青年大学生手机新媒体传播特性的同时，更要注重分析其使用手机、获取信息的思维方式和特殊的心理结构，从而全面把握新媒体传播的复杂性，创新工作方法以影响青年。在当前高校青年学生的日常生活中，手机的非语音应用主要集中在短信沟通和互联网浏览上。短信作为大学生日常沟通的主要形式，承载了常规联络、娱乐交流、祝福问候、新闻阅读等功能。这种简单且低成本的沟通方式，体现了这一群体中人际沟通方面的行为特点和心理特征。大学生在手机新媒体中更期待能够通过短信交换得到回应，以获取微妙的心理利益的交换。手机新媒体在大学生中逐步形成了特有的短信文化。大学生借手机信息交互满足了某种自我实现和期待的心理需求，也伴随着满足、成功、刺激、回报等心理行为特征。行为主义心理学认为，这种建立在"刺激——反应"机制下的短信交互过程，可能会造成手机依赖和短信依赖的心理惯性，也应当引起我们的注意。

总之，未来手机新媒体将衍生、拓展出更多的应用，手机嵌入人类生活的深度将更深，高校思想政治教育工作者必须研究新媒体影响他们的重要途径和手段。

（一）手机新媒体的新动向

在拥有巨大的手机用户群且手机具有自身特性的前提下，手机新媒体有着巨大的发展空间。

1.更符合大众阅读趋势的变迁

随着都市生活节奏的不断加快，人们将更善于充分利用等车、等人、候机等无聊时间或者乘车、如厕等空隙时间获取信息和娱乐。这些碎片化的时间较为分散，无法从事连贯性较强的工作，却适合随时随地掏出易携带、及时性强、具备网络连接功能的手机阅读资讯。在"劳逸结合"思想的引导下，人们有一定娱乐需求和信息需求，手机报运营者可以抓住个性化，量身定做分众信息。定制性强、便携轻便的手机契合了大众阅读趋势的变化，成为移动网络市场的主力军。

2.将以网络媒体的现有架构为基础来发展

无论是手机报、WAP网站还是其他方式提供的信息，依然具有欠标准化、信息量少等缺陷，不能满足读者个性化、定制化的需求，这也注定这些形态只是手机新媒体的过渡形态。未来手机新媒体必然以巨型的娱乐信息平台为基础，并利用互联网的技术为驱动。真正将以互联网为基础的海量信息推送到手机桌面和待机通知栏中，实现个人电脑网络与移动网络之间的衔接。以读者需求为导向，为读者提供个性化、定制化的信息，并在此基础上实现分层娱乐信息收费。

3.多机体多功能聚合的软硬件基础

手机新媒体发展的物理基础在于手机设备的功能、未来手机将逐步从打电话、发短信的基础通信功能中延展开来，使手机成为人类智能和劳动行为的附加工具。在人类衣食住行各个方面发挥作用，例如手机刷公交车票、手机付款购物、手机导航、手机测量体检、手机物流等，由于其平台的空间是海量的甚至是无限量的，手机新媒体就有能力和意愿最大限度地吸引用户，而且由于其存储空间也是海量的，也就能更好地满足用户的个性化需求。进而搭建大型平台进行资源协同和共享，并在此基础上开展增值业务，通过多机体多功能的聚合，一部无法定义功能的机器将彻底改变人类的生活。

（二）手机新媒体思想政治教育的问题预测

作为新生事物的手机新媒体，虽然有着比其他媒体相对的优越性，但在思想引领过程中却存在诸多缺陷，产生了许多不容忽视的潜在问题。目前，新媒体作为单纯技术层面的考量，人们大多要求在效率和性能上有所提升，对其更快、更方便、更广博有所要求。但是片面追求这种工具理性，容易忽视其背后的价值理性。目前对于手机新媒体的偏好，及其不恰当和不适度的使用致使手机穿插进了人们的休息时间，挤占了人们的生活空间。更进一步讲，由于手机使用习惯等问题，手机新媒体思想政治教育工作也产生了一些负面影响，主要有以下四类。

1.大学生思想引领的片面与单向

手机新媒体目前还存在形式单向、内容不全面的问题。首先，手机报、彩信等手机新媒体虽然达到了点对点的精确，但由于系统发送方式导致无法实现个人回复信息和交流互动。而人工编辑发送短信，操作成本又较高、效率偏低。

因此在目前技术设计中，手机新媒体不利于思想政治教育工作者和大学生之间互动，不利于资讯反馈。再者，手机新媒体借助手机信息为传播媒介，其有限的信息量成为瓶颈。短信、彩信、手机报，囿于手机屏幕大小的限制和空中移动数据传递的限制，在大流量或是大内容的传输方面处在劣势。所以，即使手机新媒体以其独特的媒介交流方式和娱乐体验方式，改变着人们的思维方式，但人们所接受的信息仍是有局限性的。最后，缺乏用户需要的反馈，使基于商业目的的手机新媒体传播影响了手机报的进一步普及和被认可。广告、网络书刊、千篇一律的贴士信息，缺乏引领青年的方向标，同时也束缚青年的思维，使其缺乏独立思考能力。这些信息虽然丰富但是良莠不齐，较易造成青年人思想混乱、迷失自我，所带来的负面影响不可忽视。

2.大学生课堂教育与学习的失衡

大学生依赖手机新媒体，并不单单是借助手机的便利性对学习产生助益功能。课堂上使用手机会影响正常教学秩序。不少大学生在学习过程中并没有按照要求将手机关闭或是调至静音状态，无时无刻的信息推送服务使其迫切想了解发生了什么，过度关注手机自然而然使学习效率大大降低；有的大学生在课堂上用手机发短信、浏览网页、看小说、聊QQ已成习惯，甚至还有部分学生公然在课堂上打电话，不仅使自身听课过程注意力不集中，还影响了他人的听课质量。与此同时，伴随着手机上网越发的便捷，人们的阅读方式也在悄然发生改变。过去人们习惯阅读报纸和观看电视，现在，报纸和电视似乎已经渐渐被手机和网络取代，人们已经习惯从互联网上获得新闻和资讯。虽然互联网络信息量巨大、交互性强，但人们在通过手机进行网上阅读的时候常常是一扫而过热点信息，没有仔细阅读和深入思考，渐渐丧失了心平气和的阅读习惯，造成现在的人们急功近利、心浮气躁。

3.大学生人际交往的障碍与信任流失

大学生过度依赖手机会带来人际交往障碍。手机的出现构建了新型的社交平台，因其具有虚拟性从而降低了正面交际的紧张感，但是如果过度依赖手机进行人际交往，则必然会挤占现实交往时间。

参考文献

[1] 龙妮娜，黄日干.新媒体与大学生思想政治教育研究［M］.北京：光明日报出版社，2016.

[2] 李杨，孙颖.新媒体时代的大学生思想政治教育教学研究［M］.长春：吉林大学出版社，2016.

[3] 段佳丽，罗怀青.新媒体时代大学生思想政治教育研究［M］.北京：光明日报出版社，2016.

[4] 赵永军.新媒体环境下大学生思想政治教育［M］.北京：光明日报出版社，2016.

[5] 杜琳琳.新媒体时代大学生德育教育研究［M］.成都：电子科技大学出版社，2017.

[6] 孙广耀.新媒体时代大学生思想政治研究［M］.西安：西北工业大学出版社，2017.

[7] 唐知然.新媒体时代大学生廉洁教育研究［M］.长春：吉林人民出版社，2017.

[8] 孙伟伟.新媒体时代大学生思想政治教育研究［M］.延吉：延边大学出版社，2017.

[9] 李明娟.新媒体时代大学生思想政治教育研究［M］.北京：中国纺织出版社，2017.

[10] 卜繁燕，安芬，刘国红.新媒体时代大学生德育创新研究［M］.吉林出版集团股份有限公司，2017.

[11] 蒋怡，傅明华，钟美珠.新媒体时代下大学生思想政治教育探究［M］.中国原子能出版社，2017

[12] 张中世，王晓林.新媒体与大学生德育创新实践研究［M］.北京：北京

工业大学出版社，2018.

[13] 李霓.新媒体时代大学生思政教育挑战与创新［M］.天津：天津科学技术出版社，2018.

[14] 王伦刚.新媒体视野下大学生思想政治工作创新［M］.延吉：延边大学出版社，2018.

[15] 冯国营.新媒体时代大学生思政教育挑战与创新［M］.天津：天津科学技术出版社，2018.

[16] 刘辉.新媒体时代下的大学生思想教育研究［M］.北京：中国商务出版社，2018.

[17] 王露.新媒体时代大学生思政教育挑战与创新［M］.成都：电子科技大学出版社，2018.

[18] 康建林.新媒体时代大学生思想政治教育的多维探究［M］.北京：新华出版社，2018.

[19] 镇方松.新媒体背景下大学生思想政治教育研究［M］.北京：北京理工大学出版社，2018.

[20] 全晓松.新媒体文化与大学生思想教育研究［M］.北京：九州出版社，2018.

[21] 黄伟忠，潘亿生，张继珍.新媒体背景下的大学生思想政治教育研究［M］.北京：九州出版社，2018.

[22] 肖亚鑫.新媒体与大学生价值观的培育研究［M］.长春：吉林大学出版社，2019.

[23] 杨学玉.新媒体背景下大学生思想政治教育研究［M］.北京：北京理工大学出版社，2019.

[24] 刘远志，张九波，乔慧.新媒体时代大学生思想政治教育探索［M］.北京：中国商务出版社，2019.

[25] 康小兵.新媒体环境下大学生思想政治教育研究［M］.北京：研究出版社，2019.

[26] 王美春.新媒体时代大学生思想政治教育的发展与创新研究［M］.北京：九州出版社，2019.

[27] 郭素莲.新媒体与大学生思想政治教育研究［M］.北京：九州出版社，2020.

[28] 李书华，石丽萍.新媒体环境下大学生思想政治教育接受机制研究［M］.北京：知识产权出版社，2020.

[29] 吴如涛，陶辉.新时代自媒体语境中的大学生思想政治教育话语转换基

础研究[M].沈阳:沈阳出版社,2020.

[30]李振委,景熹.新媒体传播与大学生思想政治教育及其途径创新[M].成都:西南交通大学出版社,2020.